21세기를 살았던
20세기 사상가들

미래는
과거에 있다

21세기를 살았던

20세기 사상가들

장석준 × 우석영
지음

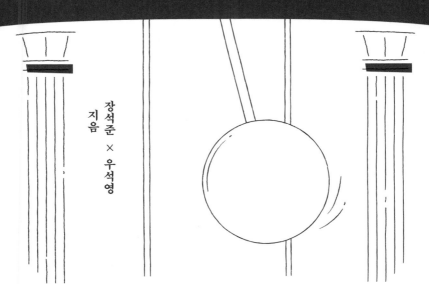

책세상

서문

뜨거워지는 시대다. 우선 지구가 뜨거워지고 있다. 정확히는 지구를 둘러싼 대기가 그렇다. 지난 6월, 프랑스의 초여름 기온이 기상 관측 시작 이후 가장 높다는 45도 이상을 기록했다. 2018년 여름 한국도 한 달 가까이 40도를 오르내리는 이례적 폭염에 지구온난화의 실체를 뼛속 깊이 체감했다. 우리를 더 맥 빠지게 하는 것은 앞으로 폭염과 혹한 같은 극단적인 기후 현상이 잦아지리라는 기상 과학자들의 예측이다. 과학자들은 하나같이 화석연료 연소 과정에서 대기 중에 배출된 온실가스가 기온 상승의 주범인 만큼, 화석연료를 기반으로 한 현재의 산업 문명을 반전시키지 않는다면 기후 위기를 돌이킬 수 없다고 경고해왔다.

뜨거워지고 있는 것은 대기만이 아니다. 지구가 몸살을 앓는 와중에 인간 세상 역시 산적한 문제들로 인해 뜨겁게 달아오르고 있다. 지난 40여 년간 '신자유주의'라는 간판 아래 지구화·금융화·정보화가 전개되더니 그 결과 소득과 자산의 격차, 고용 불안, 미래에 대한 걱정이 만국의 시민을 덮쳤다. 그나마 2008년 금융 위기가 자본주의 중심부를 휩쓴 뒤로 많은 이들이 세상의 방향이 바뀌어야 한다고 하소연하기 시작했으나, 어느 나라든 기성 엘리트들은 묵묵부답이고 이에 분노한 어떤 이들은 급기야 극우 인종주의·국수주의 세력에게 귀를 기울이고 있는 형국이다. 이러한 흐름의 가장 황당한 결과는, 기후 위기가 인류의 활동에서 기인한다는 기후 과학 자체를 부정하는 어느 극우 선동가가 초강대국의 대통령이 된 것이다. 이처럼 오늘 우리가 처한 곳은 사회 모순과 지구 생태계 위기가 갈마들며 서로를 부추기는 새로운 난장판이다.

더욱 답답한 것은 난마와 같은 이러한 현실을 시원하게 뚫고 나가게 해줄 방법론이 좀처럼 눈에 띄지 않는다는 것이다. 한마디로, 믿을 만한 교과서가 없다. 지난 세기에는 많은 이들이 그런 교과서가 있다고 믿었다. 가령 세계인의 절반 이상은 자본주의가 계속 성장하기만 하면 그 과정에서 따라붙는 모든 번잡한 문제가 말끔히 해결되리라 믿었다. 그래서 다들 경제성장에, 산업 문명의 끝없는 확장에 일로매진했다. 그러나 이 신앙은 더는 지탱할 수 없다. 위에 이야기한 사회와 자연의 동시 위기는 경제성장으로 해결될 수 있는 게 아니라 오히려 20세기 경제성장 신화의 산물이기 때문이다. 1인당 국민소득이 이미 3만 달러를 넘었는데도 곳곳에서 신음이 끊이지 않는 한국 사회는 이러한 진리를 처절히 실감하는 중이다.

한편 20세기에는 이와는 전혀 다른 교과서도 있었다. '사회주의' 혹은 '공산주의'라 불린 실험이었다. 하지만 '노동계급'의 이름을 내건 한 정당이 권력을 독차지한 국가가 자본가 대신 경제성장을 주도한 이 실험은 자본주의 교과서의 거울상에 불과했다. 사회주의-공산주의 이념의 주창자들이 애초에 그렸던 모습이라기보다는 20세기 성장 드라마의 국가주의적 판본에 가까웠다.

그러고 보면 지난 세기는 우리에게 너무 매정한 것처럼 보인다. 숙제는 잔뜩 물려주었지만, 그 해법을 찾을 교과서는 남겨놓지 않았으니 말이다. 하지만 20세기의 안쪽을 깊이 들여다보면 꼭 그런 것만도 아니어서, 지난 세기가 우리에게 아무런 단서도 남기지 않은 것은 아니다. 이 책을 기획하며 우리는 이러한 단서들을 찾아 나섰다.

지난 세기에는 제대로 조명되지 못했지만, 새로운 미래를 구상해가는 데 도움을 줄 사유의 자취들이 있다. 아울러 오늘날 가치 있게 여겨지는 사상들을 성숙시키는 데 기여하였지만 뜻밖에도 우리에게 그 전모가 제대로 알려지지 않은, 재조명되어야 마땅한 사상적 탐색들이 있다. 간단명료한 교리들이 지배하던 시절에 이런 부류의 사상가나 실천가는 기껏해야 각주에나 오르내리거나 쉽게 잊히고 말았다. 비딱하게도 우리는 바로 이런 이들에게 눈을 돌렸다. 그들은 국내외에서 비교적 최근에야 정당한 재평가를 받기 시작했거나 한국 사회의 지적 협애함 탓에 아직 생소하게만 들리는 이름들이다. 하지만 21세기의 가장 다급하고 중차대한 문제들을 풀어가며 새로운 미래를 기획하는 데 그 누구보다도 의미 있는 사상적 영감을 선사해줄 지적·실천적 거인들이다. 이 책의 주인공들은 바로 이런 사람들이다.

그중에는 이름이 널리 알려져 익숙한 이들도 있다. 도산 안창호가 그렇다. 하지만 그가 후대에 전하려 한 간절한 이야기까지 그러한 것은 아니다. 지난 세기에 이 땅의 통치자들은 그가 남긴 말들 가운데 자기 입맛에 맞는 표어를 뽑아내곤 했다. 이런 표어들이 자아내는 이미지 때문에 정작, 장차 독립할 조국이 가야 할 길로서 그가 공화주의에 사회주의적 요소까지 버무린 대공주의를 역설했다는 사실은 거의 묻히고 말았다. 엘리 위젤Elie Wiesel 역시 처음 듣는 이름은 아닐지 모른다. 노벨평화상 수상자이기에 한때 어렵지 않게 그의 저작과 만날 수 있었지만, 강제수용소의 생존자이자 나치 범죄의 증인 정도로 받아들여졌을 뿐, 그의 고발이 20세기 중반기에 형성되어 지금까지 이어지고 있는 한국 사회의 국가주의 문제와 관련되어 있다는 점은 놓치고 말았다.

그런가 하면 생소하기는 하지만 새로운 미래의 좌표를 잡는 데 긴요한 도움을 줄 만한 이들이 있다. 예컨대 구스타프 란다우어Gustav Landauer와 알렉산드르 실리아프니코프Alexander Shliapnikov는 역사책에서 그 이름을 찾기도 쉽지 않다. 독일 혁명의 희생자로 로자 룩셈부르크는 알아도 란다우어를 알기는 힘들다. 또한 무협지 등장인물처럼 레닌과 트로츠키, 스탈린을 술자리 화제로 삼는 이들도 실리 아프니코프를 입에 올리지는 않을 것이다. 하지만 오늘날 두 사람은 전혀 다른 무게로 다가온다. 지난 세기의 사회주의 교과서에 가렸던 이들의 이단적 사회주의는 21세기를 살아가는 우리에게 옛 교과서보다 더 신선하고 풍부한 영감을 준다. '사회'주의라기보다는 '국가'주의라 해야 옳을 현실 사회주의권의 경험을 넘어, 진정 '사회'가 주인공이 되는 대안 사회를 예감하게 하는 것이다.

한국 사회에도 조금은 알려졌지만, 아직 주요 저작이 번역되지 못한 랠프 밀리밴드Ralph Miliband나 앙드레 고르André Gorz도 포스트 자본주의라는 미래를 모색하는 데 결코 빠뜨릴 수 없는 사상의 원천들이다. 20세기 사회주의운동에서는 변방이나 불모지로 취급되었던 지역에서 끈질기게 실천을 이어가며 독창적인 결실을 일구었던 노먼 토머스Norman Thomas나 호세 카를로스 마리아테기José Carlos Mariátegui 또한 그러한 원천들이다.

사회주의와는 또 다른 방향에서 20세기 자본주의를 성찰하고 대안을 모색하며 발전한 생태주의 사상은 오늘날 '사상의 상수常數'로 여겨져야 마땅하다. 20세기 중반 이후 경제성장에만 매몰되었던 세계의 폭력성을 지적하며, 경제와 삶의 근간인 생태계로 시선을 돌린 사상의 흐름이 나타났다. 그런데 이른바 '생태주의'의 흐름을 이끌던 레이철 카슨Rachel Carson과 피터 싱어Peter Singer가 등장하기 오래전에 이미 이 길을 연 사상적 모험가들이 있었다. 인간과 자연을 분별하고 개인·개체를 전체에서 따로 떼어내어 이해하는 것에 몰두했던 근대 서구의 지적 풍토에서, 헨리 솔트Henry Salt와 알도 레오폴드 Aldo Leopold는 인간과 다른 동물과 생물 그리고 대자연의 관계를 전혀 다르게 사고하며, 새로운 자연 윤리를 정초한 선각자였다.

이들이 시작한 여행의 최근 길목에서 린 마굴리스Lynn Margulis는 지구 생명의 기초인 미생물을 연구하며 새로운 깨달음에 이르렀는데, 지구라는 조건에서는 유기체와 무기체가 분리될 수 없으며 지구도 하나의 생명 단위로 인식되어야 한다는 통찰이었다. 한편 우자와 히로후미宇沢 弘文는 사회와 자연의 공공 영역을 공적으로 보호하는 방식으로, 즉 생태주의적이면서도 제도주의적인 방식으로 경제의 모델을 재구성하려 했다. 헤르만 셰어Hermann Scheer는 20세기 탄소자본주의의 동력원이었던 화석 에너지 중심의 포클리어 에너지 체제에서 태양광 중심의 재생가능 에너지 중심 체제로의 에너지 대전환을, 20세기에 가장 먼저 구상하여 실천했던 21세기형 인간이었다. 또한 가와구치 요시카즈川口由一는 자연에 가하는 일체의 폭력을 농업 현장에서 소거하는 새로운 농법을 실천하며, 새로운 문명적 삶의 모델을 보여주었다.

이들처럼 자신의 자리에서 분투하며 새로운 문명의 이정표를 세웠던 이들도 있었지만, 우리 시대에 귀감이 될 만한 삶을 먼저 산 이들도 있었다. 예컨대 실비아 팽크허스트Sylvia Pankhurst는 스스로 자유를 찾아가는 해방된 여성의 모범이었을 뿐만 아니라 그러한 여성의 삶이 또 다른 수많은 피억압자와 연대함으로써 완성되어간다는 진실을 실증했다. 미술 관련 명저들의 저자로 잘 알려진 존 버거

John Berger의 삶도 실은 그러하다. 도시를 벗어나 시골에 은거하면서도 세상의 약자들과 끊임없이 연대하며 세계 시민으로 살았던 버거의 후반생이야말로 그의 감식안을 거쳐간 어떤 걸작보다도 위대한 작품이었다. 또한 21세기 인류가 마주한 가장 골치 아픈 도전 중 과학기술 혁신과 관련해서도 미래를 먼저 산 이들이 있었다. 돈 잘 버는 대기업 자문가에서 민중의 엔지니어로 전향한 스태퍼드 비어 Stafford Beer 나 세상에 어떤 생산품을 내놓을지 스스로 결정하려 한 루카스 에어로스페이스Lucas Aerospace 노동자들이 바로 그런 사람들이었다. 마지막으로, 지난 역사로만 취급받는 항일 민족해방운동사 안에서도 2019년 격동하는 새로운 국제 정세 속에서 평등과 평화의 새 질서를 구축하려는 우리에게 울림 깊고 생생한 메시지를 전하는 선구자들을 찾을 수 있다. 이 책이 조명한 두 인물은 김성숙과 조소앙이다. 올해 2019년은 대한민국 임시정부 수립 100주년인 데다 강제징용 배상 문제를 빌미 삼은 일본 정부의 경제 보복 때문에 '극일'이라는 사회적 과제가 대두된 해이기에 이는 더욱 뜻깊은 작업이 될 것이다.

이 책에서는 20세기에 21세기를 앞서 준비했거나 먼저 살아간 이들로 스무 명을 꼽았다. 물론 더 많은 새로운 세기의 사상가, 실천가들이 있을 것이다. 하지만 이 길지 않은 책에서는 우선 우리 사회의 이웃들에게 시급히 알리고 재평가를 주문하고픈 20인에 주목했다. 본래는 2016년 말~2017년 초(촛불 항쟁이 벌어지던 바로 그 시기다)에 걸쳐 『한겨레21』에서 「20세기 사람들」이라는 제목으로 15인의 삶과 사상을 짚었는데, 이번에 기존 원고를 보완하고 인물을 추가해 책으로 묶었다. 연재할 때보다 글이 두툼해졌지만, 여전히 각 인물의 사상과 삶과 영혼을 깊이 있게 소개하기에는 부족함이 있다. 그렇더라도 이들 사상가가 남긴 묵직한 메시지가 현재의 엉킨 실타래를 풀어가며 새로운 미래를 기획하는 사업에 절실히 필요하다는 생각에 출간을 주저하지 않았다. 이 책을 통해 혼돈과 전환의 시대이자 위기와 기회의 시대인 지금, 지난 100년의 자원이 다음 100년을 준비하는 데 지적·실천적 무기가 되어줄 수 있음을 확인하기를 바란다.

이제는 그 명맥이 끊긴 채 박물관 구석에 유물처럼 남아 있던 사상들이 오늘날 다른 미래를 상상하고 설계하는 우리의 여정에 풍부한 자양분이 되기를. 동시에 그 사상을 몸소 실천하며 살았던 이들의 살아 있는 영혼이 당신의 영혼 깊은 곳을 적시기를.

2019년 8월
장석준, 우석영 쓰다

차례

1부

어떤 영혼은
혁신을
선도한다

01

억압받는 자들의
'연대'를 살다

실비아 팽크허스트의 무지개 연대

민주주의의 과제, 연대

세상에는 억압받는 이들이 수없이 많다. 처음에는 이들의 숨소리조차 들리지 않는다. 그러다가 마치 투명 인간과 같던 이들 사이에서 신음이 새어나온다. 웅얼거림은 이내 외침이 되고 아우성이 된다. 오랜 투쟁의 세월 뒤에 그들은 거의 예외 없이 첫 번째 승리를 쟁취한다. 만족할만한 수준은 아니지만, 결코 뒤집히지는 않을 이 승리로 그들은 드디어 정치적 결정에 참여하는 '시민'이자 '세력'으로 인정받게 된다.

　이것이 근대 민주주의의 역정이다. 민주주의는 이렇듯 투명 인간이나 다름없던 이들이 한 사회의 시민이자 세력으로 성장하는 과

연설하는 만년의
실비아 팽크허스트. 1932년도.

정을 거치고 또 거치며 깊어지고 넓어졌다. 20세기 전반에 걸쳐 노동자가, 여성이, 피억압 민족들이 그리고 여러 소수자가 이런 행진을 계속했다. 그런데 이들은 제각각 평행선을 그리며 제 갈 길만 갔을까? 비슷하게 억압당하는 처지에 있는 이들의 대열이 서로 만나는 일은 없었을까?

이는 지금 우리에게도 절실한 물음이다. 21세기 한국 사회에서도 투명 인간의 운명에서 벗어나고자 애쓰는 이들이 있다. 비정규직 노동자가 있고, 미투Me Too 운동에 나서는 여성이 있다. 장애인도, 성소수자도 차별에 맞서 싸운다. 그런데 이런 여러 사회운동을 서로 연결하여 더 큰 목소리를 내려는 노력이 있는가 하면, 다른 집단을 비판하거나 자신들의 운동만 중요하다며 배타적 태도를 취하는 흐름도 있다. 가령 미투 운동에 좀처럼 동의하지 못하는 남성 노동조합원이나 페미니스트로 자처하면서 성소수자나 성전환자와 연대하는 데는 반대하는 이들이 있다.

다양한 목소리의 사회운동은 서로 연대할 수 있을까? 저마다자기 관점에서 민주주의 확대를 외치면서, 비슷한 싸움을 벌이는또 다른 집단에 공감하고 소통하며 협력할 수 있을까? 이 물음에 자신의 삶을 오롯이 던져 답하고자 한 20세기의 사람들이 있다. 실비아 팽크허스트Sylvia Pankhurst, 1882~1960는 그중에서도 가장 앞장서서 달려간 한 사람이었다.

여성 선거권 쟁취에 투신한 팽크허스트 집안

영화 「서프러제트Suffragette」는 2015년 영국에서 제작되었다. 여성 감독 사라 가브론Sarah Gavron이 연출했고, 캐리 멀리건Carey Mulligan이 주연을 맡았다. 제목 '서프러제트'(선거권을 뜻하는 suffrage의 변형)는 영국에서 여성 참정권론자를 일컫는 말이었다. 정확히 말하면, 여성 참정권을 요구한 이들 중에서도 특히 과격파를 뜻했다.

「서프러제트」는 아직 보통선거제도가 실현되기 전인 지난 세기 벽두에 여성에게도 투표권을 달라고 외친 서프러제트의 투쟁사를 그렸다. 그 시절에는 일정 액수 이상의 재산세를 납부하는 남성에게만 참정권이 부여되었다. 여성이 투표하고 정치에 나서는 것이 당연한 일이 된 현재의 시각에는 고색창연한 이야기로 보일지도 모른다.

하지만 「서프러제트」는 21세기 관객들에게 뜻밖의 충격을 안겨준다. 영화에 묘사된 당시 여성들의 투쟁 양상이 지금 시각에도 무척 격렬했기 때문이다. 이 무렵 여성 단체들 중 가장 전투적이었던 여성사회정치연합WSPU은 여성 선거권 도입에 미적대는 남성 정치인들에 분노해 일종의 테러 전술도 불사했다. 영화에서 메릴 스트리프Meryl Streep가 연기한 에멀린Emmeline 팽크허스트가 이 조직의 전설적 지도자였다.

에멀린의 결혼 전 성姓은 굴든Goulden이다. 에멀린의 아버지 로버트 굴든은 자유당을 열렬히 지지했다. 보수당과 자유당이 양대 정당이던 빅토리아 여왕 시절 영국에서 자유당은 보수당에 맞선 개혁 정당으로 여겨졌다. 비국교도, 노동조합원, 여권 지지자, 아일랜드 자치 동조자 등 개혁파가 자유당에 집결했다. 에멀린은 이런 집안 분위기 속에서 시대를 앞서가는 신여성으로 자랐다.

1879년에 에멀린과 결혼한 리처드Richard 팽크허스트도 자유당 급진파였다. 리처드는 자유당 정도로는 만족할 수 없어서 아예 새 정당 운동에 뛰어들었다. 키어 하디Keir Hardie 등이 노동자 정치세력화를 내세우며 만든 독립노동당(이후 창당한 노동당의 모태)이었다. 에멀린도 개혁의 희망을 사회주의운동에 걸고 독립노동당이나 페이비언 협회 등에서 활동했다. 팽크허스트 집안은 19세기 산업자본주의 심장부에서 성장한 진보 의식의 최선두에 서 있었던 것이다. 그 중에서도 에멀린이 가장 간절히 바란 개혁 과제는 여성도 남성처럼 자기 운명을 스스로 결정할 정치적 권리를 보장받는 것이었다.

그러나 사회주의·노동운동 단체들은 에멀린이 바라는 만큼은 여성 참정권 쟁취에 절실하지 않아 보였다. 기존의 참정권 운동 조직인 여성선거권협회전국연합NUWSS도 성에 차지 않았다. 이 단체는 자유당 남성 정치인들에게 선거법 개혁을 읍소하는 일 외에 다른 활동은 하지 않았다. 에멀린은 여성들로만 구성되고 훨씬 적극적인 투쟁을 불사하는 새 조직을 만들기로 했다. 리처드와 에멀린의 세 딸 중 첫째인 크리스타벨Christabel이 어머니의 가장 믿음직한 동지로 나섰다. 1903년 10월 에멀린과 크리스타벨의 주도로 맨체스터의 팽크허스트 자택에서 여성사회정치연합이 결성되었다.

여성사회정치연합은 더 이상 남성 정치인들의 선의에 기대지 않았다. 설득이 통하지 않는다면 위협하는 수밖에 없다고 판단했다.

미술학도였던 실비아 팽크허스트는
이후 여성운동에 뛰어들었다. 1909년도.

여성의 힘을 보여줘야 한다고 믿었다. 참정권은 이제 '시혜'받을 선
물이 아니라 '쟁취'해야 할 목표가 되었다. 여성사회정치연합은 빈
번히 시위를 벌이고 대규모 집회를 열었다. 또한 선거법 개정을 미
루는 주요 정치인의 선거구에서 낙선운동을 벌였다. 보수당 후보보
다는 오히려 자유당 후보를 대상으로 했다. 그들이야말로 선거 때
만 '개혁'을 이야기하다 의회에 들어가고 나면 딴소리를 하는 장본
인이기 때문이었다.

　이런 방법도 통하지 않자 저강도 테러 전술까지 펼쳤다. 상점
유리창을 깨고 우체통에 불을 지르는가 하면 유력 정치인의 저택에
폭발물을 설치했다. 이렇게라도 해야 남성 지배자들이 협상장에 나

온다고 생각했다. 수많은 회원이 투옥되었음에도 아랑곳하지 않았다. 1913년에는 여성사회정치연합 열혈 활동가인 에밀리 데이비슨 Emily Davison이 국왕이 참석한 더비 경마에서 "여성에게 투표권을!"이라 외치며 경기장에 뛰어들어 사망하는 충격적인 사건도 일어났다. 이렇게 온몸을 던져 싸우는 여성사회정치연합 회원들에게는 어느덧 '서프러제트'라는 별명이 붙었다.

이런 투쟁 전술을 주도한 이는 에멀린과 크리스타벨이었다. 그런데 서프러제트 전부가 이 노선을 따르지는 않았다. 영화 「서프러제트」는 에멀린 팽크허스트의 지도 노선이 별다른 비판 없이 관철된 듯 묘사하지만, 실은 그렇지 않았다. 테러 전술에 반대하면서 다른 사회운동, 특히 노동운동과 연대함으로써 참정권 쟁취 운동의 힘을 키우려 했던 흐름도 있었다. 놀랍게도 이 흐름을 이끈 인물은 에멀린의 딸 중 한 명이었다. 둘째인 실비아 팽크허스트였다.

노동운동과의 연대에서 여성운동의 길을 찾다

언니 크리스타벨과 달리 실비아는 처음부터 전업 운동가로 나설 생각은 아니었다. 어릴 적부터 실비아는 화가가 되기를 꿈꿨다. 그림에 재능이 있던 실비아는 한동안 미술학도의 길에 전념했다. 하지만 투쟁의 급박한 현실이 그녀를 가만두지 않았다. 1905년 어머니 에멀린을 비롯한 여성사회정치연합 집행부가 체포되자, 실비아는 임시로 조직을 꾸려나가기 위해 명예 사무총장직을 떠맡았다. 불과 스물세 살의 젊은 나이였다.

처음에는 어머니와 언니의 짐을 덜어주려고 맡은 일이었지만, 실비아 역시 어쩔 수 없는 팽크허스트 집안사람이었다. 점차 자기만의 목소리를 내더니 이름뿐인 간부가 아닌 진짜 지도자로 부상했다. 이 무렵 에멀린과 크리스타벨의 입장은 극단으로 치닫고 있었다. 파리에 망명 중이던 크리스타벨은 자유당 정권을 위협하고자 자유당 낙선운동을 넘어 보수당 지지 운동을 벌이자고까지 주장했다. 물론 노동당을 지지하는 방법도 있었지만, 크리스타벨은 창당한 지 얼마 안 된 노동당보다는 보수당 후보들을 밀어줘야 여성의 힘을 확실히 보여줄 수 있다고 판단했다. 노동당은 여성보다 노동자를 더 중요시한다고 보았던 것이다.

실비아는 이에 맞섰다. 늘 조용하던 동생이 어머니와 언니를 비판하기 시작했다. 실비아가 보기에 여성사회정치연합 주류 노선은 여성 참정권에 대한 강조가 지나쳐 여성들의 다른 중요한 요구를 놓치고 있었다. 여성 중에는 팽크허스트 모녀 같은 중산층도 있었지만, 노동계급 역시 점점 더 늘어나고 있었다. 여성 노동자들에게는 투표권도 중요했지만, 임금인상이나 노동조건 개선도 시급했다. 에멀린-크리스타벨 노선은 단지 노동조합이나 노동당과 연대하지 않았을 뿐만 아니라 여성 노동자를 참정권 쟁취 운동에서 소외시키는 결과를 낳았던 것이다.

실비아는 참정권 쟁취 운동에서 중산층 여성과 노동계급 여성이 단결해야 할 뿐만 아니라 더 나아가 여성과 노동계급이 연대해야 한다고 믿었다. 당시 완전한 참정권을 보장받지 못하는 이들은 여성만이 아니었다. 재산세 납부액이 일정 기준을 넘지 못하는 남성도 참정권이 없었다. 실비아는 서프러제트가 이들 노동계급 남성과 함께 보통선거제 실시를 요구해야 결국 여성 참정권 쟁취에 성공할 수 있다고 역설했다.

물론 실비아도 여성 선거권 쟁점에 미온적인 노동당이나 노동조합 지도부에 비판적이었다. 그러나 노동당 안에는 그렇지 않은 이들도 있었다. 팽크허스트 집안의 오랜 친구이자 노동당 창당 주역인 키어 하디, 서프러제트의 옥중 탄압에 항의하다 하원의원직을 잃기까지 한 조지 랜스배리George Lansbury가 그런 사람들이었다. 실비아는 이들과 힘을 합쳐 여성운동과 노동운동의 공동 투쟁에 앞장섰다. 두 운동의 연대가 가장 빛을 발한 곳은 여성 억압과 노동착취가 교차하는 여성 노동자의 일상이었다.

1912년 실비아는 여성 노동자 회원을 늘리고자 노동자 밀집 지역인 런던 동부에 여성사회정치연합 지부를 결성했다. 동런던서프러제트연합ELFS이라 불린 새 지부는 본부와는 달리 실비아의 노선에 따라 참정권 운동을 펼쳤다. 여성사회정치연합의 주류였던 파리 망명 집행부는 이 새 조직을 파문했지만, 팽크허스트 집안의 막내딸 아델라Adela는 둘째 언니와 뜻을 함께했다. 노선 차이는 투쟁 방법의 차이로도 나타났다. 에멀린과 크리스타벨이 대중운동의 한계를 느끼며 점점 더 소수 활동가의 선도 투쟁에 치중한 데 반해 실비아와 아델라는 대중운동을 끈질기게 이어가고자 했다.

1913년 벽두에 동런던서프러제트연합은 새로운 노동자 회원들을 바탕으로 공개 대중 집회를 재개했다. 어머니와 언니는 효과가 없다며 폐기한 카드를 다시 집어든 것이다. 영화 「서프러제트」에 묘사된 것처럼, 시위와 폭력 진압, 시위자들의 감금과 옥중 단식 투쟁이 반복되었다. 당시는 마침 산업별 노동조합이 처음 등장하며 대규모 파업이 확산되던 무렵이었다. 노동자와 여성이 양쪽에서 개혁을 요구하면서 영국 사회를 뒤흔들자 정권도 더 이상 버티기만 할 수는 없었다.

1차대전이 발발하기 한 달 전인 1914년 6월 동런던서프러제트연합 활동가들은 하원의사당 앞에서 농성을 시작했다. 자유당 허버트 애스퀴스 총리는 농성 대표단과 면담하며 "제한 없는" 선거권 도입을 검토하겠다고 답했다. 정권으로부터 "제한 없는" 선거권에 관한 약속을 받아낸 것은 이때가 처음이었다. 폭발물 투척에는 끄떡없던 정부도 파업과 결합된 끈질긴 대중 시위에는 태도가 달라졌다. 실비아와 동런던서프러제트연합 노선의 승리가 눈앞에 있는 듯 보였다.

투표를 거부한 투표권 쟁취 투사

그러나 갑자기 닥친 1차대전으로 모든 개혁 논의가 돌연 중단되었다. 애국주의 광풍이 불던 개전 초기에는 사회운동도 숨죽이며 사태를 주시해야 했다. 에멀린과 크리스타벨은 이때 돌아올 수 없는 다리를 건넜다. 두 사람은 참정권 운동을 전후의 과제로 미룬 채 정부의 전쟁 수행에 적극 협력했다. 실비아는 이번에도 이들과 정반대 길을 택했다. 동런던서프러제트연합은 노동자참정권연합WSF으로 이름을 바꾸고 반전운동에 나섰다.

제국주의 전쟁에 맞서면서 실비아의 사상과 행동은 더욱 급진화되었다. 1917년에는 러시아 '10월 혁명'의 물결이 밀어닥쳤다. 실비아는 노동당 외에 새로운 정치적 대안을 건설하기로 했다. 하디 등 일부가 참전에 반대하기는 했지만, 노동당 역시 전쟁 정책에 협력했기에, 실비아는 영국에도 러시아 볼셰비키처럼 오로지 혁명만을 추구하는 정당을 건설해야 한다는 결론에 도달했다.

실비아와 노동자참정권연합은 여러 급진 사회주의 조직들과 함께 영국 공산당CPGB 창당에 나섰다. 그런데 창당 과정에서 격렬한 논쟁이 벌어졌다. 새 당은 선거와 의회에 관여해서는 안 된다는 실비아의 입장 때문이었다. 보통선거제 실현에 매진한 서프러제트로 활동했던 만큼 정말 놀라운 반전이었다. 그 정도로 영국 의회 제도를 향한 실망이 컸던 것이다.

마침 의회에서는 서프러제트의 오랜 투쟁이 결실을 맺고 있었다. 1918년 선거법 개정으로 재산세 납부 여부에 따른 투표권 제한이 폐지되었고, 30세 이상의 모든 여성에게 투표권이 부여되었다. 비록 남성과는 달리 여성의 선거권 연령을 기이하게 높게 잡기는 했지만, 어쨌든 의회민주주의의 발상지라는 나라에서 처음으로 여성도 정치에 참여하게 된 것이다. 에멀린과 크리스타벨은 이 성과가 전쟁에 협력한 자신들의 전략 덕분이라고 믿었다. 만년의 에멀린은 아예 보수당에 입당했다.

다른 팽크허스트 집안사람들이 이렇게 오른쪽으로 치달을수록 실비아의 환멸은 더욱 커졌다. 더불어 새 정당은 기존 대의민주주의에 관심을 끊어야 한다는 입장도 더욱 완강해졌다. 급기야 V. I. 레닌Vladimir Illich Lenin이 직접 논쟁에 뛰어들었다. 레닌은 이런 입장이 영국 현실에 맞지 않는다며 실비아를 설득했다. 볼셰비키조차 차르 시절 러시아의 사이비 의회에 참여하고 선거에 뛰어들기를 꺼리지 않았다고 설명했다.

그러나 실비아는 끝내 고집을 꺾지 않았다. 그 결과, 1920년에 어렵사리 창당한 영국 공산당에서 곧바로 출당당했다. 레닌은 서유럽 공산당 내부의 잘못된 노선을 비판한 저작 『"좌익" 공산주의: 하나의 유치한 혼란』(1920)에서 실비아 팽크허스트의 이름을 빠뜨리지 않았다. 이 책에서 실비아는 자국 토양에 맞지 않는 공허한 수사를 남발하는 "좌익 공산주의자" 중 한 사람으로 후대의 독자와 마주한다. 그녀의 일생에서 가장 혼란스러운 시절이었다.

하지만 혼란과 침체기는 그리 길지 않았다. 실비아는 곧 새로운 전선에서 할 일을 찾았다. 1922년 이탈리아에서 파시스트당이 집권했다. 파시즘이 민주주의를 파괴하는 최대 위협임은 시간이 좀 지난 뒤에야 분명해졌지만, 실비아는 초기부터 이 위험을 간파했다. 독일에 나치 정권이 들어서기 훨씬 전인 1920년대부터 그녀는 평생의 동지이자 연인 실비오 코리오Silvio Corio와 함께 반파시즘 운동에 앞장섰다. 무솔리니 독재를 규탄하고 이탈리아 인권 피해자들을 구출하는 운동을 벌였다. 무엇이든 외곬으로 치닫는 팽크허스트 가족사와 관련해 덧붙이자면, 실비아와 가장 뜻이 맞았던 자매 아델라는 이 무렵 공공연한 파시즘 지지자가 되었다!

아프리카 민중의 입이 되다

파시즘에 맞서면서도 실비아의 눈길이 향한 곳은 다른 동지들과는 달랐다. 영국 반파시즘 운동이 전력을 다한 것은 파시스트 반군과 내전을 벌이는 스페인 공화정부를 돕는 일이었다. 1930년대에 '국제연대'라고 하면 곧 스페인 내전 참전을 뜻했다. 하지만 실비아가 첫 번째 연대 대상으로 주목한 곳은 훨씬 멀리 있었다. 바로 1935년 이탈리아 파시스트 정부의 침략을 받은 에티오피아였다. 똑같이 파시즘의 희생양이 된 국가였음에도 에티오피아는 스페인에 비해 관심을 받지 못했다. 이유는 하나였다. 스페인은 유럽이었지만, 에티오피아는 아프리카였다. 유럽 좌파와 아프리카 인민 사이의 거리는 아직 멀기만 했다.

　　실비아 팽크허스트는 1936년에 『새 시대와 에티오피아 뉴스 *The New Times and Ethiopia News*』라는 제호로 신문을 창간했다. 오로지 에티오피아인들의 참상과 투쟁을 세계인에게 전달하는 게 목적인 신문이었다. 당대 영국인 중에 과연 몇 명이나 이 신문에 주목했을까. 하지만 당시 영국에 체류하던 젊은 아프리카인들은 달랐다. 그들은 이 신문에서 반제국주의 민족해방투쟁의 영감을 얻었다.

아프리카의 젊은 지식인들이 결성한 아비시니아(에티오피아의 옛 이름) 국제친우회가 『새 시대와 에티오피아 뉴스』를 보고 먼저 연락을 해왔다. 국제친우회 의장은 카리브해 출신의 저명한 마르크스주의자 C. L. R. 제임스Cyril Lionel Robert James였고, 회원 중에는 훗날 케냐의 반영국 독립투쟁을 이끈 조모 케냐타Jomo Kenyatta도 있었다. 이후 국제친우회는 실비아의 신문과 긴밀히 협력했고, 나중에 범아프리카주의의 사상가나 지도자가 되는 이들이 모두 이 신문에서 힘을 얻으며 성장했다. 가나의 초대 대통령으로 신식민주의를 비판한 콰메 은크루마Kwame Nkrumah는 이렇게 회고했다.

[신문에서] 나는 "무솔리니, 에티오피아 침략"이라 쓰인 플래카드를 보았다. 그것으로 충분했다. 그 순간 마치 런던 전체가 갑자기 나 자신에게 전쟁을 선포하는 듯했다. 그러고 나서 몇 분 동안 나는 행인들의 무표정한 얼굴을 바라보며, 저들이 과연 식민주의의 사악함을 깨달을 수 있을지 의문을 던지지 않을 수 없었다. 또한 이러한 체제를 무너뜨리는 데 이 한 몸 함께할 날이 오길 기도하지 않을 수 없었다. [이 신문 기사와 함께] 민족주의가 내 삶의 전면에 부상했다.

은크루마, 『자서전The Autobiography of Kwame Nkrumah』, 1973.

2차대전이 끝난 뒤에도 실비아 팽크허스트는 에티오피아 연대 운동을 멈추지 않았다. 영국을 비롯한 서방 연합국은 자신들보다 훨씬 먼저 파시스트 이탈리아와 싸워온 에티오피아를 연합국의 일원으로 인정하지 않았다. 실비아는 옛 서프러제트 동지들과 함께 노구를 이끌고 영국 정부에 항의하는 시위를 벌였다.

실비아는 코리오와의 사이에서 늦게(45세) 본 아들 리처드 팽크허스트(외할아버지와 이름이 같다)와 함께 아예 에티오피아로 떠났다. 이후 실비아는 그곳에서 복지 시설 확충에 힘쓰다 1960년 사망한 뒤 그곳에 묻혔다. 지금도 그녀의 동상은 런던 동부 한 공원에 있지만, 무덤은 에티오피아 애국선열 묘역에 있다.

자결권을 위해 싸우는 모든 사람은 하나

실비아 팽크허스트의 시대만큼이나 오늘날에도 억압받는 자들의 연대는 쉽지 않다. 생존 경쟁으로 점철된 신자유주의를 거치면서 이제는 누구나 자기가 남보다 더 고통받는다고 강변하는 데 익숙해져 있다. 대중은 분열되고 사회운동 간의 거리는 멀어지기만 한다. 이것이야말로 99%가 아니라 1% 쪽으로 기울어진 전 지구적 세력 관계를 공고히 하는 토대다.

이 단단한 세력 관계는 오직 여성과 노동자가 한 방향을 바라보며 목소리를 내고, 북반구 노동자가 남반구 민중의 외침에서 자기 이야기를 찾는 순간에야 흔들릴 수 있다. '연대'라는 익숙하지 않은 경험이 어디에선가 다시 상연될 때에야 이제까지와는 다른 세상으로의 틈이 열리리라.

실비아 팽크허스트는 이 진실에 누구보다 가까이 있었고 자신의 삶으로 이를 입증한 선례가 되었다. 그녀는 여성운동과 노동운동의 가교가 되었고, 아프리카 민중의 입이 되었다. 그녀에게는 자기 삶을 스스로 결정하기 위해 분투하는 모든 이가 하나였다. 21세기에 무한 복제되어야 할 삶이 여기에 있다. _장석준

여성운동이 노동계급, 남반구 인민과 연대해야
한다는 실비아 팽크허스트의 문제의식은 한동안
제대로 기억되지 못했지만, 이제는 그렇지 않다.
오늘날 노동자, 여성, 성소수자, 이주민 등을
아우르는 반자본주의 무지개 연대를 주창하는
사회주의 페미니즘은 팽크허스트의 정신적 후예라
할 만하다. 한국에서 '적색(사회주의)' '녹색(생태주의)'
'보라색(페미니즘)'의 연대를 추구하는 이들 역시
마찬가지다.

02

대한민국 리셋의 시대, 다시 생각해보는 국가공동체

안창호의 대공주의와 신민주의

대한민국의 해동과 리셋 그리고 애국가

2016년 11월 말, 대한민국은 해동解凍되었다. '국정 농단'의 전말이 조금씩 밝혀지는 내내 대한민국 여권 소지자들의 가슴속에서는 당혹과 모멸과 염오厭惡의 감정이 동시다발로 소용돌이쳤고, 급기야 숙성된 감정들은 그 주인들을 집 밖으로 내몰았다. 너도나도 몰려간 곳은, 광장이었다.

'해동'은 크게 두 가지 양상으로 나타났다. 우선 10~30대와 60대 사이, 호남과 영남 사이, 강북과 강남 사이 높게만 보이던 마음의 장벽이 일거에 무너지며, 전국 단위의 시민통일전선이 구축되었다. 숱한 내부 분열과 그로 인해 축적된 사회생활의 피로감을 상기해보면 기적과도 같은 사건이다. 이와 더불어 주로 소비자 혹은 노동자로 살아가면서도 시민으로서는 거의 살지 못했던 이들이 온전히 시민으로 거듭나며 현대사와 정치를 자발적으로 학습하기 시작했다. '인민의 시민화'라고 부르는 게 적절할까? 당시 광화문 광장에서 촛불을 든다는 것은, 시민이고자 하는 자신의 의지를 바로 자신에게 알리는 것이었다.

해동의 다른 양상은 뜻밖에 애국가愛國歌를 통해 드러났다. 전인권, 이은미 등이 시작한 그 노래가 광장에 모인 이들의 '떼창'으로 진화해 그 현장을 뜨겁게 달구었을 때, 박제된 이념으로서 국가주의라는 얼음 안에 결빙되어 있던 그 노래도 해동되었다. 그리고 그때, 애국가의 가사를 처음 지었던 정신이, "괴로우나 즐거우나 나라 사랑하세"라고 쓰던 어느 영혼이 새삼 처음인 듯 다가와 우리를 공화국이라는 공동체에 소속된 시민으로 일으켜 세웠다.

그 정신, 영혼은 누구의 것인가? 사실 애국가는 작곡·작사가의 친일 논란이 있지만, 다수 대중에게 국가國歌이기 전에 민족의 노래였다. 나라를 잃어 '괴로웠던' 사람들에게 한줄기 빛이 되었던 한민족의 성가聖歌였다. 가락으로 된 깃발, 단어로 된 빛줄기가 곧 애국가였다. 그들은 자신이 누구인지, 어떤 인생을 살아야 하는지를 자신에게 각인하기 위해 애국가를 불렀다. 말하자면 자신이 나고 자란 고장, 공동체, 즉 고향을 잃어버린 사람들의 닻이었다.

누구인가, 이 닻을 만든 이는? 작사가가 누구인지 논란이 있지만 작사가였거나 작사를 주도했던 이는 아마 도산 안창호島山 安昌鎬,

1910년대 샌프란시스코에서
도산 안창호

1878~1938일 것이다. 1907년 미국에서 귀국한 안창호는 미국의 '배기창가례拜旗唱歌禮(국기에 절하고 노래를 부르는 의례)'를 국내에 소개했는데, 역사학자 전우용에 따르면, 이것이 오늘날 '국기에 대한 경례'와 '애국가 제창'으로 이어졌다. 안창호는 「거국가」「흥사단 입단가」 등 수많은 노랫말을 손수 지은 인물이기도 했다. 또 안용환 교수는 안창호의 친필 「무궁화가 2」와 안익태의 증언 등을 근거로 애국가의 작사가는 안창호임이 분명하다고 단언한다. 춘원 이광수도 『도산 안창호』(1947)에서 애국가의 작사가는 안창호라고 또렷이 못 박고 있다. 2016년 겨울, 광화문에서, 전국의 집회 현장에서, 애국가와 함께 부활한 이는, 그러므로 도산이었다.

애국 사상, 뿌리와 꽃

도산 안창호가 태어난 해는 1878년(고종 즉위 15년)으로, 조선의 국운이 쇠하던 시기였다. 스무 살 무렵, 조선의 대한제국大韓帝國으로의 변신이라는 역사적 대사건을 목도하지만, 그로부터 10년이 채 안 되어 그 제국이 멸망하는 풍경 앞에 서 있게 된다. 뜻을 세우고 펼치기 시작할 바로 그 막중한 시기에, 국가공동체의 붕괴라는 역사의 먹구름이 안창호와 그의 세대의 삶에 거대한 장막을 드리웠던 것이다. 그 점에서 그와 그의 동 세대에게 새로운 나라의 창건과 나라 사랑에 인생의 뜻을 둔다는 것은 운명과도 같았을 것이다.

안창호가 태어나 자라난 땅도 그의 운명과 무관해 보이지 않는다. 그의 고향은 평안남도, 대동강에 자리 잡은 작은 섬, 봉상도였다. 유년 시절을 보낸 섬이어서 도산의 섬 사랑은 자별했다. 자신의 호를 도산으로 자작하기까지 했고, 도산의 순우리말 격인 '섬메'를 필명으로 쓰기도 했으니까. 안창호의 부친 안흥국은 가난한 농민이었는데, 막내아들 안창호가 일곱 살 되던 해 숨을 거두고 만다. 아비를 일찍 여의고 자란 이 불운한 평안도 소년은 몇몇 서당에서 한문을 공부하며 성장한다.

평안도 땅은 또 어떤 땅이었던가? "평안감사도 제가 싫으면 그만"이라는 속담이 암시하듯, 이곳은 조선 시대 내내 백성에 대한 착취가 우심했던 지역이다. 그런 만큼 중앙 정부에 대한 반발이 강했던 지역이 바로 이 서북 지방이었다. 또한 중국이라는 바깥 세계에 이어져 있어 신문물 수용, 상공업 발전에서 상대적으로 발 빠른 움직임을 보인 지역이었다. 구습과 누습, 기성 전통과 '정통'에 대한 심리적 거리두기, 새로운 사상과 문물과 세계에 대한 정서적 친화성은 이 지역 특유의 정신적·정서적 풍토였다. 전국에서 개신교가 가장 발흥한 지역이 다름 아닌 평안도였다는 역사적 사정에는 이러한 배경이 있었다. 또한 일제 말기를 기준으로, 전국 사립학교 중 70%가 관서와 관북 지역에 집중되어 있었다고 하는데(김건우, 『대한민국의 설계자들』, 느티나무책방, 2017, 40쪽 참조), 이런 역사 정황은 당시의 교육계몽 사업이 교회를 중심으로 진행되었던 현실과 맥을 같이한다.

백범 김구가 가장 존경했던 인물(구익균 증언)이자, 대한민국 임시정부 초대 국무총리 대리 겸 내무총장이었던 안창호라는 걸출한 정치인의 등장에는 이러한 시대와 장소의 배경음이 깔려 있었다. 따라서 한편으로는 애국 애족 사상이, 다른 한편으로는 새로운 사상과 질서에의 경도가 최소 20대부터 안창호라는 사람의 정신을 가로지르고 있었을 것이라는 추정은 터무니없지 않다.

20대를 지나며, 안창호는 개신교와 신학문에, 교육을 통한 신국가 창조라는 이념에 줄곧 빠져 있었다. 무에서 유를 만들어내려는 창조적 정신이 그를 지배했다. 샌프란시스코로, 상하이와 만주로 외방을 떠돈 그의 삶의 여정은 그래서 당연한 것이기도 했다. 하지만 다른 한편으로 그의 마음은 언제나 자신이 나고 자란 고향 땅과 대동강 변에 뿌리를 내리고 있었다. 그 자신이 고백한 적도 있지만, 그가 진정 사랑했던 곳은 어린 시절을 보냈던 대동강 변 그리고 평양이었던 것이다. 그리고 이 두 가지 상반되는 정신의 궤도는 '애국'이라는 하나의 간명한 이념으로 통합될 수 있었다.

그런데 오늘날 우리가 느끼는 '애국'이라는 말과 나라 없던 이들이 느끼던 '애국'이라는 말은 그 뉘앙스가 천양지차天壤之差로 다르다는 점을 곱씹어봐야 한다. 대체로 1948년 이후 태어난 이들에게 '애국'이란 얼마간 학습으로 주입된 가치이기 쉬웠지만, 안창호의 시대에 '애국'은 나라 걱정을 하던 이들에게는 이것 없이는 아예 숨조차 제대로 쉴 수 없는 가치였다. 안창호와 그의 선후배 독립투사들에게 애국이란 창조의 과업이었고, 이 과업은 자기 삶의 조형이라는 과업이자 동시에 민족공동체의 활로 모색이라는 위대한 과업이었다. 이것이 그들에게 주어진 인간의 길이었다.

역사의 호출에 조직가로 응답하다

서북지방의 아들, 봉상도의 섬 소년은 어떻게 이 과업을 이루는 길에 들어서게 된 것일까? 계기는 그의 나이 16세에 경험하게 된 청일전쟁이었다. 1894년, 청일전쟁이 한창이던 때 평양성이 파괴된 풍경 앞에서 소년은 넋을 잃을 정도의 충격을 받게 된다. 구국救國의 길에 나서야겠다는 발심發心도 이때 그에게 찾아온다. 물론 여기까지는 지극히 평범한 장면이다. 그러나 곧 비범한 장면이 뒤따른다. 소년은 얼마 후 무작정 상경한다. 물정 모르는 청소년의 객기라고 볼 수도 있지만, 자기 뜻을 관철하겠다는 의지의 심지가 그만큼

1916년의 흥사단 연례 대회에서의 안창호(앞줄 가운데)

깊었다고 볼 수도 있을 것이다. 그것은 위험천만한 모험이었지만, 역사는 이 당돌한 소년을 개신교 선교사들에게로 이끌었다. 소년은 개신교 교회학교 중 하나인 구세학당에 입교하여 신학문을 접하고 장로교도가 된다.

　구세학당 다음의 인연은 독립협회였다. 구세학당을 졸업한 소년은 때마침 귀국해 독립협회를 세운 서재필의 영향을 받아 독립협회에 가담한다. 이 입회는 그에게 의미 깊었는데, 이것이 바로 그의 생애 내내 이어지게 될 '사회 활동'의 시작이었던 까닭이다.

　유전적 요인과 교육적 요인의 합성 작용이겠지만, 사람이라면 누구나 특유의 기질과 성격의 주인이 되는 법이다. 안창호의 남다른 특색은 리더십이 강했다는 것, 그의 언변과 풍모와 성격이 사람을 끌어들이는 묘한 매력이 있다는 것이었다. 그리고 이러한 개인의 특색은 조직 활동으로 객관화되어 나타났다.

우선, 약관의 나이에 안창호는 동료들과 함께 독립협회 관서지부를 창립한다. 이어 그는 점진학교와 탄포리 교회를 세웠다. 미국으로 건너간 이후 조직 활동이 더욱 본격화된다. 샌프란시스코 공립협회, 신민회, 평양 대성학교, 청년학우회, 대한인국민회, 흥사단, 대한적십자사, 동우회, 한국독립당, 한국대일전선통일동맹…. 그가 세운 조직 또는 단체의 목록을 나열하고 일독하는 것만으로도 그의 열정과 열심을, 실력과 활기를 짐작할 수 있을 정도랄까.

요컨대, 안창호라는 사람을 한마디로 말한다면, 정치인이나 독립운동가라는 단어 이전에 조직가라는 단어부터 호출해야 맞다. 사람을 규합하고 조직을 세우는 데 도산은 탁월한 재능과 역량을 과시했다. 그가 가는 길이면, 어디서나 사람이 모였고 새 조직이 꾸려졌다.

본보기 사상과 독립

안창호를 유별난 인물로 만들어주었던 또 다른 한 가지는, 그가 일평생 간직했던 '본보기 사상'일 것이다. 본보기 사상이란, 사업이든 사람이든 본보기가 있다면, 사람이 추진하는 일은 무난히 성사될 수 있다는 사상이다. 흥사단興士團의 '흥사' 또한 실력을 갖추고 일제와 투쟁하는 본보기로 삼을 사람이었고, 수양동우회修養同友會의 '동우' 또한 수양과 동시에 새로운 나라를 준비하는 집단이었다. 평양에 세운 대성학교도, 그 본질은 '본보기 학교'였다.

안창호의 본보기 사상은 수기修己 또는 궁화躬化(몸소 모범을 보여 남을 감화함)를 강조하는 유가적 수양 사상에 뿌리를 내리고 있었다. 즉 그가 강조한 본보기는 인격의 본보기였는데, "나 하나를 건전 인격으로 만드는 것이 우리 민족을 건전하게 하는 유일한 길"(『도산 안창호』)이라는 급진적인 발언에도 그의 생각이 잘 응축되어 있다. 이는 고대 그리스 철학자 플루타르코스Plutarchos의 "내적으로 완벽해질 때 우리는 외적인 현실을 변화시킬 수 있다"는 말과도 공명하는 발언으로, 민족 구성원 각자가 자신의 인격을 온전하게 조형하는 일에 매진할 때 비로소 일제로부터의 독립이라는 사회적 공업共業 또한 의미 있게 실현할 수 있다는 입장의 근거가 되었다.

구국과 독립, 신국가 건설이라는 목표를 향한 전민족적 운동의 주춧돌은 민족 역량의 강화라는 생각에는 많은 이들이 동의했지만, 안창호가 보기에 그 '역량'의 중핵은 바로 '인격'의 능력이어야 했다. 그리고 인격을 높이고 그 본을 보이면, 주변 사람들도 함께 바뀌게 되어 언젠가는 전체가 바뀌게 된다. 바로 이것이 도산의 특색이자 위대한 점이며, 많은 이들을 감화시켰던 원동력이었으리라.

안창호는 대한민국 임시정부 수립에 적극 참여했다. 1919년도.

대공주의, 대한민국의 정신적 초석

도산은 일제 강점기 조선인(대한제국인 또는 대한민국인)들에게 주어진 '인간의 길'에 대한 오랜 생각을 '대공주의大公主義' 사상으로 정리했다. 안창호가 대공주의를 처음으로 이야기한 시점은 중국 상하이에서 유일독립당 결성 운동을 하던 1927년, 그의 나이 50세 때의 일이다. 그 뒤 조소앙 등과 함께 만든 한국독립당의 정당 강령에도 안창호는 대공주의 사상을 반영했다.

대공주의의 '대공'이란, 민족공동체 전체에게 필요한 공공이익을 뜻한다. 그렇다면 대공주의의 한 가지 강령은 개인이 사사로운 개인 또는 소속 집단의 이익 대신 민족의 전체 이익, 즉 대공에 봉사하는 길을 걸음으로써만 참된 삶을 살 수 있다는 데 있다. 얼핏 단순해 보이지만, 뜻을 같이해도 끊임없이 당파를 나누어 다투던 민족의 구습에서 벗어나자는 호탕한 주장이 여기 어려 있다.

다른 한 가지는 개인의 중시, 민주주의, 평등주의 사상에 있다. 주요한은 안창호의 대공주의의 기초 사상이 "개성의 자유의사에 의한 대공에의 협력"을 뜻하는 것이라고 썼는데, 안창호가 대공을 말하면서도 동시에 개인의 자유와 수양을 중시했다는 점을 되새겨볼 필요가 있다. 또한 안창호는 한민족의 대공이 독립국의 지위를 얻는 것만으로 구현할 수 있다고 보지 않았다. 즉 그것을 포함하여 정치·경제·교육의 장에서 민족공동체 내부의 평등과 균등에 도달함으로써만 민족의 대공이 가능하다고 보았다. 다시 말해, 안창호의 시각에서 새로운 국가는 일제로부터 완전한 자주권을 획득하는 것만이 아니라 조선 왕정제나 대한제국의 폐단을 충분히 극복해야만 비로소 의미 있는 국가였다. 일제 강점기의 한민족은 이러한 이중의 단절을 동시에 수행해야만, 새로운 국가 그리고 민주국가로 이행할 수 있다는 것이다.

이처럼 안창호의 대공주의는 대한민국이라는 신국가의 정신적 초석과도 같았다. 왕정국(조선)과 황정국(대한제국) 그리고 일제 강점기를 이어 경험했던 어느 양반 공동체는 안창호의 대공주의를 기반으로 대한민국이라는 민주공화국으로의 이행을 준비할 수 있었다고 봐도 좋을 것이다. 구체적으로 조소앙의 삼균주의("보통선거제를 실시해 정권을 균하고, 국유제도를 채용해 이권을 균하고, 국비 교육으로써 학권을 균한다")는 안창호의 대공주의 사상을 한층 세련화한 것이었다. 삼균주의는 1941년 임시정부의 「대한민국 건국강령」에 남아 제헌헌법(1948년)과 현행 헌법(1987년 헌법 전문 중 "정치·경제·사회·문화의 모든 영역에 있어 각인의 기회를 균등히 하고 … 안으로는 국민생활의 균등한 향상을 기하고" 참조)으로 이어졌으므로 대공주의는 대한민국의 정신적 초석이라 할 만하다.

지난 100년 그리고 안창호 정신

안창호의 말년은 불운했다. 두 번의 투옥으로 건강을 잃고는 끝내 세상을 등진다. 결국 일제가 그의 생명을 앗아간 것이다.

그렇지만 아직도 서울 도산공원에는 대한민국의 기초를 놓은 그의 정신이 펄펄 살아 있고, 그의 정신과 행보를 기리는 이들의 발길이 끊이지 않고 있다. 이 점에서 그가 오늘날 누리고 있는 영예는 말년에 겪은 불운을 상쇄하고도 남는다.

독립운동의 전당에 있는 수많은 선현 가운데, 안창호는 단연코 돌올한 인물이었다. 그의 정신 안에서 유학과 기독교 사상 그리고 구미의 민주주의 사상은 행복하게 융합될 수 있었는데, 이러한 정신의 유연성이 특별했다. 또한 그는 실력을 중시한 사람이었지만, 그가 주장한 실력에는 인간 정신의 실력, 인격의 능력이 주요한 것이었다는 점이 묘했다. 안창호가 보기에 독립국이 되는 것보다 더 다급한 민족의 과제가 있었으니, 민족의 격格 자체를 향상시키고 민력民力을 강화하는 일이었다. 민족 개개인이 새로운 인격자이자 신민新民으로 거듭나야 독립이 의미 있었다. 이는 신민주의, 또는 민족 내부 혁명주의로 일컬어지기도 한다. 아울러 대공주의를 통해 붕당, 계파, 파벌로 분열하는 데 능한 민족의 고질적 병폐를 극복하고 민족의 공공 이익을 위해 모두가 연대하는 삶을 살자고 제안했다. 그러면서도 안창호는 평등국의 실현이 아니면 독립국이 되어봤자 별무소용이라고 했다. 현재 대한민국에 만연한 불평등, 특히 교육과 경제에서의 집단 간 격차를 떠올려볼 때, 안창호 정신은 우리 모두를 부끄럽게 한다.

안창호 정신은 대한민국이라는 나라의 기초일 뿐만 아니라 거울이기도 하다. 1919년 대한민국 임시정부가 수립되던 해부터 2019년까지 100년간, 한국은 민족공동체를 재건하고 강한 국가를 만들자, 그러기 위해서 나라 사랑하는 마음을 기르고 민족의 역량을 배양하자는 '안창호 정신'으로 달려왔기 때문이다. 이에 따른 여정이 곧 지난 100년간 한국의 명암이다.

하지만 그간 한국을 이끌어온 지도 이념은 어디까지나 '부분적인' 안창호 정신이었다. 개별자의 인격적 성숙과 정신적 자립을 그 무엇보다 중시했던 안창호의 정신을, 민족의 공익을 위해 집단 간 분열을 넘어서고 평등국으로 이행하자고 했던 안창호의 정신을 우리는 2019년인 지금에도 다 살지 못하고 있는 것이다. _우석영

한국 전쟁 이후 한국 사회에서 개인(시민)과
사회공동체의 관계는 경직되었거나 뒤틀렸다.
독재체제에서 개인은 온전히 시민이 될 수 없었지만,
이후 민주화와 산업화가 꽃피우자 이번에는
사회공동체가 앙상해지고 말았다. 2016년 11월을
기점으로 출현한 새 역사의 지평에서,
신민과 대공을 말했던 안창호의 정신은
평등한 사회공동체로의 진보에 적극 기여하면서도
자율적 인격체로서 살고자 하는 개인에게
더없이 소중한 참조점이다.

03

21세기 최대 과제,
'남북문제'를 외치다

호세 카를로스 마리아테기의
남반구 자립의 길

남반구, 정치적 독립은 이루었지만

20세기가 시작될 때 지구 위에 독립 국가는 얼마 되지 않았다. 서유럽과 아메리카 정도가 오늘날 세계 지도의 국경선과 비슷했다. 광활한 아시아와 아프리카는 대개 서유럽 몇 나라의 식민지였다. 물론 같은 아시아 국가의 식민지가 된 조선도 있었지만 말이다.

그러고 보면 제국주의에 짓밟히던 민족들의 독립이야말로 20세기에 일어난 가장 근본적이고 급격한 변화 중 하나였다. 불과 몇십 년 만에 지구본의 무늬가 바뀌었다. 대체로 아프리카의 포르투갈령을 마지막으로 과거 식민지들이 저마다 주권국가가 되었다. 20세기가 끝나갈 즈음이 되면, 이백여 개나 되는 독립국가들이 지도를 다채롭게 수놓게 된다.

그러나 정치적 독립은 첫 한 걸음에 불과했다. 총독이 대통령으로 바뀌고 토착민이 대통령이나 총리가 되었지만, 경제 구조는 변함이 없었다. 여전히 미국인이나 서유럽인들이 천연자원 채굴권을 장악했고, 새로 들어선 '주권'정부도 여기에는 감히 손을 대지 못했다. 간혹 민족주의 정권이 들어서서 이를 문제 삼으면 미국과 구식민 본국이 결탁해 국내 쿠데타를 사주하거나 아예 직접 군대를 파견해 짓눌렀다.

신흥국의 토착 지배층 자신이 이런 경제적 종속에 적응해 떡고물을 얻기도 했다. 유럽인들은 수백 년에 걸쳐 다른 대륙 민족들이 중심부에 농산물, 광물 같은 1차 산품을 공급하고 중심부는 공산품을 수출하는 구조를 다져놓았다. 이익은 흔히 '북반구'라 불리는 중심부에 쌓였고, 그만큼 다른 지역, 즉 '남반구'와의 격차가 커졌다. 식민지 독립 이후에도 이 구조를 바꾸기는 쉽지 않았다. 일부 국가에서는 민족주의자들이 산업화를 시도했지만, 대개는 실패를 거듭하다 1차 산품 수출국으로 돌아가거나 중심부 자본의 하청기지 정도에 머물렀다.

가나의 초대 대통령 은크루마는 이런 현실에 분개해 '신식민주의'라는 말을 만들어냈다. 겉만 독립국일 뿐 경제는 식민지 시기와 다를 바 없다는 것이었다. 은크루마 자신이 이런 현실을 바꿔보려고 안간힘 쓰다 결국 친서방 군부 쿠데타로 실각하고 말았다.

이는 실은 멕시코 이남 아메리카인들에게는 오래전부터 익숙

호세 카를로스 마리아테기. 작고하기 전 해인 1929년도.

한 풍경이었다. 흔히 '라틴아메리카' 혹은 '이베로아메리카'라 불리는 중남미 지역 민중은 쿠바를 제외하면 다들 19세기에 독립을 쟁취했다. 하지만 독립 이후에도 경제는 대서양 건너 영국이나 북쪽 이웃 미국에 종속된 처지였다. 중남아메리카 민중은 이미 이때부터 200년 넘게 신식민주의와 싸우고 있다.

투쟁의 역사가 오래되다 보니 고민의 깊이도 남다르다. 라틴아메리카 여러 나라에서는 국내 경제 문제를 풀기 위해서도 수백 년 묵은 제국주의 세계 질서를 어떻게 하면 바꿀 수 있을지 고민해야 한다. 종속이론이니 해방신학이니 하는 모색과 실천이 이 대륙에서

움튼 게 다 이런 이유 때문이었다. 그리고 이런 기나긴 노력의 선두에 한 페루인이 있었다. 우리에게는 많이 생소한 호세 카를로스 마리아테기José Carlos Mariátegui, 1894~1930가 그 사람이다.

산업화를 명분으로 한 독재

안데스산맥을 등지며 태평양을 바라보는 나라 페루는 스페인이 침략하기 전에는 잉카제국의 중심지였다. 잉카의 후예라 할 수 있는 선주민(인디오)이 지금도 인구의 40% 이상을 차지하며 메스티소(선주민과 백인의 혼혈)는 30%, 백인은 15% 정도다. 남아메리카 국가 중 볼리비아, 에콰도르와 함께 선주민 인구 비중이 높은 편이다.

19세기 초에 남아메리카 대륙에서 스페인의 식민지, 그중에서도 현재의 베네수엘라, 아르헨티나 등지에서 독립투쟁이 벌어지자 페루도 뒤늦게 이 대열에 합류했다. 독립 이후 페루는 비교적 안정을 누렸다. '구아노'라는 조류 배설물이 쌓여 만들어진 천연 비료 덕분이었다. 페루 지배층은 구아노를 수출해 호황을 누렸다. 하지만 구아노는 곧 바닥났다. 그때부터 페루는 내분과 전쟁에 휩쓸려 바람 잘 날이 없었다.

20세기 벽두에 대통령에 당선된 아우구스토 레기아Augusto B. Leguía는 혼란에 대한 답으로 산업화 정책을 제시했다. 유럽식 자본주의를 향해 나아가자는 것이었다. 그리고 이를 추진한다는 명목으로 권위주의 통치를 시작했다. 1930년 대공황의 여파로 정권이 무너질 때까지 페루는 레기아의 장기 독재 아래 신음했다. 우리에게는 매우 익숙한 이야기다.

　젊은 세대는 이런 억압을 묵묵히 받아들이고만 있지 않았다. 용감하게 정권에 맞서는 지식인들이 등장했고, 좌파 이념도 확산되었다. 그 선봉에 학생운동 지도자 빅토르 라울 아야데라토레Víctor Raúl Haya de la Torre가 있었다. 아야데라토레는 미국의 제국주의를 맹렬히 비판하며 범라틴아메리카 연대를 제창했다. 페루 경제를 발전시키려면 대지주의 농장을 농민에게 분배하는 농지개혁뿐만 아니라 국유화 같은 사회주의적 정책이 필요하다고도 했다. 그는 아메리카민중혁명연합APRA이라는 정당을 창당했는데, 이 당은 지금도 페루의 주요 정당 중 하나다.

　아야데라토레의 노선은 20세기에 아시아, 아메리카, 아프리카 곳곳에 등장한 진보적 민족주의의 한 사례였다. 쑨원孫文이 창당한 중국 국민당의 초기 활동, 인도 국민회의의 네루Jawaharlal Nehru가 취한 노선, 석유 자원을 국유화한 멕시코의 카르데나스Lázaro Cárdenas 대통령의 개혁 등이 모두 이런 흐름에 속한다. 이들은 자립적 경제 발전을 위해 사회주의 요소를 일부 도입했다. 하지만 그 목표는 어디까지나 국내 부르주아 계급도 동의할만한 자본주의적 산업화였다. 말하자면 이들은 일종의 국가자본주의를 추구했다.

　아야데라토레가 가장 처음 시작한 야심 찬 사업은 민중대학 설립이었다. 그는 노동자에게 배움의 기회를 제공하는 야간대학을 세웠다. 아야데라토레와 비슷한 또래의 열정적이고 참신한 지식인들이 이 시도에 함께했다. 그중에는 한쪽 다리가 불구인 병약한 외모의 한 남자도 있었다. 바로 그가 마리아테기였다.

북반구의 그람시, 남반구의 마리아테기

마리테아기가 바라보는 방향은 아야데라토레와는 또 달랐다. 그 역시 조국이 제국주의의 그림자에서 벗어나길 바랐다. 그러나 그는 뒤늦게 자본주의 산업화를 뒤쫓아서는 해방을 이룰 수 없다고 보았다. 그럼 어떤 다른 길이 있는가?

마리아테기는 페루 남부의 가난한 집안에서 태어났다. 아버지가 가족을 버리는 바람에 어머니 홀로 삼 남매를 먹여 살려야 했고, 마리아테기 가족은 수도 리마를 비롯해 여러 곳을 떠돌아다녀야 했다. 덕분에 마리아테기는 어릴 적부터 인디오, 메스티소 가릴 것 없이 빈민가의 여러 인종과 어울렸다.

가난에 더해 뜻밖의 불운이 어린 마리아테기를 덮쳤다. 여덟 살 때 왼쪽 다리를 크게 다친 것이다. 부러진 다리는 영영 회복되지 못했다. 게다가 결핵까지 그를 괴롭혔다. 비슷한 연배의 이탈리아 혁명가이자 사상가 안토니오 그람시Antonio Gramsci, 1891~1937와 무척 닮은 인생행로였다. 그람시 역시 유년기에 가난과 병마에 시달리다 장애인이 되었고, 마리아테기와 마찬가지로 마르크스주의를 자국의 복잡한 현실에 적용하면서 독창적인 사상을 발전시켰다.

마리아테기는 집안 형편 때문에 학교를 일찍 그만두고 신문사에서 일하며 독학했다. 처음에는 사환이었지만 인쇄 일을 익히고 기사도 쓰기 시작하면서 어엿한 청년 언론인으로 성장했다. 일간 『라 프레스나La Presna(언론)』에서 활동하던 중에는 레기아 정권에 반대하는 좌파 지식인들의 영향을 받았다. 불과 24세이던 1918년에는 뜻 맞는 친구들과 『라 라손La Razón(이성)』이라는 신문을 직접 창간했다. 이때부터 마리아테기는 사회주의자를 자처했다.

『라 라손』은 페루에서 당시 막 태동하고 있던 노동운동의 대변자가 되었다. 독재 정권이 이런 반정부 언론을, 그것도 사회주의를 주창하며 노동운동과 연대하는 언론을 가만 놔둘 리 만무했다. 편집진의 체포가 임박했다는 소문이 돌았다. 1919년 마리아테기는 나라 밖으로 피신했다. 그는 1차대전이 끝난 지 얼마 안 되고 러시아 혁명 소식으로 들썩이던 서유럽으로 향하는 배에 올라탔다.

젊은 페루 망명객이 처음 찾은 나라는 프랑스였다. 거기에서 그는 반전운동에 앞장선 문학가 로맹 롤랑Romain Rolland, 앙리 바르뷔스Henri Barbusse와 교유했고, 혁명적 생디칼리슴을 주창한 조르주 소렐Georges Sorel을 만나 큰 감화를 받았다. 다음으로 방문한 나라는 이탈리아였다. 그곳에서는 마침 사회당 좌파가 탈당해 공산당을 창당하는 중이었다. 마리아테기는 자연스럽게 이 당의 젊은 지도자 가운데 한 사람인 그람시에게 주목했다.

1923년, 마리아테기는 2년간의 서유럽 생활을 마치고 귀국했다. 아야데라토레가 설립한 민중대학에서 강의를 시작한 게 바로 이때였다. 이 무렵 마리아테기는 더 이상 유럽 여행을 떠나기 전의 그가 아니었다. 그는 사회주의의 여러 흐름 중에서도 러시아 10월 혁명을 지지하는 혁명파에 속함을 분명히 했다.

하지만 이후에도 마리아테기의 삶에는 시련이 계속되었다. 왼쪽 다리에 이어 오른쪽 다리에도 문제가 생겼다. 두 다리를 다 쓸 수 없게 된 그는 평생 휠체어에 의지하는 신세가 되었다. 하지만 병고도 그의 의지를 꺾지는 못했다. 마리아테기는 자신이 가장 잘 할 수 있는 일부터 시작했다. 1926년, 페루를 비롯한 라틴아메리카의 사회 변혁과 새로운 문화를 토론하는 광장으로서 저널『아마우타Amauta』를 창간했다. '아마우타'는 페루 선주민이 사용하는 케추아어로 '현자'를 뜻했다.

『아마우타』가 입소문을 타자 점차 마리아테기의 주장에 동조하는 이들이 늘어갔다. 특히 그의 저작『페루 현실을 설명하는 일곱 편의 에세이 Siete Ensayos de Interpretación de la Realidad Peruana』는 큰 성공을 거두었다. 이와 함께 아야데라토레 노선과의 간극도 커졌다. 1928년 마리아테기는 마침내 노동운동에 기반을 둔 독자정당 페루사회당 PSP을 창당했다. 1년 뒤에는 좌파 노총인 페루노동총연맹 CGTP도 창립했다. 마리아테기는 사회당 사무총장으로서 남은 삶의 힘과 열정을 신생 페루 사회주의운동에 쏟아부었다.

민족 부르주아지가 아닌, 인디오 농민에 주목하다

앞서 언급했듯이 사회당이 등장하기 전에도 페루에는 이미 혁명을 주장하는 정치세력이 있었다. 아야데라토레의 아메리카민중혁명연합이었다. 이들은 누구보다 열렬히 반제국주의를 주창했다. 마리아테기는 도대체 어떤 이유로 그들과 갈라섰던 것일까?

아메리카민중혁명연합은 중국의 제1차 국공합작에서 반제국주의의 모범을 찾았다. 이 무렵 중국 국민당 안에는 부르주아지와 공산주의자들이 공존하고 있었다. 도저히 손잡을 수 없을 것 같은 두 세력이 반군벌 반외세 혁명의 깃발 아래 연합한 것이다. 아메리카민중연합은 라틴아메리카에도 국민당 같은 조직을 건설하자고 제창했다. 제국주의와 반동 지주계급의 결탁에 맞서 민족주의적 부르주아지와 노동자 그리고 농민이 힘을 합치자는 것이었다.

그러나 1927년 중국에서는 장제스蔣介石가 이끄는 국민당 우파가 외세와 결탁해 국공합작을 깨고 공산당을 공격하기 시작했다. 이제 중국 사례를 들어 반제국주의 대연합을 주장하기는 힘들어졌다. 하지만 마리아테기는 벌써 그 전부터 아메리카민중연합의 라틴아메리카판 국민당 건설론을 비판하고 있었다. 단지 중국에서 실패했기 때문에 비판한 게 아니었다. 처음부터 중국과 라틴아메리카, 특히 페루는 다르다고 생각했기 때문이었다.

마리아테기는 1929년에 발표한 「반제국주의 관점」에서 중국과 페루가 다른 점이 무엇인지 밝혔다. 그는 민족 부르주아지를 포함한 반제국주의 대연합이 중국에는 적합할 수도 있다고 보았다.

휠체어에 의지한 마리아테기. 가족 및 친지와 함께.

중국은 자본가든 노동자든 혹은 농민이든 공통의 민족문화에 뿌리를 두고 있기 때문이었다. 중국에서는 자본가나 귀족도 민중과 마찬가지로 외세의 침략에 분개한다. 따라서 부르주아지와 민중이 민족주의를 바탕으로 연대할 수도 있다.

마리아테기는 라틴아메리카 국가들 중에서도 유럽계 인구가 다수인 아르헨티나 같은 나라는 중국과 사정이 비슷할 수 있다고 단서를 달았다. 그러나 페루는 아니었다. 페루는 선주민과 메스티소가 민중의 다수를 이루고 백인은 소수를 차지하는 나라다. 그런데도 특권을 누리며 사회를 지배해온 것은 보통 '크레올'(중남미에서 나고 자란 유럽인)이라 불리는 소수 유럽계다.

이들 백인 지배층은 선주민이나 메스티소와는 문화가 다르다. 이들 인종을 하나로 잇는 공통 문화라 할 게 없다. 페루의 백인 엘리트는 같은 페루 국민인 인디오나 메스티소보다는 오히려 미국이나 서유럽의 백인 지배층에 동질감을 느낀다. 중국에서 엘리트 중 일부가 경제적 이익 때문에 외세와 결탁해 동족을 배신한다면, 페루 지배층에게는 '배신'이라는 말 자체가 성립하지 않는다. 이들이 손잡아야 할 대상은 처음부터 페루 민중이 아니라 해외의 같은 백인 엘리트이기 때문이다.

바로 이 점에서 마리아테기는 페루에서는 이른바 민족 부르주아지를 염두에 둔 반제국주의 대연합 건설 시도가 실패할 수밖에 없음을 간파했다. 존재하지 않는 민족주의에 호소해봐야 소용없다는 것이었다. 대신 페루사회당은 신생 노동운동에 주목했다. 그리고 가난한 농민들인 인디오에도 주목했다. 사회당이 구상한 반제국주의 블록의 주축은 바로 이 노동계급과 인디오 농민의 동맹이었다.

유럽의 길을 뒤좇지 않는 페루의 길을 찾아

마리아테기의 결론은 얼핏 보면 광범한 반제국주의 연합을 거부하는 극좌 논리처럼 보인다. 실제로 중국혁명 실패 이후 코민테른(각국 공산당들의 국제조직)은 사회민주주의자들이나 민족주의자들과 연대할 가능성을 차단하는 오류를 범했다. 마리아테기는 단지 이러한 코민테른 노선을 추종했을 뿐인가?

그렇지 않았다. 마리아테기는 해외의 지침이 아니라 철저히 페루 사회 분석에 따라 자신의 결론에 도달했다. 그는 처음부터 농민을 노동자와 대등한 변혁 주체로 보았다. 이는 유럽식 정통 마르크스주의와는 다른 시각이었다. 출발부터가 그랬다. 마리아테기의 사상에는 철저히 안데스산맥과 와카치나 사막 그리고 태평양 연안의 냄새가 배어 있었다.

> 우리는 라틴아메리카 사회주의가 모방이나 복제품이 되길 결코 원치 않는다. 이는 영웅적 창조물이어야 한다. 우리 자신의 현실, 우리 자신의 언어로 인디오-아메리카 사회주의에 생명력을 부여해야 한다. 이는 새로운 세대 전체가 온몸을 던질만한 값어치가 있는 과업이다.
> 「창간 2주년의 결산」, 『아마우타』, 1928.

게다가 마리아테기가 중요시한 농민은 누구였는가? 다름 아니라 인디오였다. 어쩌면 유럽 농민들보다 훨씬 더 근대 혁명과는 거리가 멀 것 같은 인디오 농민을 그는 노동계급과 대등한 위상의 변혁 주체로 바라보았다.

이유가 있었다. 마리아테기는 페루에 세 가지 경제 혹은 세 시대가 공존한다고 봤다. 하나는 스페인 정복자들이 만들어놓은 봉건제였고, 다른 하나는 막 부상하던 산업자본주의였다. 마지막 하나는 인디오들에게 남아 있는 공동체 전통이었다. 마리아테기는 이 공동체 전통이 잉카제국 이전으로 거슬러 올라간다고 주장했다. 이는 루이스 발카르셀Luis E. Valcárcel 같은 당대의 뛰어난 인류학자들의 연구 성과를 받아들인 것이었다.

안데스 산맥에 거주하던 선주민들은 아일루ayllu라는 농경 공동체를 이루며 살았다. 아일루 안에서는 토지를 공유했고 모두 협력해 경작했다. 이후 잉카제국이 등장했지만, 잉카는 유럽 국가들과 같은 중앙집권적 질서를 구축하지 않았다. 제국은 아일루들의 자치 위에 얹혀 있을 따름이었다. 반면 잉카를 무너뜨린 스페인 정복자들은 자치를 용납하지 않았다. 그런데도 인디오 촌락 안에서는 제한되나마 공유와 협동의 전통이 이어졌다.

마리아테기는 이를 인디오 농민들 사이에 잔존한 원시 공산주의라 파악했다. 그가 보기에 이는 사멸할 수밖에 없는 과거의 잔재가 아니라, 페루에서 자본주의를 넘어선 새 사회를 건설하는 데 중요한 토대였다. 자본주의 '이전'이 아니라 오히려 그 '이후'의 씨앗이라는 것이었다. 마리아테기의 주장에 따르면, 인디오 촌락에 남아 있는 공유와 연대의 전통은 현대적 협동조합으로 발전할 수 있다. 여기에 도시 노동계급의 힘이 합쳐진다면, 페루는 유럽과는 다른 경로로 사회주의로 나아갈 수 있다.

마리아테기 이전에 이미 카를 마르크스Karl Marx가 비슷한 고민을 한 적이 있다. 만년의 마르크스는 러시아가 서유럽처럼 자본주의를 거쳐 사회주의로 나아가야 하는지 아니면 러시아만의 길이 따로 있는지 묻는 러시아 사회주의자 베라 자술리치Vera Zasulich의 편지를 받았다. 자술리치는 러시아의 독특한 농촌 공동체 전통이 사회주의의 토대가 될 수 있다는 니콜라이 체르니솁스키Nikolay Cherny-shevsky의 주장을 마르크스가 논파해주길 내심 바랐다.

그러나 마르크스는 뜻밖의 답장을 보냈다. 비록 네 차례나 다시 쓴 답신 초안들에 비하면 한결 누그러진 어조였지만, 그는 러시아가 서유럽식 자본주의를 거쳐야만 사회주의로 나아갈 수 있는 것은 아니라고 답했다. 이는 체르니솁스키의 대담한 주장처럼 농촌 공동체가 러시아 사회주의의 출발점이 될 수 있음을 암시했다. 말하자면 만년의 마르크스는 '정통' 마르크스주의의 역사발전법칙을 부정했다!(개러스 스테드먼 존스, 『카를 마르크스: 위대함과 환상 사이』, 아르테, 2018, 제12장 「미래로 돌아가서」 참조)

마리아테기의 어조는 마르크스보다 훨씬 단호했다. 그에게 인디오 공산주의 전통은 도시 노동계급이 활용할 우호적 요소 정도가 아니었다. 인디오 전통은 오히려 백인이나 메스티소 대중이 새로운 사회로 나아가기 위해 한껏 들이마셔야 할 정신의 샘이었다.

남북 모든 민족과 지구 생태계의 균형은 가능할까

마리아테기에게 깊은 영향을 끼친 인류학자 발카르셀은 인디오 공동체 질서가 그들의 독특한 신앙과 불가분의 관계였다고 주장했다. 인디오들은 대지를 어머니 파차Pachamama라 불렀다. 이들은 태양신과 함께 어머니 대지를 숭배했다. 태양과 대지는 누구에게도 독점될 수 없다는 점에서 인간들에게 공동의 소유와 향유를 요구한다.

집필 중인 마리아테기

마리아테기는 이런 인디오 영성이 다가올 페루 공산주의 안에서 되살아나야 한다고 보았다.

안타깝게도 마리아테기의 비전은 채 꽃을 피우지 못했다. 1930년에 그는 지병의 악화로 불과 36세에 세상을 등지고 만다. 그후 페루 진보세력을 주도한 것은 아야데라토레의 노선이었다.

지금도 상황 자체는 크게 변하지 않았다. 남반구 대부분은 여전히 북반구에 농산품이나 광물 자원을 싼값에 공급하는 기지에서 벗어나지 못하고 있다. 그러나 한 가지 달라진 점이 있다. 20세기에는 자본주의 중심부의 산업화 궤적을 뒤따르는 게 대안으로 여겨졌지만, 이제는 이 역시 대안이 될 수 없다. 남반구 모든 나라가 한국이나 중국의 길을 따를 수는 없다. 이런 식으로 성공하기가 쉽지 않음이 확인되었을 뿐만 아니라 지구 생태계가 파괴되는 문제가 대두했기 때문이다. 지구 생태계는 이미 북반구 산업화 때문에 기후변화 같은 이상 징후를 보이고 있다. 이런 상황에서 남반구까지 산업 경쟁에 뛰어든다면 이 행성이 과연 버텨낼 수 있을까? 북반구와 남반구 민중의 딜레마는 이제 남북문제와 지구 생태계의 트릴레마가 되었다.

그럼 어떤 길이 있을까? 볼리비아의 모랄레스 정부가 일정한 시사점을 던져준다. 라틴아메리카 최초의 선주민 출신 대통령인 에보 모랄레스Evo Morales는 기후변화를 북반구가 남반구에 진 '생태부채'로 해석한다. 모랄레스에 따르면, 이제 남반구가 북반구에 금융부채를 갚는 게 아니라 북반구가 남반구에 생태부채를 상환해야 한다. 남반구는 남반구대로 북반구와는 달리 '좋은 삶Vivir Bien'을 실현하기 위한 적정 산업화를 지향해야 한다. 달리 말해 남반구 민족들은 북반구의 부속품이나 모방이 아닌 자기만의 미래를 열어가야 한다. (파블로 솔론 외, 『다른 세상을 위한 7가지 대안』, 착한책가게, 2018 참조)

덧붙여 모랄레스 정부는 어머니 파차의 기억과 감각, 즉 자연을 닮은 공유와 연대의 비전을 환기한다. 영락없는 마리아테기 사상의 부활이다. 마리아테기가 품었던 전망은 이렇게 오늘날 라틴아메리카 좌파-사회운동을 통해 재생되고 있다. 길은 끊어지지 않았던 것이다. _장석준

마리아테기가 알려지기에는 한국 사회의 창은 너무
오랫동안 아메리카 대륙의 북쪽에만 열려 있었다.
종속이론을 소개하거나 남미 현대사를 전하는
책에 간혹 그의 이름이 나오기는 했지만 말이다.
지금도 마리아테기는 우리말로 전모를 접하기 힘든
미지의 사상가다. 그러나 한국의 반제국주의 좌파나
생태주의자들도 관심 있게 지켜보는 볼리비아나
에콰도르 좌파 정부의 비전을 이해하려면,
그들의 선구자 마리아테기의 고민과 고투를
지나칠 수는 없다.

04

'분열 없는 인간'의 시대,
기본소득이 있는 삶

앙드레 고르의 기본소득론

왜 지금 기본소득인가?

스위스에는 세계 최초가 많다. 1992년 스위스는 동물의 존엄성 보호에 관한 사항을 헌법에 명기했는데, 세계 최초의 일이었다. 2016년 6월 5일, 이 나라는 기본소득Basic Income, BI 헌법개정안을 두고 세계 최초로 국민투표를 실시한 국가가 되었다. 국민투표 결과, 개정안은 부결되었다. 그러나 아이러니하게도 이것은 사태의 끝이 아니었다. 투표 결과가 아니라 이런 주제로 투표를 했다는 것이 더 의미 있었다. 이 투표 이후 기본소득에 관한 논의가 스웨덴, 핀란드, 스코틀랜드 등 유럽 내 다른 국가를 비롯해 북미와 남미 등으로 들불처럼 확산되었기 때문이다. 물론 이런 열기는 국내에도 전염되어, 기본소득권 논의가 열띠게 진행되고 있기도 하다.

왜 지금, 기본소득일까? '촛불 혁명'으로 세워진 한국의 새로운 정부는 적폐 청산을 완수하며 새로운 한국을 만들어가는 단기적인 과제를 수행하고 있지만, 중장기적 사회 비전을 세우려면, 반드시 기본소득을 논의해야 한다.

앤디 스턴Andy Stern은 자신의 저서 『노동의 미래와 기본소득』(2016)에서 기본소득 도입이 필요한 이유를 이렇게 정리하고 있다. 가장 우선적인 이유는, 생산과 서비스에서 자동화의 도입 그리고 그 자동화의 가속화에 있다. 자동화는 고용의 절대량 또는 필요 고용량 자체의 축소로 이어질 게 자명하다. 보다 구체적으로 금융, 제조업, 호텔, 의료업, 요식업, 저널리즘, 유통업 등 수많은 생산·서비스 분야에서 필요한 '인간 노동자'의 수가 점차 감소할 것으로 추정된다. 이는 곧 이 분야에서의 대량 실직 또는 실직자 대중의 양산이라는 디스토피아를 의미한다. 2013년에 발표된 한 논문에 따르면, 약 47%의 직업군이 로보틱스의 출현으로 위협받고 있다. 테크놀로지의 멈춤 없는 진화가 생산성 향상을 추구하는 자본과 결합하여 '적은 노동자, 많은 실업자'라는 암울한 미래의 장막을 열고 있는 것이다.

고용 불안은 가상의 미래조차 아니다. 고용 불안은 이미 숱한 노동자들이 바로 지금 겪고 있는 냉혹한 현실이다. 2015년 국제노동기구ILO의 한 보고서에 따르면 세계 전체의 비정규직 또는 임시직 노동자는 전체 노동자의 무려 75%에 달한다. "계약직 없는 세상, 모든 노동자가 정규직인 세상"이라는 구호가 노동운동의 구호가 되기 힘들고, 되어서도 안 되는 새로운 노동의 신세계가 가속 페달을 밟고 있다. 이미 "현대인의 대부분은 잠재적 실업자"(세키 히로노)이며, 그렇다면 비정규직·실업자 등 노동 약자층의 권리를 정규 고용이 아닌 다른 방식으로 보호하는 방법이 요구된다. 기본소득의 필요성은 바로 이 지점에서 나온다.

기본소득론의 계보학 그리고 앙드레 고르

하지만 기본소득론은 21세기식 자동화인 AI(인공지능)나 로보틱스의 산물이 아니다. AI라는 개념이 등장하기 훨씬 이전부터 다양한 이들이 기본소득론의 마라톤을 이어왔다. 첫 주자는 18세기 말의 토마스 페인이었다. 그 뒤로 20세기 초의 버트런드 러셀과 드니스 밀러, 1920~1930년대의 사회신용운동Social Credit Movement가들, 20세기 중엽의 제임스 미드와 밀턴 프리드먼, 마틴 루서 킹, 심지어 프리드리히 하이에크까지 이어졌다.

그리고 이들 가운데, 앙드레 고르André Gorz, 1923~2007가 있다. 앙드레 고르는 기본소득론자 그룹에서 각별히 주의해야 하는 인물이다. 그의 기본소득론은 노동·자유·필요에 관한 마르크스의 철학적 사유 그리고 이것과 연결된 그의 자본주의 이론에 뿌리를 두고 있는 까닭에, 앙드레 고르라는 거목을 살피다보면 마르크스라는 거목을 만나게 된다. 앙드레 고르의 기본소득론을 부활시키는 일은, 마르크스를 만나는 일이기도 하다.

다시 말해 AI와 로보틱스의 급속한 발전으로 인류 지성사에 출현했던 기본소득권론을 재발견 내지 재탐색하는 과정에서 기본소득권론의 선구적 사상가 앙드레 고르를 통해 마르크스라는, 산업혁명이 낳은 위대한 지성을(구글 검색 순위에서 다윈, 아인슈타인 다음의 랭킹을 차지하는 인물이 바로 마르크스다) 재발견할 수 있다.

앙드레 고르는 어떤 인물이었기에 시대를 앞서며 마르크스의 부활을 미리 준비해놓았던 걸까? 오스트리아에서 태어나 스위스에서 공부했지만, 정작 오스트리아나 독일에 마음을 붙이지 못하고 프랑스 사람으로 살았던 이 기이한 철학자가 어떻게 마르크스에게까지 닿아, 우리에게 노동하는 인간의 이상, '분열 없는 인간'이라는 이상을 전달해주는지를 살펴보려면, 그의 유년기부터 추적해보아야만 한다.

소외와 자유의 문제에 심취한 어린 시절

겉보기에 전형적인 백면서생으로 보이는 이 좌파 철학자의 고향은 오스트리아의 빈이었다. 이렇게 말하면, 유럽의 금수저 집안에서 태어나 손에 흙 한번 묻히지 않고 자동화를 논했던 한가한 좌파 논객처럼 보이겠지만, 빈에서 시작된 그의 삶은 결코 순탄하지 않았다. 유년기부터 그는 '소외'와 '자유'라는 마르크스의 주제에 온몸으로 이끌렸다. '소외'는 그의 정체성 혼란의 다른 이름이었고, '자유'는 정체성 혼란을 극복한 상태의 다른 이름이었는데, 그의 이러한 정체성 문제의 핵심에는 다름 아닌 그의 모친이 있었다.

앙드레 고르의 어머니인 마리아는 오스트리아 부르주아 사회에 입성하기를 꿈꾸었던 여성으로, 당시 빈에 팽배하던 지배감정인 반-유대주의에 편승한다. 그리하여 유대인이며 유대교도였던 남편마저 가톨릭으로 개종하게 한다. 계획대로라면 그의 아들 게르하르트(앙드레 고르)가 엘리트 교육을 성공리에 이수하고 빈의 부르주아 사회에 소속되는 데 결정적 공헌자가 될 것이었다.

불행은 게르하르트가 어머니인 그녀가 보기에도 그다지 탐탁지 않은 외모를 가지고 태어났다는 데서부터 시작된다. 부모의 기대치는 높았고 어린 게르하르트는 그것에 부응하지 못하기 일쑤였다. 게르하르트는 유대인 아버지와 유대교를 부정하는 어머니 사이에서, 유대인을 혐오하는 분위기가 짙던 빈의 거리를 쏘다니며, 자신의 문화적 뿌리가 무엇인지 자문하고 혼란스러워했다. 결국 이 모든 것은 어린 그의 영혼에 '내가 이 세상에 부적합한 인물'이라는 원천적 소외의식을 심어주었다.

1939년 2차대전이 발발하자 게르하르트의 부모는 징집을 피해 아들을 스위스로 피신시킨다. 하지만 이곳에서도 그는 줄곧 문화적 소외감에 시달려야만 했다. '나는 대체 누구일까?' '나라는 존재가 과연 이 세계에 가치가 있는 것일까?'는 어린 앙드레 고르를 줄곧 괴롭혔던 질문이었다.

고르는 불치병을 앓던 아내와 동반자살하였다.

세 가지 구원처를 발견하다

성년이 될 무렵, 앙드레 고르는 스스로 구원처를 찾아낸다. 바로 철학, 프랑스(어) 그리고 사랑이었다. 사실 앙드레 고르를 철학으로 이끈 것은 철학에 대한 관심이 아니라 자기 자신에 대한 관심이었다. 그의 초기 작품인 『도덕을 위한 기초 Fondements Pour Une Morale』(1940년대부터 집필, 1977년 출간), 『배신자 Le Taitre』(1958)도 자신의 정체성 분열을 스스로 분석해 보려는 시도였다. 즉 그것은 자전적, 자기 성찰적 성격의 철학이었다. 이 무렵, 그를 철학으로 깊숙이 끌고 간 인물이 있었으니 『존재와 무』(1943)를 써서 그에게 깊은 영감을 주었던 철학자 장 폴 사르트르Jean Paul Sartre였다. 젊은 고르는 사르트르를 모방하며 실존주의적 윤리관을 만들어나갔고 바로 이 과정에서 철학 수련을 하게 된다.

또한 자신을 괴롭혀온 인종·민족 문제로부터 완전히 자유로운 첫길을 모색했던 게르하르트는 16세 즈음 프랑스(어)에서 새로운 자아를 위한 문화적 영토를 발견하게 된다. 부모가 준 혈통과 부모 세대의 문화적 뿌리에서 단절된 자, 그리하여 자유로운 자, 그 누구도 아닌 자, 완전히 새로운 자, 그러나 동시에 유의미한 자, 철학으로 세계를 재해석하고 재구축하는 자…. 오스트리아 태생 유대인 게르하르트에서 프랑스어를 쓰는 프랑스 지식인 앙드레 고르로의 변신은 이렇게 해서 가능했다. 실제로 고르는 1949년(25세) 프랑스로 이주하여 1954년(30세) 프랑스 국적을 취득하게 됨으로써, 정신적 무국적자의 처지에서 완전히 벗어난다.

마지막으로 방황하던 청년 게르하르트를 중장년의 신좌파 이론가, 마르크스주의 이론가, 생태주의 사상가인 앙드레 고르로 연결해주는 최종적 닷dot이 있다. 바로 고르가 사랑에 빠진 한 여인이다(『D에게 보낸 편지』의 바로 그 D이며, 2007년 약물 주사 방법으로 고르와 함께 자살하는 여인이다). 젊은 고르가 꿈꾸었던 자신, 즉 '보이지 않는 철학자'가 허망한 존재임을 일깨워준 것은 철학책이 아니라 한 사람과 나눈 사랑의 경험이었다. 『배신자』에서 그는 이렇게 쓰고 있다. "추상적인 보편적 사상을 가진다는 게 무슨 쓸모가 있지? 만일 그 사상이 당신이 한 인간으로 사는 것을 방해한다면?" 놀랍게도

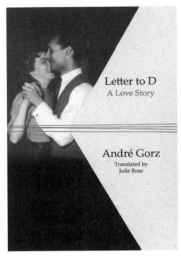

고르가 아내에게 바친 연서 『D에게 보낸 편지』. 오른쪽은 고르의 저서 『배신자』.

또는 당연하게도 그는 사랑과 함께 삶의 육체성, 실재성, 역사성에
눈을 뜬다. 그리고 그러한 삶에서 소외되지 않는 글쓰기가 있다는
눈부신 진실에도.

마침 그가 사랑에 빠졌던 시점은 전후 프랑스에서 마르크스주
의, 정신분석학, 프랑크푸르트학파 등 비판적 사유의 물결이 일던
사상의 혁명적 전환기였다. 방에만 갇혀 지내던 철학도였던 한 청
년은 이렇게 하여 참여 지식인으로 거듭나게 된다.

새로운 세계의 참여 지식인

예견되었듯 그가 참여할 세계는 프랑스였다. 젊은 고르는 정치 저 널리즘의 길로 걸어들어갔다. 1950년대 중반 『배신자』에서 "지식 인이라면 혁명 세력의 편에 설 수밖에는 없다"고 썼듯이, 고르는 상 황 속에서 상황을 바꾸려는 담론의 실천이야말로 유일하게 참된 글 쓰기(문학)라고 생각했던 사르트르의 충실한 제자였다.

고르는 자신의 주장을 성실히 실천했던 사람이었다. 『파리 프 레스 *Paris Presse*』의 기자, 『고속 *L'Express*』의 경제 담당 기자, 『현대 *Les Temps Modernes*』의 경제 담당 편집자, 사회주의 저널 『새로운 옵서버 *Le Nouvel Observateur*』의 창립자이자 필진 등으로 일하며, 또 『노동을 위한 전 략 *Strategie ouvriere et neocapitalisme*』(1964), 『어려운 사회주의 *Le socialisme difficile*』 (1967), 『개혁과 혁명 *Reforme et revolution*』(1969) 등의 저술을 펴내며 '민 주사회주의적 글쓰기'에 투신했다. 또한 그는 소련(러시아), 중국 식 사회주의와는 다른 새로운 사회주의 사회로의 이동의 전략, '노 동자 자주 관리' 분야의 이론가로서 1960년대 프랑스학생연합 UNEF의 운동과 노동조합연대조직인 프랑스민주노동연맹CFDT에 지 적 영향력을 행사한다.

청년 게르하르트를 철학의 세계로 깊숙이 인도한 인물이 사르 트르였다면, '파리 68혁명' 이후 사회주의 철학자이자 저널리스트 로서 활동하도록 영감을 준 사상가는 이반 일리치 Ivan Illich 였다.

아울러, 같은 시기 반핵운동이 개진되며 생태학과 생태주의 사 상에의 관심이 그의 정신을 사로잡는다. 생태주의 월간지 『야생 *Le*

고르의 저서 『프롤레타리아여 안녕』과 『천국으로의 길』

Sauvage』의 기고가로 활동하며 『생태학과 정치학 *Ecology as Politics*』(1978) 등 생태정치학 분야의 저술을 펴내기 시작했던 것 역시 같은 맥락이었다.

생태환경을 중시하고 보존하려는 진영에는 당시에도 오늘날처럼 수많은 계파가 있었는데, 그는 '사회적 생태학', 즉 오직 탈자본주의화를 통해서만 생태 사회로의 이동이 가능하다는 입장이었다.

앙드레 고르의 기본소득 사상

앞에서 약술한 고르의 인생행로를 바탕으로 고르의 기본소득론에 주목해보자. 『프롤레타리아여 안녕』(1980), 『천국으로의 길: 노동으로부터의 자유 *Paths to Paradise*』(1983), 『경제이성비판 *Critique of Economic Reason*』(1988) 등 후기 작품을 쓰며 고르는 자신의 기본소득 사상을 정리한다. 앞서 말했듯, 이 사상의 기초는 인간의 자유에 관한 그의 오랜 관심 그리고 같은 주제에 관한 마르크스의 사유다.

고르의 기본소득 사상, 그 암석을 쪼개서 성분을 자세히 들여다보면 이러하다.

첫째, 자본주의 경제에서 노동의 분절은 자본 위주 체제의 지배 수단인데, 분절된 노동의 주체가 노동의 즐거움·창의성·신성함 등의 가치로부터 소외되는 한, 그리고 그 노동이 타율적인 노동인 한, 노동하는 다수 대중 또는 다수 인류의 자유란 한갓 공염불에 불과하다. 즉 노동을 분절 노동, 타율 노동이 아닌 다른 영역으로 옮기는 것이 다수 대중 또는 다수 인류의 자유라는 문제의 핵심이다.

둘째, 생산과정의 자동화가 기성 노동자를 노동 없는 삶이라는 신세계로 내몰고 있지만, 이것은 결코 비극적인 사태가 아니다. 도리어 카를 마르크스가 말한 "직접적인 개별 노동의 소멸"(『정치경제학 비판요강』)을 뜻한다.

셋째, 그 근본적인 이유는 생산(공급)과 소비(수요), 재생산으로 이어지는 자본 운동 사이클에 끼어 있던 고용이 취약해짐에 따라, 고용 규모가 축소되면서도 시장 규모는 많이 축소되지 않는 새로운 경제가 요청될 것이기 때문이다.

넷째, 이 새로운 경제는 임금노동 없이도 가능한 소비력(구매력/수요)의 창출로만 가능하며, 이러한 창출은 "돈을 미리 지급받고 진행되는 상품의 소비"(『천국으로의 길』)로써만 가능하다. 그런데 상품의 소비를 위해 미리 지급되는 돈, 그것의 다른 이름이 바로 기본소득 또는 사회 소득이다. 즉 기본소득이 지급되어야만 정상적으로 작동되는 새로운 시장 경제가 도래할 것이다.

다섯째, 이러한 사태는 곧 다수 노동자의 타율 노동으로부터의 자유를 의미한다.

마지막으로, 이 자유가 사회 내 생산(사회공동체의 발전에 어떤 식으로든 기여하는 창조적인 작업들)에의 참여와 병립할 때에만 진정한 자유의 실현이 가능해질 것이다. 그리고 이렇게 되면 전문가·예술가 집단의 성벽이 무너져, 상당수의 사회 구성원들이 전문가·예술가로서 자신의 삶을 꾸려가는 일이, 노동과 삶 사이에 분열 없는 삶의 길이 가능해질 것이다.

요컨대, 자동화가 임금노동, 노동가치라는 산업자본주의체제의 대전제를 종식시킴으로써 "각자의 필요에 따라 각자에게"(『고타강령 비판』)라는 마르크스의 이상의 현실화를, 아울러 탈자본주의 시대의 새로운 인간형을 부르고 있다는 것이다.

우리가 '분열 없는 인간'이라는 개념에 부딪히는 건 바로 이 대목이다. 만일 기본소득이 시민의 권리로 보장될 수 있다면, 우리는 직장에서는 가면을 쓰고 자기 자신이 아닌 존재로서 일하다 밤저녁이나 주말에야 자기 자신으로 돌아오는 이 지긋지긋한 가면극의 악순환으로부터 해방되어 '하나의 삶'을 살 수 있다. 즉 워라밸(노동과 삶의 균형)이 아니라 워라유work-life uniformity(노동과 삶의 일치)를 경험하는 '분열 없는 인간'으로서 말이다.

하지만 여전히 생각해야 할 거리가 남는다. 정체성에 분열이 없고, 자신의 자유를 확인하며 생계를 유지하는 삶을 산다고 '분열 없는 인간'의 이상이 곧바로 실현되는 것은 아니라는 점이다. 오직 자유의 실행이 타자에 대한 해악이 되지 않을 때, 도리어 실행 주체가 귀속된 우주의 이익에 합치되거나 그 이익을 증진하는 경우에, 우리는 '분열 없는 인간' 또는 K-pop 식으로 말해 '완전체'가 될 수 있다. 다시 말해 자본주의 문명의 지구 생태계 파괴 문제에 대한 총체적 대책, 즉 생태주의적 사회 전환 비전과 결합하지 못한 기본소득·탈자본주의 경제의 비전은 결코 인간 자유의 문제를 해결해줄 수 없다. _우석영

생산과 서비스 자동화 기술의 급격한 발전,
비정규직 노동자의 급증과 고용 불안정성,
노인 세대의 증가, 금융 경제의 불안정성.
이 모든 지표는 새로운 경제 제도의 모색을 주문하고,
기본소득제도는 하나의 대안으로 주목받고 있다.
'노동자 자주 관리' 이론가, 녹색과 적색을 접목한
사상가로도 유명한 앙드레 고르 역시 기본소득론으로
재조명되고 있다. 노동 해방과 자유로운 인간들의
사회적 삶이 기본소득제도의 도입으로 가능할
것인가에 대한 대답은 우리의 몫이다.

현대의 빈곤을 극복한
전인의 모델

존 버거의 자립적인 생산자의 삶

현대의 빈곤과 존 버거

가장 나쁜 일이 있다면

사람들이 — 알든 모르든 —

자기 안에 감옥을 지니고 다닌다는 것입니다.

대부분의 사람이 이것을 강요받아왔지요.

터키의 공산주의자이자 시인인 나짐 히크메트Nazim Hikmet가 쓴 어느 시에는 이런 시구가 등장한다. 우리 자신이 지니고 다니고, 그렇게 하도록 강요받아왔다는 이 감옥은 무엇일까? 또 누가 이 감옥을 강

말년의 존 버거

요해온 것일까?

　　이반 일리치라면, 이 감옥을 현대인이 체험하고 있는 '삶의 빈곤'이라고 표현할 것이다. 2차대전 종전 후 인류는 역사상 전례를 찾을 수 없는 어마어마한 풍요의 시대를 살게 되었지만, 꼭 그만큼 다른 시대에는 찾아보기 힘든 새로운 유형의 빈곤을 경험하고 있다는 것이 이반 일리치의 통찰이었다. 일리치는 이것을 간단히 '현대의 빈곤'이라고 불렀다.

　　대다수가 시장이라는 시스템에 플러그처럼 꽂혀 노동 중독, 상품(소비/쇼핑) 중독 신세를 벗어나지 못하고 있다는 것이 일리치의 현대에 대한 진단이었다. 그가 보기에 이 대다수는 특정 물품을 생산하는 능력을 지닐 뿐, 정작 삶에 긴요한 대다수 물품의 생산에 관해선 새카맣게 무지하며, 오직 출시된 상품을 구매함으로써만 제 삶의 필요를 충족할 수 있다. 집(건축물), 기계설비, 건강(의료), 식료(음식), 교통, 기상 등 삶의 거의 모든 영역에서 해당 분야의 소수 전문가에 의존하지 않고서는 도저히 문화적 품위를 지키며 삶을 영위하지 못하는, 일종의 '유아적 무기력'이야말로 현대인의 진정한 초상이라는 것이다. 이렇게 하여 삶의 경험이 동질화되고, 세계에는 자율적 생산 능력을 상실한 타율적 삶의 주체들만 남게 되었다. (이반 일리치, 『누가 나를 쓸모없게 만드는가』, 느린걸음, 2014 참조)

이반 일리치는 날카로운 비평뿐 아니라 대안도 내놓았다. 이를 테면 일리치는 교환가치가 아니라 사용가치를 지향하여 제작된 인공물을 '친교공락親交共樂, conviviality'의 도구라고 지칭했다. 그리고 그러한 인공물을 창조하는 기술, 즉 '친교공락의 기술'이 작동하는 삶의 영역을 넓혀나감으로써 삶의 시장 의존도를 줄이고, 또 시장에 집중된 현대 사회의 질서를 재편하자고 제안했다.

그러나 이러한 사회 변혁 운동의 차원과는 별개로, 개별자가 자기의 방식으로 '전문가-시장 지배 체제'에 저항하며 자립적인 생산자의 삶을 열어가는 '독자 노선'도 있다. 2017년 1월 2일, 우리 곁을 떠난 작가 존 버거John Peter Berger, 1926~2017는 현대의 빈곤을 이러한 길로 극복한 빛나는 인생을 선보임으로써, 우리에게 이 길을 촉구하고 또 이 길로 우리를 초대하고 있다.

존 버거가 채택했던 '독자 노선'은 무엇인가? 존 버거가 현대의 신종 빈곤을 자기 방식으로 극복했다면 그 극복의 내용은 무엇이고, 그만의 방식은 무엇일까?

존 버거, 화가와 비평가 사이에서

존 버거가 태어난 곳은 제국주의의 수도였던 런던이었다. 당시는 유럽에서 1차대전이 끝나고, 불안한 기운이 암운을 드리운 가운데 새로운 질서가 조심스레 모색되던 1920년대 중반이었다. 그의 어머니 미리암은 노동계급 출신이었지만, 아버지 스탠리 버거는 중산층 계급이어서 비교적 유복한 환경에서 자라났다.

어린 존 버거는 그림 그리기를 좋아하여 센트럴 미술학교에서 회화를 공부했다. 하지만 어두운 시대가 마수처럼 나타나 그림에의 몰입을 방해했다. 학업 도중, 2차대전에 징집되고 만 것이다.

그런데 징집은 존 버거에게 빛이 되어주었다. 그가 세상의 진면목을 보게 된 곳이 바로 당시의 훈련소와 전장이었다. 이곳에서 그는 런던 중산층 계급 출신이 아닌 다른 동년배들, 노동계급 출신 병사들을 사귀며 노동계급의 현실을 비롯하여 전쟁의 참상을 파악하게 된다. 군대와 전장은 일생에 걸쳐 이어질 그의 정치관과 세계관이 형성된 역사적 현장이었던 셈이다.

1945년 여름, 모든 것이 끝났다. 집으로 돌아온 청년은 화가의 꿈을 포기하지 못하고 미술학교에 다시 입학한다. 첼시 미술학교였다. 학교를 졸업하고는 세인트 메리 교사훈련대학에서 미술 강사로 일했고, 런던의 화랑에 전시회를 열며 직업 화가의 길을 조형해간다. 모든 것이 제자리로 돌아온 듯했다.

하지만 무언가 뜨거운 것이 이 청년의 영혼, 그 심연에서 용암처럼 꿈틀대고 있었다. 그것이 무엇인지 확연하지 않았지만, 그의 영혼은 그로 인해 완전히 만족하지도, 온전히 안식하지 못했다.

기회가 찾아온 때는 1952년(26세)이었다. 좌파 주간지 『뉴 스테이츠먼 New Statesman』과 인연을 맺게 되면서 그는 '글로 저항하고 투쟁하는 삶'에 입문하게 된다. 『뉴 스테이츠먼』 『트리뷴 Tribune』 등을 통해 대중에게 공개된 그의 초기작들은 예술비평이었다. 하지만 사회를 통찰하는 안목으로 작품을 논하는 그의 '본색'이 곧 세상에 드러나기 시작한다. 특히 그의 작품 중 가장 유명한 작품이 된 『다른 방식으로 보기』(1972)에서 버거는 시각 행위에 깃들어 있지만 은폐되어 있던 사회정치적 의미의 맥락을 들추어내어, 사람들을 깜짝 놀라게 했다.

1972년은 존 버거에게 결정타가 된 해였다. 비평가로 입문한 지 20년이 되는 이 해, 글쟁이 존 버거는 BBC 방송에 출연하며 돌연 스타덤에 오른다. 「다른 방식으로 보기」라는 제목의 BBC 4부작 TV 시리즈에 출연하며, 섹시한 지식인 스타로 입지를 굳히게 된 것이다. (그리고 이 시리즈가 같은 해, 같은 제목의 책으로 정리되어 나온다) 요즘으로 치면, 예능 지식인의 탄생이었다. 같은 해, 소설 『G』의 부커상(현 맨부커상) 수상은 세계적 스타 비평가의 입지를 더욱 굳히는 계기가 되었다.

자유인의 삶을 찾아 떠나다

하지만 존 버거라는 이름의 영혼에게 진정한 삶의 결정타는 더 일찍, 그러니까 10년 전인 1962년에 찾아왔다. 36세 청년의 내면에서 뜨거운 무언가가 그를 움직였고, 결국 그는 조국을 떠나기로 한다.

조국을 등지게 한 그 뜨거운 것은 대체 무엇이었을까? '희망' 같은 것은 아니었다. 더 다급한 것, 이것 아니면 도무지 안 되는 것이었다. 덧붙이자면 타율적인 삶을 강요하는 일체의 올가미로부터, 또 이반 일리치가 말했던 새로운 빈곤 상태로 잡아끄는 마력으로부터, 자신이 진정으로 원하는 삶을 보호해내는 일, 즉 진정한 자신의 삶을 살아내는 일과 관련된 것이었다.

1962년부터 존 버거가 추구한 진정한 삶을 여기서는 크게 세 가지로 이해해보고자 한다. 첫째, 인간과 대지의 본래적 유대관계를 충분히 감지하며 살아가는 행복한 삶이다. 풀과 나무가 땅에 뿌리 내리듯, 사람도 땅에 뿌리를 내려야 행복하게 살아갈 수 있음을 그도 모르지 않았다.

새 인생을 찾아 영국을 떠났던 존 버거가 처음 정착한 곳은 스위스 제네바였다. 그러나 완전한 정착은 못 되었다. 사실 이것은 방랑의 시작이었다. 제네바를 시작으로 무려 12년간이나 유럽 이곳저곳을 떠돌던 그는 48세가 되던 해인 1974년이 되어서야, 즉 1972년 유명인 반열에 오르고 2년이 지난 뒤에야, 심신의 안식처를 찾게 된다. 그곳은 스위스에 인접한 프랑스 동부 알프스의 외딴 시골 마을 (오트 사부와 껭시에 있는 마을)이었다.

버거의 저서 『다른 방식으로 보기』와 『벤투의 스케치북』

이 정착 또는 뿌리내림은 요즘 식으로 말해 '귀농'이었다. 그러니까 20세기 후반부 문명의 결정적 특징인 "농경문화의 죽음"(에릭 홉스봄Eric Hobsbawm) 그 한복판에서 존 버거는 주류와는 정반대의 방향으로, 농경문화가 아직 살아남은 곳으로 역주행해갔다.

그는 이 마을에서 필요한 일손이 되어주며 오래된 농경문화와 농촌 풍경에 동화되어 갔다. 그가 찾아낸 것은 늘 염원하던 삶이었다. 그것은 아마도 손수 흙을 다루어 생존을 '수확'해내는 삶, 대지와 교감하는 삶, 만유와 친교하는 삶이었을 것이다.

그는 그렇게 산야에, 넓은 초지에, 과수에, 소와 양들에, 산골 농부들의 삶에, 그들의 얼굴과 손과 이야기에, 침묵 속의 육체노동에, 소외 없는 노동과 생산에, 오직 자연 속의 육체노동만이 보장하는 휴식의 맛과 깊이에 젖어 들어갔다. 그리고 그의 몸속에 배인 그러한 경험은 그의 손끝으로 흘러나와 시와 소설이 되고 산문이 되고 그림이 되었다.

농부이자 예술가 — 통합된 삶

또 하나, 존 버거가 추구했던 진정한 삶은 세계를 몸으로 만나는 활동과 정신으로 만나는 활동이 균형 잡힌 삶, 그리하여 감각적 삶과 정신의 삶이 통합된 전인全人의 삶이었다. 버거의 남다른 성취이자 매력은 한편으로는 농투성이로, 농사꾼으로 활동하면서도 예술가, 즉 창작자의 붓과 펜을 일평생 손에서 놓지 않았다는 데 있다. 그러면서도 그는 철학적 울림이 깊은 비평문을 많이 써냈다.

존 버거는 흔히 비평가, 소설가로 알려져 있지만(그는 극작가이자 시나리오 작가, 시인이기도 했다) 그의 예술가적 정체성은 실은 회화와 깊이 연결되어 있었다. 처음 가졌던 직업 역시 미술 교사이자 화가였다. 직업 화가로서의 삶을 일찌감치 포기하긴 했지만, 그렇다고 그림 그리기라는 '후기 호모사피엔스의 활동'마저 포기했던 것은 아니어서, 껭시의 마을에 정착한 뒤에도 회화 작업을 이어갔다.

이렇게 하여 존 버거는 생애 후반부에 농부이면서 동시에 화가인 사람만이 만들어낼 수 있는 경이로운 통찰이 담긴 한 권의 책을 우리에게 선물한다. 바로 『벤투의 스케치북』(2011)이다. 책에는 그가 손수 스케치북에 그린 그림들과 그에 관련된 이야기들이 고스란히 담겨 있다.

무엇이 경이롭다는 말일까? 이 책에서 그가 그린 자두는, 사흘 후면 따야 했기에 따기 전에 꼭 그려두어야 했고, 그린 뒤에는 그와 다른 이들의 입속으로 들어갔을 자두였다. 이처럼 누군가에게 어느 과실은 몸과 영혼을 동시에 살찌우는 것이 된다. 아니, 육체와 영혼이라는 어설픈 이분법은 이 자두의 경우에는 적용되기 어렵다. 어떤 자두는, 어떤 이에게는 입으로도, 눈으로도 함께 들어간다.

그림을 그리는 과정도 재미있다. 그는 이 자두 그림을 세 번의 시도 끝에야 비로소 완성한다. 아침에 그린 첫 번째와 두 번째 그림은 영 마음에 들지 않았다. 세 번째 시도했을 때는 아침이 아니라 오후였고, 관찰 대상이던 그 자두나무를 아예 찾을 수 없었다. 다행히 아침에 보았던 그 나무를 알아보게 해준 구원자가 있었으니, 그곳에 거의 그대로 있던 달팽이였다. 아침에 봤던 그 달팽이가 그 긴 시간 동안 아주 조금만 이동했던 것이다.

자두 그림에 그가 동원한 재료도 기이하다. 그는 연필, 목탄, 잉크, 크레용, 물, 침 같은 것을 사용해서 그렸는데, 어떨 때는 아예 손가락으로 바르기도 했다. 자두 그림에서 초록색 잎을 표현하려고 발밑에 있던 쐐기풀 잎을 뜯어서는, 종이에 문질러 초록 물감을 얻고는, 그것을 손가락에 묻혀 스케치북으로 옮겼다. 즉석에서 쐐기풀 잎을 뜯고 거기서 나온 물감을 묻혔던 그 손은, 자두나무 위로 올라가 자두 송이를 딴 바로 그 손이었다. 그러니까 그 손은 (도깨비처럼)

책상 앞에만 앉아 있는 사람이, 혹은 (소처럼) 맨날 땅만 파고 있는 사람이 얻기 쉬운 심신의 병통에서 자유로운 손이었다.

하지만 존 버거는 산문가이기도 했다. 프랑스의 고즈넉한 농경 공동체 속에 삶의 뿌리를 내리자, 그곳의 향기와 고적함이 그의 산문 쓰기에 새 연료를 공급했다. 도시에서 쓰던 것과는 다른 결의 소설이, 소설이라기보다는 사람들의 이야기가, 내러티브가 그를 찾아왔다. 자신의 고백 그대로, 그는 지역 농부들과 사람들의 이야기에 귀를 열었고 "국경에서 물건을 전달해주는 사람처럼" 그들의 이야기를 갈무리하고 그것을 외부 세계에 번역해주었다. 농사와 동물의 세계를 천착한 삼부작 『끈질긴 땅Pig Earth』(1979), 『한때 유로파에서 Once in Europa』(1987), 『라일락과 깃발 Lilac and Flag』(1990)(이 세 권은 나중에 『그들의 노동과 함께하였느니라Into Their Labour』라는 제목의 한 권의 책으로 묶여 재출간된다), 소를 키우며 홀로 살던 어느 노인의 삶을 다룬 『말하기의 다른 방법』(1982)도 그렇게 해서 세상에 모습을 드러냈다. 앞서 말한 『벤투의 스케치북』도 실은 이러한 유형에 속해서, 우리는 그가 새로 만나 사귄 이웃들의 굴곡 많은 인생담을 이 책에서 듣게 된다.

글로벌 자본주의 체제하에서 약자와 연대하는 삶

마지막으로, 존 버거는 동족(민족)이라는 감옥 또는 기득권 수호자(백인 지식인층)라는 감옥을 빠져나와 '연대하는 인간'으로 살았는데,

이것이 여타의 귀농인들과 다른 점이다. 세계 여러 문화권의 사회적 약자, 가난한 이들, 소수자(에이즈 환자, 노숙자, 이주노동자, 팔레스타인의 양민과 투사, 제국주의의 희생자, 테러리스트로 변신해야만 했던 이들, 테러리즘의 무고한 희생자 등)를 비롯해 노동계급의 고통과 권리에 관해 발언하는 삶을 줄기차게 이어갔다.

그가 가장 잘할 수 있는 연대의 방식은 글쓰기를 통한 연대였지만, 그의 글은 책상머리가 아니라 그가 그려낸 사람들이 실제 삶을 살아가던 현장에서 나왔다. 그는 관심을 가져야만 하는 이들이 처한 곳, 그 한복판으로 달려가 그들의 삶을 기록했다. 하기야 한창때에 일찌감치 붓을 포기하고 펜을 선택했던 그였다. 일생을 예술만을 추구하며 살기에는 "다급한 정치적 사안들이 너무나 많았다"(『뉴 스테이츠먼』과의 인터뷰)고 느낀 그였다. 이렇게 하여 버거는 20대 중반부터 '발언하는 삶'에 자신을 옭아맸지만, 이 옭아맴은 자신의 자유를 위한 것이었다.

사회철학의 울림이 큰 대표 저작물로는 유럽 내 이주노동자 문제를 다룬 역작 『제7의 인간』(1975)을 꼽을 수 있을 것이다. 이 책에서 버거는 고향인 소농 공동체를 떠나 유럽의 도시로 모여들었던, 예컨대 알제리, 파키스탄, 포르투갈, 터키, 수리남 같은 국가들에서 온 이주노동자들의 삶을 채록했다. 사진가 장 모르Jean Mohr와 함께 작업한 결과물로서, 저자는 사진이 글의 보조가 아니라 글과 동등한, 다른 방식의 고발이라고 밝히고 있다. 책의 주제는, 저자 말대로, 유럽으로 몰려든 이주노동자들의 '부자유不自由'지만, 단순히 이들의 부자유에 관한 르포르타주를 넘어 제국주의 시대 역사와 연속되는 새로운 착취의 시대, 달리 말해 세계화된 자본주의 시대의 새로운 고통과 그 원인을 분석하고 있다. 사진, 르포, 정치사회적 분석, 철학적 사유가 혼융된 이 책을 한마디로 정의하기는 어렵지만, '다큐멘터리 사회학' 같은 단어가 이에 근접할 수 있을까? 물론 이 다큐멘터리 사회학은 유럽으로의 난민 유입 문제가 폭발하고 있는 작금의 시점에 계속 이어 쓰여야만 한다.

한편 후기 저작인 『모든 것을 소중히 하라』(2007)에서 존 버거는 WTO 체제 이후에 본격화된 새로운 유형의 경제 독재의 문제를, 미국을 중심으로 한 다국적 기업 지배 체제를, 주변부 국가의 국민이 겪는 고통을 논한다. 책에 실린 글들이 집필된 당시는 부시 정권의 '테러와의 전쟁'이 한창이던 시절로, 그는 영국에서 태어나고 자란 자신의 존재 자체가 어떤 부채라도 되는 것처럼, 그 '전쟁'의 희생자들이 살던 현장을 기어이 찾아갔고, 기록했다. 또한 버거는 현대에도 지속하고 있는 전통적 의미의 빈곤을, 하루에 2달러 이하의 돈으로 살아가는 전 세계 절반 인구의 절대적 빈곤을 끊임없이 이야기한다. 그리고 이 빈곤은 미국의 패권주의 정책이 극에 달한 이라크 침공에서 확연히 드러난 화력의 빈부격차로 존재감을 드러냈다고 그는 말한다.

『제7의 인간』에서든, 『모든 것을 소중히 하라』에서든 존 버거의 글들은 피곤함(휴식하지 못함), 다급함, 비참, 절망 같은 것들에 쌓인 채 살아가는 사람들의 곁에 서 있다. 그러니까 그의 글은, 이들을 위한 우산, 지붕, 방패 같은 것의 성격을 띠었다. 이것은 그로서는 너무나도 당연한데, "정의에 대한 동경이 없다면 ⋯ 행복이란 존재하지 않는다"고, "행복은 ⋯ 어떤 만남"(『모든 것을 소중히 하라』)이라고 그가 믿고 있었기 때문이다.

이렇게 보면, 존 버거는 이반 일리치가 말한 친교공락의 기술에 골몰하며 탈자본주의 문명을 열고자 했던 유형의 인물은 분명 아니다. 그러나 존 버거는 얼마든지 '소확행'이라는 소우주에 거할 수 있었음에도 가장 비참한 이들에게 다가갔고, 그럼으로써 행복이 무엇인지 많은 이에게 깊은 가르침을 주었다. 나아가 예술 창작과 농사, 글쓰기를 한 사람이 병행하는 것이 실제로 가능할 뿐만 아니라 이러한 활동들이 인간의 자유에 긴요하다는 사실을 당당히, 또 굳건히 세계에 증명했다. _우석영

존 버거는 비평가이자 소설가로 국내에 많이 알려져
있지만, 개인의 자율성과 존엄성의 침탈과 보호를
둘러싼 전쟁에서 승리한 인물이라는 점 역시
주목되어야 한다. 20세기에 인간이 대지로부터
소외되어갈 때, 그는 대지와의 유대를 회복했고,
흙을 만지며 그림을 그렸으며, 작가라는 자그마한
성을 빠져나와 소수자와 약자의 고통과 연대하는
삶을 살았다. 이는 분명 21세기에 현대의 빈곤을,
현대의 한복판에서 극복한 전인의 본보기다.

06

민중을 위한
과학기술은 가능하다

스태퍼드 비어의 '민중을 위한 혁신'

4차 산업혁명 시대의 다른 가능성

지금은 벌써 시들해졌지만, 불과 몇 년 전만 해도 누구나 '4차 산업혁명'을 입에 올렸다. 서점 경제·경영 서가에 가면, 4차 산업혁명을 제목이나 주제로 내걸지 않은 신간을 찾아보기 힘들 정도였다. 재계도, 정권도, 언론도 다 한 입으로 떠드니 반발하는 목소리도 생겨났다. 과장이다, 허위다, 하는 진단도 심심치 않게 보였다.

따져보면 '4차'라는 수식어에는 분명 거품이 끼어 있다. 1970년대에 본격 시작된 정보화를 흔히 '3차 산업혁명'이라 하는데, 지금은 이 3차 혁명조차 결말이 나지 않은 시점 아닌가. 1·2차 산업혁명의 선례를 보면, 대대적인 기술혁신이 시작되고 나서 한 세대는 족히 지나야 사회 혁신이 뒤따르면서 성숙기에 도달하게 된다. 그렇다면 지금 따져봐야 할 것은 '4차'가 시작했는지가 아니라 '3차'가 원숙기에 도달했는지다.

하지만 이른바 '4차' 산업혁명을 둘러싼 호들갑이 전혀 근거 없는 것만은 아니다. 그간 진화를 거듭하던 정보화 기술이 최근 들어 급속히 제조업에 접목되고 있다. 제조업과 디지털 네트워크가 결합하면서 생산 자동화 속도가 빨라지고 있다. 생산 현장만이 아니다. 자율주행 자동차가 등장해 운수 노동자 일자리가 사라질 것이라는 이야기도 있다. 그간 고소득 전문직의 성역이던 분야(법률이나 의료 등)도 앞으로는 인공지능의 몫이라는 전망도 나온다.

이렇게 되면 그만큼 인간의 일자리는 급격히 줄어들게 될 것이다. 실업대란을 피할 수 없다는 우려가 급속히 확산하는 중이다. 비록 '4차'는 아닐지라도 3차 산업혁명의 새 국면이 인류를 새로운 불안과 두려움에 빠뜨리고 있다.

이쯤 되면 과학기술 발전과 인간 행복의 관계를 다시 생각하지 않을 수 없다. 자본주의 문명은 과학기술 발전이 곧 인간 행복 증대라는 믿음과 함께 성장했다. 이 믿음은 20세기 들어서 흔들리기 시작했다. 핵전쟁 가능성과 생태계 위기 앞에서 19세기의 낙관을 그대로 유지하기는 쉽지 않았다. 한데 이제 정보화와 자동화의 해일 앞에서 이 의심과 불신은 한층 깊어진다. 과학기술 발전은 인간에게, 적어도 그중 부나 권력과 거리가 먼 다수 민중에게는 끊임없이 새로운 걱정거리만 던져줄 뿐인가? 다른 가능성은 정말 없는가?

인공지능의 출발, 사이버네틱스

다른 가능성을 시사하는 20세기의 몇몇 실험들이 있다. 그중 한 사례는 '사이버네틱스Cybernetics'라는, 지금은 다소 낯선 단어로부터 시작된다. 2차대전이 종전되고 얼마 안 된 시기에 요즘의 '인공지능'이나 '4차 산업혁명'처럼 유행을 탄 말이 '사이버네틱스'였다.

사이버네틱스가 무엇을 뜻하는지는 알쏭달쏭하기만 하다. 사이버네티션을 자처하는 논자마다 자기 좋을 대로 정의했기 때문이다. 일단 사이버네틱스의 창시자로 알려진 미국 수학자 노버트 위너Norbert Wiener는 "생물과 기계를 아우르는 통제와 소통 체계에 대한 연구"라 정의했다. 실제로 위너를 비롯한 사이버네티션들은 유기체를 연구해서 그 원리를 기계와 사회 체계에 적용하려 했고, 역으로 정보, 체계 등의 개념을 유기체에 적용하여 생물학의 새 지평을 열었다. 한국어 번역자들은 고심 끝에 이 낯선 연구 프로그램을 '인공두뇌학'이라 옮겼다.

사이버네틱스라는 간판 자체는 이제 망각의 대상일 뿐이다. 사이버네티션이라 불리는 학자도 더는 없다. 그러나 사이버네틱스가 한때의 유행 뒤에 의미 없이 사라지고 만 것은 결코 아니다. 오히려 현대인의 삶에 너무도 광범하고 뿌리 깊게 스며든 탓에 특별히 신경 쓰거나 의식하지 않게 되었다고 봐야 한다.

'사이버'라는 접두어부터가 그러하다. 우리는 컴퓨터 네트워크와 관련된 일이라면 별 고민 없이 죄다 '사이버 무엇'이라 부른다. 본래 "조정과 통치의 기술"을 뜻했던 이 그리스어가 어쩌다 이런 용도로 쓰이게 되었는지 알아차리지 못하면서 말이다. 그 연결고리가 다름 아닌 사이버네틱스다.

지금이야 여러 학문 분과를 넘나드는 학제 간 연구가 낯설지 않지만, 20세기 중반만 해도 그렇지 않았다. 이런 시절에 자연과학의 여러 분과(생물학과 수학 등)를 종횡하고 더 나아가 자연과학과 사회과학의 경계를 허문 선구적 연구 프로그램이 사이버네틱스였다. 생명체의 메커니즘을 모방해 기계를 설계하고 기계의 정보 전달 체계를 연구하다 생긴 고민을 사회에도 응용하다 보니 그전에는 없던 개념과 사고방식이 등장했다.

이런 새로운 사고가 실제 기술로 구현된 과정이 곧 20세기 말부터 지금까지 이어지는 정보화 혁명이다. 사이버네티션들의 시도가 없었다면, 컴퓨터는 발전했을지 몰라도 인터넷의 등장은 늦어졌을 테고 당연히 네트워크 사회도 도래하지 못했을 것이다.

'해방기계'를 꿈꾼 사이버네틱스 전도사

1950~1960년대에는 각 학문 분과마다 사이버네틱스 전도사라 할 만한 선구자들이 여럿 등장해 이름을 날렸다. 영국인 스태퍼드 비어Stafford Beer, 1926~2002는 그중에서도 경영학 쪽의 선두 주자였다. 비어는 30대의 젊은 나이에 벌써 미국 대기업 유나이티드 스틸United Steel의 경영 자문역이 되어 이름을 날렸다. 사이버네틱스의 여러 착상을 기업 조직에 응용하는 게 그의 전공이었다. 덕분에 그는 명성

뿐만 아니라 부도 누렸다. 교외의 근사한 저택에 살며 롤스로이스를 몰았으니 사정을 알 만하다.

하지만 비어에게는 뭔가 주류와는 어울리지 않는 구석이 많았다. 대기업에서 일하면서도 수염을 덥수룩하게 기르고 다녔고, 경영학과 컴퓨터뿐만 아니라 문학과 동양 종교에도 관심이 많았다. 과학 논문의 한 단락을 자작시로 채우는가 하면, 저서에 직접 그림을 그려 넣기를 즐겼다. 또한 직업과는 어울리지 않게 사회주의자를 자처했고, 늘 노동당에 투표했다.

주류로부터 가장 벗어난 면모는 사이버네틱스를 바라보는 그의 관점에 있었다. 이 무렵 사이버네틱스는 조지 오웰George Orwell의 소설 『1984』에 묘사된 독재체제를 앞당기려는 시도라는 비판을 받고 있었다. 중앙 컴퓨터와 연결된 모니터를 통해 개인의 일거수일투족을 감시하고 통제하는 초중앙집권 사회를 건설하려 한다는 것이었다. 문명비판가 루이스 멈퍼드Lewis Mumford는 이런 시대정신이 결국 인간을 권력의 노예로 만드는 거대기계megamachine를 탄생시키고 있다고 경고했다. 실제로 당시 미국 국방성과 랜드RAND연구소는 컴퓨터에 바탕을 둔 상명하달식 통제 시스템을 만드는 데 혈안이 되어 있었다.

비어의 구상은 이들과 정반대였다. 그는 컴퓨터를 서로 연결해서 연결망의 어느 곳에서든 모든 정보를 공유하길 바랐다. 그러면 중앙과 지역이 따로 없게 된다. 지역의 정보가 중앙에 비해 제약되지도 않고, 중앙만이 정보를 취합해 결정을 내릴 능력을 독점하지도 않는다. 네트워크에 참여하는 어떤 단위든 공동 결정자가 될 수 있다. 비어는 이런 정보 흐름을 '데이터 고속도로'라 표현했다. 우리에게 익숙한 '정보 초고속도로'의 시초다.

경영학자로서 비어는 중앙집권적 관료 체계를 넘어설 '조직혁명'을 꿈꾸었다. 1970년에 그는 미국사이버네틱스학회 주최 토론회에서 이러한 구상을 발표했다. 그는 기존 정부라는 낡은 기계를 새로운 모델로 대체해야 한다고 주장했다. 그가 구상한 새 모델은 위계 체제가 아니라 네트워크 구조다. 이제 통치 기계가 다루는 것은 권위가 아니라 정보다. 이 모델에서는 각 단위가 자율적으로 결정하지만, 이 정보가 실시간으로 공유됨으로써 상급 단위가 하급 단위의 결정을 조정한다. 상급 단위는 컴퓨터 네트워크를 통해 전달되는 정보를 통제실에서 모니터로 확인하며 하급 단위의 요구에 기민하게 대응한다. 비어는 이 구상에 '해방기계Liberty Machine'라는 이름을 붙였다. 독재가 아니라 해방의 수단이 되는 과학기술, 이것이 비어의 원대한 이상이었다.

대서양을 건너 칠레로 간 사이버네티션

비어는 해방기계 구상을 기업 수준에서라도 추진하고 싶었다. 하지만 그의 주거래 상대였던 대기업들은 좀처럼 이런 실험에 나서려 하지 않았다. 응답은 전혀 기대하지 않았던 낯선 나라, 대서양 건너편의 칠레에서 왔다. 이때 이 나라에서는 또 다른 혁명, '사회혁명'

'사회주의로 가는 칠레식 길'을
추구한 살바도르 아옌데 대통령

이 시작되려는 참이었다.

1970년 칠레 대통령 선거에서 인민연합의 살바도르 아옌데 Salvador Allende 후보가 당선되었다. 인민연합은 사회당, 공산당, 가톨릭 좌파 등이 결성한 선거연합이었다. 그리고 아옌데는 사회주의로 가는 민주적·평화적 길을 열어나가자고 주창하는 신념 깊은 사회주의자였다.

인민연합의 대선 핵심 공약은 구리 광산과 주요 대기업의 국유화였다. 구리는 칠레 수출의 약 2/3를 차지했다. 하지만 정작 구리 광산을 소유 또는 운영하며 수익을 차지한 것은 미국계 다국적 기업들이었다. 아옌데 후보는 미국과 맞서는 한이 있더라도 구리 광산을 국민의 공동 자산으로 되찾겠다고 약속했다. 또한 구리 수출

수익을 노동권 보장, 복지 확대, 농지개혁에 쓰겠다고 했다.

집권한 뒤, 아옌데는 이 약속을 충실히 이행했다. 구리 광산 국유화를 단행했고, 공기업이나 노동자 운영 기업도 점차 확대했다. 하지만 그다음부터가 오히려 문제였다. 대폭 늘어난 공공부문을 어떻게 운영할 것인가? 인민연합 정부는 관료 기구의 지령에 따라 국영기업이 작동하는 소련식 사회주의를 대안으로 여기지는 않았다. 국가가 계획을 수립·집행하더라도 각 기업의 노동자가 경영에 적극 참여하는 시스템을 원했다. 집중적 기획과 분권적 참여의 공존을 추구한 이 구상은 전례가 없는 것이었다. 그래서 난감했다.

아옌데 정부가 출범할 때에 겨우 스물일곱 살이던 페르난도 플로레스Fernando Flores도 이 문제로 골머리를 앓던 인민연합의 경제전문가들 중 한 사람이었다. 플로레스는 이전 집권당인 기독교민주당에 실망해 탈당하고 인민연합에 합류한 가톨릭 좌파정당 인민단결행동운동MAPU 소속이었다. 그는 뜻밖에도 사이버네티션 중에서 비슷한 고민을 하는 이를 발견했다. 바로 비어였다. 플로레스는 해방기계에 담긴 비어의 생각이 개인의 자율성을 공동체의 필요와 조화시키려 하는 아옌데의 민주적 사회주의 이념과 통한다고 보았다.

플로레스는 무턱대고 비어에게 편지를 보내 도와달라고 부탁했다. 직접 칠레에 와서 인민연합 정부의 경제운영시스템 구축작업을 맡아달라고 했다. 놀랍게도 비어는 이 초청에 선선히 응했다. 칠레 사회혁명에서 자신의 조직혁명 구상을 실현할 기회를 보았던 것이다. 이때가 1971년 말이었다.

아옌데 인민연합 정부의 사이버신 실험

비어는 해방기계를 보다 구체화한 '사이버스트라이드Cyberstride' 계획을 들고 10월에 칠레에 입국했다. 사이버스트라이드는 중앙정부 경제부처와 공기업 경영진 사이의 정보 공유 네트워크였다. 공장에 원자재가 부족하거나 작업 과정에 문제가 발생하면 이 사실이 실시간으로 정부에 보고된다. 그러면 경제정책 담당자들은 곧바로 대응 조치를 취한다.

비어는 한 달 뒤에 사이버스트라이드 청사진을 들고 아옌데 대통령을 면담했다. 아옌데는 정치에 뛰어들기 전 의사였다. 생리학 지식을 갖춘 대통령은 비어의 계획에 담긴 사이버네틱스 개념들을 단박에 이해하고 마음에 들어 했다. 아옌데는 비어가 이제까지 만난 고위층 중에서 가장 말이 잘 통하는 인물이었다. 대통령은 새 시스템이 "분권적이고 노동자 참여를 북돋우며 관료주의에 맞서야 한다"고 강조했다. 면담 뒤에 비어는 칠레에서 자신의 신념을 실현할 수 있으리라 더욱 확신하게 되었다.

비어와 플로레스는 경제학도, 공학도들과 팀을 결성해서 컴퓨터 네트워크를 활용한 경제 운영 시스템을 짜기 시작했다. 비어 팀의 분위기는 당시에 '사회주의'라고 하면 누구나 연상하던 소련식 관료주의와는 영 딴판이었다. 오히려 21세기의 신생기업(스타트업)과 유사했다. 비어와 팀원들은 격의 없이 어울리며 이제까지 세상에 없던 조직과 기술의 복합체를 설계했다. 비어는 밤늦게까지 위스키를 마시며 젊은 칠레 학자, 엔지니어들과 과학 토론을 벌였다.

살을 붙여가다 보니 설계도는 애초 구상보다 훨씬 크고 복잡해졌다. 이제 사이버스트라이드는 전체 시스템의 일부에 불과했다. 전체 시스템은 네 부분으로 구성되었는데, 사이버스트라이드는 그중에서 통계 소프트웨어만을 지칭하게 되었다. 나머지 세 부분은 정보 소통망인 사이버넷Cybernet, 경제 상황을 종합해서 보여주는 프로그램인 체코CHECO 그리고 통제실operations room이었다.

최대 난관은 칠레의 기반시설 부족이었다. 당시 칠레에는 덩치 큰 IBM 컴퓨터가 고작 50대뿐이었다. 인민연합 정부가 들어선 뒤에 그중 상당수가 공공부문에 속하게 되어서 그나마 시스템 구축에 애로를 덜 수 있었다. 더 큰 문제는 사이버넷의 기반이 될 통신망의 부족이었다. 1970년대 초 칠레는 전화조차 널리 보급되지 않은 형편이었다. 이 무렵 한국도 마찬가지 사정이었음을 고려하면, 이 나라의 통신이 지나치게 낙후했다기보다는 비어 팀의 계획이 너무 앞서갔다고 해야 할 것이다. 아무튼 전화선이 부족해서 텔렉스(전신)망을 활용해 사이버넷을 구축해야 했다.

비어 팀은 전체 시스템을 지칭할 새 이름을 고안했다. 영어로는 '프로젝트 사이버신Project Cybersyn'이었고, 스페인어로는 '프로옉토 신코Proyecto Synco'였다. '사이버신'은 '사이버네틱스'와 '시너지synergy'를 합한 말이었다. 뒤의 단어 '시너지'에는 비어 팀의 사이버네틱스 철학이 담겨 있었다. 그들은 각 부분의 정보들이 취합되면 부분을 넘어서는 새로운 전체의 지평이 열린다고 생각했다.

인터넷과 스마트폰 세상의 시각에서 보면, 사이버신은 지극히

사이버신의 통제실 모습을 표지로 한 서적

원시적인 시스템이었다. 텔렉스 망에 바탕을 둔 사이버넷도 그랬지만, 사이버신의 마지막 구성 요소인 통제실도 그러했다. 사진으로 남아 있는 통제실의 모습은 옛 할리우드 공상과학영화 세트를 연상시킨다. 통제실에는 현대적인 디자인의 의자들이 원형으로 배치되었다. 의자 팔걸이에는 조작 단추들이 있었지만, 개별 모니터는 없었다. 의자에 앉아서 벽에 걸린 큰 모니터를 함께 봐야 하는 식이었다. 모니터에 뜨는 도표나 그래프도 몇 개 되지 않았다.

물론 21세기의 시각으로 봤을 때 그렇다는 것이다. 당시는 아직 1970년대였다. 인터넷의 출발이 된 미국의 아파넷ARPANET도 이즈음 막 걸음마를 하는 중이었다. 비어가 칠레에 첫발을 디딘 1971년에 아파넷으로 첫 번째 이메일이 전송되고 있었다. 미국에 비하

비어의 회고록 표지에 실린
그의 만년 모습

면 주변부에 불과했던 칠레에서 사이버신 정도의 결과물을 냈다는
것 자체가 오히려 놀라운 일이었다.

쿠데타가 가로막은 과학기술 발전의 다른 길

게다가 사이버신은 기대 이상의 활약을 펼쳤다. 1972년 가을, 아옌
데 정부를 전복하려는 자본가 파업이 벌어졌다. 시작은 트럭 운전
사 파업이었다. 정부가 국영 트럭운송업체 설립을 발표하자 민간
운송업자들이 반발하고 나섰다. 이들은 9월부터 무기한 파업에 돌
입했다. 나중에 밝혀진 바에 따르면, 동기는 단순히 경제적인 것만
이 아니었다. 파업 지도부 뒤에는 미국 중앙정보국CIA이 있었다.

R. 닉슨Richard Nixon이 대통령이고 H. 키신저Henry Kissinger가 외교 사령탑이던 당시 미국 정부는 아옌데가 대통령에 당선될 때부터 어떻게 하면 아옌데를 끌어내릴까만 고민했다. 구리 광산 국유화로 손실을 본 미국 기업들을 달래야 했을 뿐만 아니라 쿠바에 이어 칠레에, 그것도 평화적 선거로 좌파 정부가 들어서는 것을 용납할 수 없었던 것이다. 미국 정부는 국제시장에 자국이 보유하였던 구리를 대량 투매해 구리 가격을 떨어뜨리는 식으로 칠레 정부를 흔들고자 했다. 그러다 보면 경제 위기 때문에 결국 차기 대선에서 좌파가 패배하리라 내다보았다.

하지만 인민연합 정부는 예상외로 완강히 버텼다. 집권 1년 뒤에 실시한 지방선거에서는 득표율을 거의 50%로까지 늘렸다. 미국 정부와 칠레 기득권 세력은 더 적극적인 행동에 나서지 않을 수 없었다. 그래서 시도한 게 바로 자본가 파업이었다. 트럭 운전사 파업이 한 달 넘게 계속되자 마치 정해진 각본을 따르는 듯 야당 지지자들이 일제히 동조 파업에 들어갔다. 경영진이 출근하지 않아 공장이 멈췄고, 대형 상점이나 병원도 문을 닫았다. 가뜩이나 트럭 운전사 파업으로 물자 수송도 제대로 되지 않는 상황에서 갑자기 모든 경제활동이 중단된 듯 보였다.

그러나 혼란은 오래가지 않았다. 민중이 직접 팔을 걷어붙이고 나섰다. 공장에서는 노동자들이 경영진 없이 기계를 재가동시켰다. 기업마다, 산업마다 노동자 대표들로 위원회를 만들어서 경영을 맡았다. 조업을 재개한 공장에서 급히 쏟아낸 제품들은 지역 주민 조직을 통해 유통되었다. 물론 노동자만의 힘으로 산업을 움직이기가 쉽지는 않았다. 연관 기업들의 생산 정보를 파악하고 있어야 했지만, 이는 오랫동안 경영진이 독점해온 지식이었다.

그런데도 일주일쯤 지나자 각 산업 부문이 속속 정상화되었다. 예상보다 빠른 속도로 기업 간 소통과 협력이 복구되었던 것은 사이버신 덕분이었다. 이때 사이버신은 미완성이었지만, 그 일부인 사이버넷만은 이미 구축된 상태였다. 텔렉스 망 덕택에 각 공장과 정부 경제부처들이 실시간으로 정보를 공유했다. 요즘의 인터넷에는 댈 게 아니지만 그래도 1970년대 기준으로는 마치 생산 전체를 한눈에 파악하게 해주는 것만 같았다.

결국 자본가 파업은 실패로 돌아갔다. 몇 주 뒤 통제실 설치 작업까지 완료함으로써 사이버신이 최종 완성되었다. 1972년 12월에 아옌데 대통령이 통제실에 방문했다. 대통령 축사를 대신 집필한 비어는 다음과 같이 썼다.

우리는 우리 자신의 정신에 따라 과감하게 우리 자신의 시스템을 구축했습니다. 오늘 여러분이 보실 내용은 혁명적입니다. 단지 전 세계에서 최초라는 점에서만 혁명적인 게 아닙니다. 과학의 힘[권력]을 민중이 사용할 수 있는 형태로 만들어 민중에게 건네주려고 의식적으로 노력하고 있다는 점에서 혁명적입니다.

자본가 파업 와중에 입증된 사이버신의 역량과 가능성에 고무된 비어는 더 야심 찬 후속 구상을 내놓았다. 이 구상에 그가 붙인 이름은 '사이버포크Cyberfalk'였다. '포크'는 민중을 뜻했다. 사람들이 정부에 의견을 제출하면 사이버신과 마찬가지로 이 정보가 어디서든 공유되고 정부는 이 의견에 실시간으로 반응하는 시스템이었다. 개인용 컴퓨터와 스마트폰의 네트워크를 통해 직접민주주의를 활성화하려는 21세기의 흐름을 한 세대도 더 전에 예견한 셈이었다.

하지만 비어와 칠레 민중의 꿈은 돌연 중단되었다. 합법적인 방식으로 인민연합 정부를 무너뜨릴 수 없음을 확인한 미국 정부와 칠레 우파는 마지막 수단을 선택했다. 1973년 9월 11일 미국의 사주를 받은 육해공군의 쿠데타가 일어났던 것이다. 아옌데 대통령은 쿠데타군에게 끝까지 맞서다 자결했다. 이와 함께 사이버신 실험도 중단되고 말았다.

칠레 민중이 연 과학기술 발전의 또 다른 방향

쿠데타가 일어날 때, 비어는 영국에 머물고 있었다. 칠레인들과 달리 영국인 비어는 아무 일도 없었던 듯 본업으로 돌아갈 수도 있었다. 그러나 비어의 삶은 전과 같을 수 없었다. 칠레에서 비어와 친분을 쌓았고 이후 생물학 영역에서 사이버네틱스 사상을 전개해 유명해진 움베르토 마투라나Humberto Maturana는 이렇게 회고했다. 비어는 사업가로 칠레에 왔다가 히피가 되어 떠났다고.

비어는 칠레의 동지들이 해외로 망명하도록 도왔다. 그중에는 아옌데 정부의 경제장관 플로레스도 있었다. 이후에도 비어는 기회가 닿을 때마다 사이버신의 이상을 알리고 새로운 프로젝트로 이어가려 했다. 부유한 명사의 삶과 작별한 그는 상수도도 없는 웨일스의 외딴 시골에 은거하며 여생을 보냈다. 가슴까지 수염을 늘어뜨린 노년의 모습은 영락없는 수도승 혹은 구루guru였다.

그가 가고 난 지금, 세상은 사이버신 구상과 닮은 것 같지만 실상은 전혀 다른 첨단 과학기술에 당황하고 있다. 이 기술은 일하는 사람들을 내쫓는다. 그러나 비어와 칠레 민중이 '시작한' 다른 방향의 기술도 있다. 이 기술은 일하는 사람들을 참여시킨다.

칠레의 사례는 우리에게 증언한다. 민중을 위한 과학기술은 가능하다. 민중이 주도권을 쥔다면, 확실히 가능하다. 단지 이것을 원치 않는 힘이 지금껏 이를 막아왔을 뿐이다. _장석준

국내에도 사이버네틱스는 어느 정도 알려져
있었지만, 비어라는 이름까지 들어본 이는 거의
없었을 것이다. 그의 사이버신 실험은 2000년대에
들어서 인터넷이 널리 확산하기 시작하며 비로소
재조명되었고, 국내에도 소개되었다.
최근 자본주의 이후의 사회 시스템을 토론하는
이들이나 '4차 산업혁명' 같은 새로운 과학기술 혁신
붐을 고민하는 이들에 의해 비어가 자주 언급된다.

07

다른 물건, 다른 세상을
만드는 노동자

루카스 에어로스페이스 노동자들의
'민중에 의한 혁신'

공장 문 앞에서 멈춘 민주주의

20세기에 민주주의는 분명 크게 전진했다. 세기가 시작될 때만 해도 남성 보통선거제를 실시하는 나라조차 찾기 힘들었다. 그러나 세기 중반에는 대다수 나라에서 보통선거제가 상식이 되었다. 세기가 끝날 무렵에는 인종차별의 보루 남아프리카공화국에서 드디어 흑인도 참정권을 획득해 어제의 장기수 넬슨 만델라Nelson Mandela를 대통령으로 뽑는 장관이 펼쳐졌다. 정치 영역에서 민주주의는 이제 돌이킬 수 없다.

그러나 정치 영역만이다. 사실 몇 년에 한 번씩 하는 투표가 민주주의의 전부도 아니지만, 그조차도 정치권력 집행자의 선출에 한

정된다. 경제 영역은 사정이 전혀 다르다. 먹고 사는 문제는 오히려 이 경제 영역이 좌우하는데, 여기에서는 민주주의가 아직 상식이 아니다. '1인 1표'가 아니라 '1원 1표' 혹은 '1주株 1표' 원리가 지배한다. 누구나 투표권이 있는 게 아니라 돈이나 소유권(주식)이 있어야 권리를 행사할 수 있다. 더욱이 재산과 지분이 많을수록 더 많은 권리를 갖는다.

말하자면 민주주의의 전진은 정치와 경제를 가르는 장벽 앞에서 중단되었다. 민주주의는 국가의 빗장을 열었을 뿐 공장과 사무실의 문을 열지는 못했다. 기업은 민주주의의 예외 지대로 남았다. 스웨덴 사회민주주의자 에른스트 비그포르스Ernst Wigforss의 표현에 따르면, "민주주의의 발전은 공장 문 앞에서 멈추었다". 생산 현장에서 이렇게 독재가 계속되는 탓에 이곳에서 권력을 키운 자들이 정치 영역의 제한된 민주주의마저 제 입맛에 맞게 왜곡한다. 기업 안의 독재가 끊임없이 사회 전체로 확산한다. 민주공화국은 어느덧 '재벌'공화국이 되어버린다. 자본주의라면 그것을 채택한 어느 국가에서든 비슷한 양상이 나타난다.

이런 현실을 타파하려는 모색과 도전도 끊임없이 계속되었다. 각성한 노동자들은 생산 활동도 민주주의 원리에 따라 결정하길 바랐다. 공장과 사무실에서 함께 일하는 이들 누구나 동등하게 참여해 기업을 운영하길 꿈꾸었다. 실제로 이를 시도하기도 했다. 드물지만 노동자들이 파업이나 혁명 와중에 경영진의 명령 없이 스스로 공장을 가동하는 사례들이 나타났다. 그런가 하면 대량 해고를 강

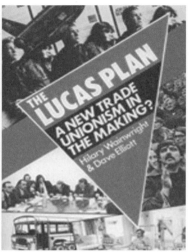

루카스 계획 40주년 기념 포스터(왼쪽)와 관련 서적

요하는 사측에 맞서 노동자들이 직접 기업을 운영하면 세상이 얼마
나 달라질 수 있을지 보여주려 한 사례도 있었다. 1970년대 영국 루
카스 에어로스페이스Lucas Aerospace의 노동자들이 그 주인공이다.

루카스 노동자들에게 닥친 정리해고 위협

루카스 에어로스페이스는 지금은 존재하지 않는 회사명이다. 1996
년 미국의 한 기업과 합병하면서 이 이름은 역사 속으로 사라졌다.
금융업에 치중하던 신자유주의 시기 영국의 다른 많은 제조업체처
럼 생산설비가 해외 기업에 조각조각 팔려나간 것이다. 본래 루카

스사社는 설립연도가 1860년으로 거슬러 올라가는 유서 깊은 기업(더 정확히 말하면, 기업집단)이었다. 주력 생산품은 각종 정밀기계였고, 자동차 산업이 등장한 뒤에는 모터, 브레이크 시스템 등 자동차 부품으로 영역을 넓혔다. 2차대전을 거치면서는 비행기 설계·생산에도 뛰어들었다. 그래서 루카스 '에어로스페이스(항공기)'라는 이름이 붙었다. 비중은 크지 않았지만, 의료기기 사업부도 있었다.

루카스 노동자들의 이야기가 펼쳐지는 1970년대에 루카스사는 런던 증권시장에 상장된 100대 기업 중 하나였다. 또한 유럽 최대 비행기 제조업체였다. 유명한 초음속 여객기 콩코드도 이 회사가 주도한 프로젝트였다. 루카스는 민간 항공기에만 손을 댄 게 아니었다. 전투기 등 무기 생산도 주력 분야의 하나였다. 작업의 거의 절반이 롤스로이스Rolls Royce에 납품할 자동차 부품 생산이었지만, 국방부가 발주한 군수품 생산도 30% 가까이 차지했다.

1970년대 말부터 1980년대 초까지 루카스는 영국 전역에 열 곳이 넘는 공장을 가동하고 있었다. 노동력은 1970년에 1만 8천 명으로 정점에 이르렀다가 이후 감원을 거듭해 1970년대 말에는 1만 3천 명으로 줄었다. 업체 특성상 사원 중에는 고숙련 노동자가 많았다. 1/3 이상이 기능공, 설계 기술자, 기계 제도사, 연구원이었다. 평사원이라 하더라도 상당한 지식과 기술 수준을 갖추었기에 제품 설계나 생산과정에 개입하기에 유리한 환경이었다.

루카스 에어로스페이스는 노동조합의 힘이 강한 사업장이기도 했다. 대다수 노동자가 조합원이었다. 단, 구조가 좀 복잡했다. 루카스사 안에는 여러 산업별 노동조합 지부들이 존재했다. 우선 다수 기능공은 기계공연합노동조합AEWU 소속이었다. 반면 사무직은 기술행정관리직조합TASS에 가입했다. 그런가 하면 몇몇 공장에서는 좀 더 일반노동조합(직종에 구애받지 않고 조합원을 받아들이는 노동조합) 성격이 강한 운수·일반노동조합TGWU이나 일반·지방자치단체 노동조합GMWU이 다수파였다. 이들 노동조합은 기업 전체 임금이나 노동시간을 협상할 때는 단결했지만, 서로 경쟁하거나 반목하기도 했다.

각 노동조합에 속한 직장위원들은 루카스사 노동자들 사이의 소통과 연대를 강화해야 한다고 느꼈다. 직장위원shop steward이란 작업 현장에서 선출된 노동자 대표를 말한다. 한국 노동조합 구조에서는 기업별 노동조합의 대의원에 해당한다. 영국의 산업별 노동조합은 직장위원을 공식적으로 인정하는 곳도 있고 그렇지 않은 곳도 있었다. 직장위원은 기업 내부에서 노동자의 이해를 촘촘히 대변하기 힘든 산업별 노동조합의 약점을 보완하는 역할을 했다.

루카스 에어로스페이스 각 공장의 직장위원들은 소속 산업별 노동조합과 별개로 루카스사 전체 노동자의 이익을 대변할 기구를 만들려 했다. 그 첫 번째 결실로 1969년에 4개 공장 직장위원들이 참여하는 루카스계열사위원회(이하 계열사위원회)가 결성되었다. 산업별 노동조합의 상급 간부들은 이런 기구의 출범을 그리 달가워하지 않았으므로 계열사위원회 초기에는 활동이 왕성하지 못했다.

그런데 더는 그럴 수만은 없는 상황이 도래했다. 루카스 경영진은 1970년대 벽두부터 감원 공세에 나섰다. 1971년 루카스의 주 거래 상대였던 롤스로이스가 파산했다. 그러자 당장 불똥이 루카스로 튀었다. 게다가 1970년 총선에서 보수당이 집권해 정치 환경도 노동자 쪽에 불리하게 바뀌었다. 무려 2,000명의 노동자가 루카스에서 정리해고당했다.

이후에도 사측은 경영 합리화를 명분으로 감원 기조를 이어갔다. 이에 맞서려면 루카스에 고용된 모든 노동자가 더욱 단결해야 했다. 자연히 계열사위원회의 위상과 역할이 중요해졌다. 1973년 1월 드디어 루카스 에어로스페이스의 13개 공장 노동자 대표들이 모두 참여하는 완전한 형태의 루카스계열사위원회가 출범했다. 새 계열사위원회는 규약에서 "모든 루카스 에어로스페이스 노동자의 고용안정, 임금 및 노동조건 개선"이 임무라고 천명했다. 이 규약을 시험이라도 하듯 사측이 곧바로 도발했다. 1974년 다시 대규모 인원 감축 계획을 발표한 것이다. 이번 목표는 800명이었다.

정리해고 공세에 맞서 국유화를 타진하다

물론 계열사위원회는 인원 감축 위주의 구조조정에 반대했다. 마침 정치 상황도 다시 뒤바뀌었다. 1974년에 보수당이 노동당에 정권을 내준 것이다. 이것만으로도 노동자 편에서는 한숨 돌릴 이유가 되었다. 그런데 루카스 노동자들에게 이번 노동당 집권은 과거와는 또 다른 기회로 다가왔다. 노동당 총선 공약 때문이었다.

1970년 총선에서 패배한 뒤에 노동당 안에서는 반성이 일었다. 당내 좌파는 시티City, 즉 런던의 금융 중심지에 맞서 경제 개혁을 제대로 추진하지 못한 데서 패인을 찾았다. 당시 영국에서는 이미 지구화-금융화의 초기 국면이 시작되고 있었다. 자본이 제조업에서 철수했고, 금융 세력의 영향력이 나날이 강해졌다. 노동당은 1964년 총선에서 이런 자본의 행태를 규제하겠다고 약속했지만, 막상 집권해서는 오히려 시티에 끌려다녔다. 좌파는 이를 뼈아프게 지적했다. 노동당의 주된 기반인 노동조합 역시 좌파를 편들며 노동당 내부 정치에 깊숙이 개입하기 시작했다.

이런 노동당 혁신 요구의 구심으로 토니 벤Anthony[Tony] Benn 하원의원이 부상했다. 벤은 본래 당내 좌파는 아니었다. 그러나 전임 노동당 정부의 실패를 목격하면서 급진화했다. 벤은 당대회 의장으로 선출된 뒤에 차기 총선 공약 마련을 위한 정책 토론을 주도했다. 그 결과로 1974년 총선을 앞두고 「우리 함께 일하자—위기에서 탈출할 노동당의 길」이라는 공약집이 나왔다. 이 공약집은 "권력과 부의 불균형을 일하는 사람들과 그들의 가족에게 유리한 방향으로 더 이상 돌이킬 수 없게끔 근본적으로 바꾼다"고 선포했다.

그럼 어떻게 "권력과 부의 불균형"을 "근본적으로 바꾼다"는 것인가? 공약집은 국영 지주회사인 국민기업위원회NEB를 설립하겠다고 약속했다. 국민기업위원회는 핵심 산업마다 선도적 기업의 주식을 인수해 대주주가 된다. 우회적인 방식의 국유화인 셈이다. 국민기업위원회는 이들 기업의 노사와 협력해 영국 산업을 되살릴

경제 계획을 추진한다. 이를 통해 제조업 공동화空洞化를 막고 자본의 투자 흐름을 통제하겠다는 것이었다.

1974년에 노동당은 이런 공약을 내걸고 집권했다. 게다가 이 공약의 산파 구실을 한 벤이 산업부장관에 임명되었다. 산업정책을 책임지는 자리이니 국민기업위원회 정책을 실현하기에 적격으로 보였다. 루카스계열사위원회의 일부 직장위원들은 정리해고 위협에 맞설 방안이 어쩌면 이 정책에 있을지 모르겠다고 생각했다. 루카스 에어로스페이스가 국유화 대상이 된다면, 감원 계획이 지연되고 더 나아가 취소될 수 있지 않을까. 노동당 정부 아래서 공기업이 실업자를 양산하기는 어렵지 않겠는가.

노동자들이 보기에 루카스사는 국유화될 이유가 충분했다. 루카스 에어로스페이스의 국방부 사업 수주는 국방비 명목으로 민간기업 루카스에 지급되는 막대한 정부 보조금일 뿐이었다. 이것 말고도 루카스사는 경영 합리화에 쓰겠다며 실제로 몇백만 파운드 상당의 보조금을 받기도 했다. 합리화한다면서 설비 투자보다는 인원 감축에 주력했지만 말이다.

하지만 국유화에 회의적인 직장위원들도 있었다. 이제껏 노동당 정부 아래서 국유화된 기업들을 보면, 노사관계가 민간기업과 크게 다르다고 할 수 없었다. 사기업보다는 노동조합을 좀 더 부드럽게 대하기는 했지만, 공기업 경영진 역시 수익성만을 추구했고 노동자 경영 참여도 꺼렸다. 경험 많은 직장위원들일수록 이 점을 우려했다. 국유화가 만병통치약은 아니었던 것이다.

더 많은 살상 무기를 만들어야 일자리를 지킬 수 있다?

1974년 11월 계열사위원회 대표들이 벤 장관과 면담했다. 공장마다 2명 이상의 대표를 파견하여 총 34명의 대표가 장관과 대화했다. 벤은 다른 기업 노동자들과 달리 정부에 먼저 회사의 국유화를 제안하는 이들의 모습에 깊은 인상을 받았다.

그러나 벤은 확답을 줄 수 없었다. 항공산업 국유화가 논의되고는 있었지만, 국유화 대상을 최소화하려는 해럴드 윌슨Harold Wilson 총리의 방침 때문에 전망이 썩 밝지 않았다. 더구나 벤 장관은 내각 안에서뿐만 아니라 산업부 안에서도 급진적인 총선 공약의 이행을 달가워하지 않는 세력에게 포위되어 있었다.

고심 끝에 벤은 루카스 대표들에게 역으로 제안했다. 대안적인 기업 운영 계획을 짜보면 어떻겠냐는 것이었다. 만약 노동자들이 그런 계획안을 마련한다면 정부를 설득하고 사측을 압박하기가 더 수월해지지 않겠냐는 이야기였다. 대표단은 이 제안을 진지하게 받아들였다.

1975년 1월 루카스계열사위원회는 회의를 열어 바로 이 제안을 논의했다. 대다수 직장위원들이 이 방안에 동의했다. 국유화를 추진하기 위해서도 그렇고 국유화 이후에 회사가 노동자들이 바라는 방향으로 운영되기 위해서도 대안 경영 계획을 수립하는 게 좋겠다고 의견을 모았다.

설계 기술자인 마이크 쿨리Mike Cooley는 더 나아가 기존 주력 생산품과는 다른 새로운 제품을 생산할 방안을 찾아보자고 주장했다.

노동자들의 기본 목표는 일자리를 지키는 것이었다. 그런데 루카스 에어로스페이스 생산품 가운데 상당수는 첨단 무기였다. 그렇다면 더 많은 살상용 무기를 세상에 내놓아야만 루카스 노동자들의 일자리를 지킬 수 있다는 이야기가 된다. 고용 안정과 평화라는 포기할 수 없는 두 가치가 충돌하는 것이다. 설령 공기업이 된다고 하더라도 이 사실은 변함이 없었다.

충돌을 피할 길은 없는가? 그들이 생각해낸 방안은 무기가 아니라 다른 물건을 생산하는 것이었다. 인간과 사회를 파괴하는 도구가 아니라 사회에 정말 필요한 물건을 만들면 된다. 군수품 생산에 쓰이던 루카스 에어로스페이스의 기존 설비를 이런 물건을 만드는 데 쓸 수 있다면 일자리와 평화의 충돌을 피할 수 있다. 이윤만 추구하는 자본가는 해결책을 찾을 이유도 능력도 없지만, 노동자는 그렇지 않다. 사회에 유용한 대안적 생산 품목을 찾아내야 하며, 당연히 그럴 수 있다. 쿨리는 이렇게 발언했다.

내 생각에 우리가 기업 운영 계획을 짠다면 유일하게 가능한 방식은 기업의 사적 이윤 동기 대신에 사회에 이익이 되는 방향에서 방안을 작성하는 것입니다. … 비행기 보조날개 구동장치에 쓰이는 기술을 예로 들어볼까요. 이 작은 메커니즘은 장애인용 의족에도 응용할 수 있습니다. 만약 우리가 사회적으로 유용한 제품을 생산하자고 제안하면, 저들이 어떻게 나올까요? 그렇게 되면 누가 실제로 산업을 통제하는지가 명백히 드러나겠지요. … 콩코드를 만들 수는 있으면서도 추위 속에 죽어가는 나이 든 연금수령자를 위한 등유 난방기를 충분히 생산하지 못한다는 사실이야말로 우리의 기술과 지성에 더 없는 모욕이지요.

계열사위원회는 대안 경영 계획을 작성하기로 했다. 이를 위해 쿨리를 포함한 5인으로 소위원회를 구성했다. 공장별로 충분한 조사와 의견수렴을 거쳐 1년 뒤인 1976년 1월에 계획안을 완성하기로 했다. 처음에는 많은 노동자가 이런 계획을 과연 스스로 짤 수 있을지 반신반의했다. 그러나 설문지가 돌고 토론이 시작되자 전에 없던 기대가 일었고 활기가 돌았다. 한 계열사위원회 대의원은 "경영 계획을 짜면서 나 역시 진보했다"고 회고했다.

노동자들이 입안한 대안 생산 계획

가장 뜨거운 토론 주제는 무엇이 '사회적으로 유용한 생산물'이냐는 것이었다. 일단 사회적 필요needs는 시장의 수요와는 다르다는 점을 확인했다. 자본주의 시장에서는 사람들에게 절실히 필요한 재화라 할지라도 수익성이 높지 않으면 생산되지 않는다. 경영자들은 수요가 없다는 이유를 대며 계속 제품 개발과 생산을 거부한다. 그러나 잠재된 사회적 필요를 찾아내 새로운 재화를 공급한다면, 시장은 충분히 형성될 수 있다. 루카스 노동자들은 지금 사회에 새롭게 필요한 재화 중에 자신들의 기술 역량과 맞아떨어지는 것이 무엇이 있을지 따져보았다.

노동자들은 그간 일에 쫓겨 미처 눈여겨보지 못하던 지역사회를 비롯해 1960년대 말부터 점차 투명 인간에서 벗어나 목소리를 내기 시작한 여성과 다양한 소수자들의 요구에 귀를 기울였다. 석유 위기로 불거진 에너지 문제, 지구 생태계를 둘러싼 고민도 고려했다. 저렴한 비용으로 제3세계 나라들의 사회 발전에 기여할 물품을 만들자는 의견도 나왔다. 소위원회는 루카스 노동자들이 생산할 대안 생산품의 주요 기준을 다음과 같이 정리했다.

- 생산품을 제조할 때나 사용할 때 모두 에너지와 원자재를 낭비해선 안 된다.
- 노동 집약적인 공정을 통해 생산함으로써 구조적 실업을 피할 수 있어야 한다.
- 소외와 권위적 질서가 없는 조직 환경에서 생산되어야 한다. 이론과 실제가 긴밀히 연결되도록 작업을 조직함으로써 인간의 창조성과 열정에 길을 열어주어야 한다.

1976년 1월 대안 계획 보고서가 완성되었다. 흔히 '루카스 계획'이라 불린 이 보고서는 네 부분으로 구성되었다. 첫째 단락은 루카스 에어로스페이스의 생산 역량에 대한 보고였고, 둘째 단락은 항공산업과 세계시장 변화에 따라 루카스 노동자들이 직면한 문제들의 분석이었다. 셋째 단락에서는 루카스사의 가용 역량과 맞아떨어지는 사회적 필요들을 조사한 결과를 정리했고, 마지막 단락에서는 이런 다양한 필요에 부응할 생산품과 생산과정을 상세히 제시했다. 또한 대안 생산에 착수하기 위해 꼭 필요한 노동자 재교육 방안도 덧붙였다.

루카스 계획이 처음 발표될 때부터 화제를 모은 것은 마지막 단락의 대안 생산품 목록이었다. 보고서는 총 6개 범주의 대안 상품을 제시했는데, 그중 첫 번째는 의료기기였다. 위에 언급했듯이 루카스 에어로스페이스 안에는 이미 인공신장을 주로 생산하는 의료기기 사업부가 있었다. 루카스 계획은 인공신장 생산을 40%가량 늘리고 휴대용 인공신장을 개발하는 방안을 내놓았다. 또한 항공기에 쓰이는 기술을 응용해 의수족 제어 시스템을 개발하고 레이더 기술을 활용해 시각 장애인용 기구를 만들자고 제안했다. 1960년대에 루카스사의 한 사원이 설계했지만 사측이 상용화에 반대한 척추장애 아동용 휠체어도 생산에 착수하자고 했다.

두 번째는 대안 에너지 기술이었다. 당시 영국은 석유 가격 상승에 핵발전소 확대로 대응하려 했지만, 보고서는 핵발전의 위험성을 경고했다. 대신 루카스 계획은 시대를 앞질러 재생가능 에너지 기술과 함께 에너지 사용을 효율화하는 방안을 개발하자고 주장했다. 이 분야에서 루카스의 기술력과 접목될 수 있는 생산품으로 제시된 것은 열펌프였다. 열펌프는 온도가 높은 공간의 열을 다른 공간으로 이동시켜 난방에 활용하는 장치다. 보고서는 태양 전지와 가정용 태양열 집열기의 개발과 풍력 활용 기술 개발도 제안했다.

세 번째는 운송 기술 혁신이었다. 루카스 계획은 차도와 철로를 모두 다닐 수 있는 대중교통용 차량 제작을 제안했다. 일반 도로와 궤도 위를 달릴 수 있는 버스를 생산하자는 것이었다. 지하철이나 트램을 운행하려면 엄청난 비용의 토목 공사를 벌여야 한다. 루카스 계획이 제안하는 도로-철도 겸용 차량은 그런 대규모 투자가 필요 없다는 게 장점이었다. 루카스 노동자들은 이 차량이 영국의 소도시나 벽촌을 비롯해 기반시설이 부족한 제3세계 민중에게도 매력적인 탈것이 되리라 믿었다. 아울러 보고서는 현재 하이브리드 승용차에 쓰이는 기술의 선도적 개발도 제안했고, 값비싼 여객기의 대용 수단으로 비행선을 현대화하는 계획도 내놓았다.

　루카스 계획이 제시한 네 번째 대안 생산 영역은 이미 루카스 사의 주력 상품 중 하나인 브레이크 시스템을 더욱 혁신하는 것이었다. 다섯 번째 영역으로는 각종 심해 탐사 기구를 제안했다. 이 무렵 영국은 북해 유정을 한창 개발하고 있었기에 혁신적인 해양 탐사 수단이 시급히 필요했다. 마지막 영역은 수중이나 지하 작업용 로봇에 쓰일 원격 제어장치 개발이었다.

루카스 계획은 실현되지 못했지만

루카스 계획은 발표 당시부터 높은 관심을 모았다. 노동운동 진영만큼이나 열광한 이들은 과학기술계였다. 수익성을 이유로 그동안 자본가들이 연구개발을 방기하거나 가로막아온 기술 분야가 여럿 포함되어 있었기 때문이다.

루카스 노동자들은 대안 계획의 내용이 금방 그대로 실현되리라 기대하지는 않았다. 루카스 에어로스페이스가 사회적 소유 기업이 되고 노동자의 민주적 통제에 따라 운영되어야 온전히 실현될 수 있음을 잘 알았다. 하지만 먼 미래의 대안이라고만 생각하지도 않았다. 이 정도 방안을 내놓고 여론의 지지를 모은다면, 지금 당장 사측의 정리해고 공세를 막는 데에도 큰 도움이 될 것이라 믿었다.

그러나 역사의 눈먼 질주로 돌연 기회의 문이 닫히고 만다. 정치 상황이 루카스 노동자들에게 불리한 쪽으로 반전되었다. 노동당 내각 안에서 고립되었던 벤이 기어코 산업부장관에서 해임되고 말았다. 그러자 루카스 에어로스페이스 사측은 정리해고안을 강하게 밀어붙이려 했다. 노동자들이 공장마다 새로운 제품 생산을 요구하며 투쟁과 교섭을 반복했지만, 좀처럼 결판이 나지 않았다. 그러던 중에 1979년 총선에서 보수당이 승리했다. 대처^{Margaret Thatcher}의 시장지상주의 정권이 들어섰고, 1982년에 마침내 2,000명 규모의 대량 해고가 단행되었다.

루카스 계획 이야기는 이렇게 끝났다. 아니, 끝난 것처럼 보였다. 그러나 끝은 아니었다. 루카스 계획은 비록 실현되지는 못했지만, 일하는 사람들 스스로 생산을 결정하면 세상이 얼마나 달라질 수 있을지 생생히 보여주었다. 기술혁신이 곧 실업 대란을 뜻하지 않는 세상을 만들 수 있다는 증거였고, 산업이 죽임 아닌 살림의 수단이 될 수 있다는 증거였다. 다른 곳에서 다른 사람들이 이어가야 할, 결코 끝나지 않은 이야기다. _장석준

루카스 계획의 작성을 주도한 쿨리는 이후 노동당
급진좌파 성향의 켄 리빙스턴 시장이 이끌던
런던광역시청과 협력하며 과학기술운동을 펼쳤다.
특히 그는 루카스 노동자들의 실험을 더욱 널리
알리고 의미와 가능성을 재평가하는 데 앞장섰다.
우리나라에도 루카스 에어로스페이스 사례는
과학기술운동 관련 논문집에 실린 쿨리의 글로써
처음 소개되었다. 비록 이 실험을 직접 다룬 서적이
번역된 적은 없지만, 과학기술 혁신부터 산업 디자인,
노동운동, 생태주의에 이르기까지 여러 분야의
책이나 논문에 주요 사례로 자주 등장하고 있다.

2부

지구를 보전하는
지속가능한
사회를 향하여

08

동물권과
문명의 수준

헨리 솔트의 동물권론

닭의 생명, 인간의 권리

촛불집회 열기로 뜨거웠던 2016년 12월, 한편에서는 무려 2,500만 마리가 넘는(이 나라 인구의 절반에 가까운 수치다) 닭, 오리 등 가금류들이 이른바 '살처분'되었다. 군사작전을 방불케 하는 신속하고도 단호한 '처분'이었다. 그리고 고병원성 조류인플루엔자AI에 감염되었다는 이유 또는 감염될 가능성을 차단해야 한다는 이유로 일거에 도륙된 이 가금류 생물의 약 80%는, 닭이었다.

'갈루스 갈루스 도메스티쿠스Gallus gallus domesticus'라는 학명으로 불린 '붉은 들닭'이라는 생물종의 한 아종subspecies. 한때 들에서 살았으나 약 1만 년 전 가축家畜이 되어 인간의 노예가 된 종, 닭. 이들은

영국 동물권 이론가
헨리 솔트

과연 그토록 쉽게 도살되어도 무방한 존재일까?

현 공장식 축산 시스템에서 육계는 부화해서 도살되기까지 약 30일을, 산란계는 약 1년을 살게 한다고 한다. 그런데 이들이 쾌적한 자연환경에서 살아가는 자연 수명이 약 8년에서 15년 정도다. 이들의 수명을 이토록 크게 단축할 권한이, 아니 이토록 많은 동물의 생사를, 마치 이들의 창조주라도 되는 양 쥐락펴락할 권한이 과연 우리 인간에게 있기는 한 걸까? 지구상의 어떤 생물이 인간이 필요한 만큼만 쓰고 불필요할 시에는 '살처분'하면 그만인, 인간의 소유물이 되어도 무방한 걸까?

만일 "인간이 과거에는 동물과 같았으나 구원의 주문을 발견하여"(테오도어 아도르노Theodor Adorno, 막스 호르크하이머Max Horkheimer) 인간이 될 수 있었다면, 그리하여 우리가 닭보다 조금이라도 더 우월한 존재라면, 우리는 인간만이 지닌 도덕적 사유와 행동으로 그 우월성을 우리 자신에게 증명해야만 할 것이다. '살처분'과 같은 행동에서 극명히 드러나는, 다른 동물종에 대한 인간의 철저한 지배와 같은 사태를 "진지하게 생각하지 않는 것은 이 세계에 진지한 인간이 되는 일을 포기하는 것"(도나 해러웨이Donna Haraway)과도 같기 때문이다.

그러나 이 문제는 결코 지엽적인 문제가 아니다. 이것은 단순히 철새나 전염병의 사안만도, 방역 시스템이나 공장식 밀집사육의 문제만도 아니다. 프랑스 철학자 엘리자베스 드 퐁트네Élisabeth de Fontenay는 가축의 대량 살처분 행위를, 가축을 오직 식품 혹은 약품의 원자재로만 환원하여 생각하는 '생산제일주의 문명'이 낳은 치명적 결과라고 진단한다. 즉 가축의 대량 살처분 행위야말로, 수면 위로 드러난 생산제일주의 문명의 맨얼굴이라는 것이다. 그렇다면 정작 중요한 것은 이 행위의 일시적 금지나 대상의 규모 축소, 또는 살처분 매뉴얼의 개선 같은 것이 아닐 것이다. 필요한 것은 그 행위를 당연시하는 생산제일주의라는 사고방식 자체, 생산제일주의 문명 자체의 혁신이다.

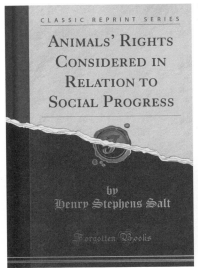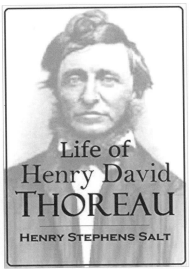

솔트의 저서 『동물의 권리』와 『헨리 데이비드 소로의 삶』

영국 동물권 운동의 물결 그리고 헨리 솔트

한편 가축과 인간, 동물과 인간과의 관계라는 주제의 경우 프랑스, 독일 등 유럽의 윤리학보다 앵글로색슨 윤리학이 훨씬 앞서 있다는 것이 퐁트네의 다른 지적이다. 예컨대, 1975년 『동물 해방』을 출간하며 공장식 축산업을 비판한 세계적 윤리학자 피터 싱어Peter Singer, 1946~도 앵글로색슨 윤리학의 전통에 서 있는 대표적인 인물이다. 그런데 싱어의 입장은 일찍이 18세기 말 동물의 권리를 선구적으로 이야기한 영국의 공리주의 사상가 제러미 벤담Jeremy Bentham, 1748~1832의 사상에 많이 기대고 있다.

당시 영국에서 제러미 벤담이 구우일모九牛一毛 같은 존재였다고 이해하면 곤란하다. 이미 1770년대부터 험프리 프리맷Humphry Primatt, 토마스 테일러Thomas Taylor, 존 오즈월드John Oswald 등 적지 않은 이들이 벤담과 더불어 동물에 대한 인간의 의무를 역설하고 있었다. 그리고 이러한 영국 내 도덕적·철학적 쇄신의 전통은 마침내 1822년 리처드 마틴Richard Martin이 제안한 '소에 대한 그릇된 행동에 관한 법안'(일명 마틴 법안)이 가결되면서 입법 운동으로까지 번졌고, 결코 무시할 수 없는 사회운동이 된다.

헨리 솔트Henry Stephens Salt, 1851~1939의 『동물의 권리』(1894)는 바로 이러한 역사적 흐름 속에서 솟아오른 산봉우리다. 이 책은 1894년, 즉 18세기 말 가축의 권리 논의가 시작된 뒤 100년을 훌쩍 넘긴 시점에서 출간된 책으로, 솔트의 선배가 되는 이들의 업적을 기초 삼아 동물권에 대한 사유를 한층 깊게 한 동물권에 관한 교과서 같은 책이다.

1장은 동물권의 원칙, 2장은 가축, 3장은 야생동물, 4장은 도축의 문제, 5장은 스포츠와 사냥, 6장은 모자 제조업, 7장은 동물실험, 8장은 개혁의 방도를 다루고 있는데, 이러한 소주제들만 일별해도 이 책의 성격과 위상을 넉넉히 짐작하게 된다. 또한 이 책은 19세기가 저물어가는 시점에 나와 18세기 후반부터 시작된 동물 윤리학을 21세기 동물 윤리학으로 이어주는, 징검다리 성격을 지닌 중요한 저작이기도 하다.

이튼으로 간 모범생, 이튼을 떠나다

하지만 헨리 솔트라는 이름은 우리에게 퍽 생소하기만 하다. 솔트의 인생은 찰스 다윈 혹은 스콧 니어링과 유사하다고 해도 좋은데, 그들 역시 은거지에 틀어박혀 글과 책으로 당대의 문제와 씨름하는 삶을 살았기 때문이다.

하지만 처음부터 속세를 벗어난 삶을 그가 기획하고 추구했던 것은 아니다. 이튼 칼리지Eton College와 케임브리지대학을 무난히 졸업하고 곧바로 이튼 칼리지 교사로 활동한 이력을 살펴보면, 되레 그는 전형적인 백면서생이자 평범한 수재였다.

그런데 20대의 어느 시점, 이 범상한 모범생을 급진적 사회운동으로 몰고 간, 그리하여 일반인의 삶의 궤도를 이탈하게 한 '치명적' 요인이 나타난다. 우선 그의 반려자가 되는 여인(캐서린 조인스 Katherine Joins)과 그녀의 동생(제임스 조인스James Joins)을 들 수 있다. 특히 제임스 조인스는 솔트에게 윌리엄 모리스William Morris, 헨리 조지 Henry George 같은 사회주의 성향의 사상가들을 소개해준 이튼의 동료 교사로, 솔트가 점차 사회주의에 경도되게 한 핵심 인물이다.

다른 하나의 요인은 동물과 음식에 대한 솔트 자신의 섬세한 태도였다. 이러한 태도는 결국 그를 채식주의의 길로 끌고 간다. 사회주의와 채식주의라는 '고병원성 인플루엔자'에 감염된 솔트는 엘리트 교육 공동체인 이튼 칼리지와 얼마간 불편한 동거를 해야만 했다. 하지만 결단의 시기가 찾아온다. 1884년, 제임스 조인스가 사회주의운동 가담을 이유로 체포되고 이튼에서 해고되자, 솔트도 이튼에 사직서를 제출한다.

틸포드에서의 새로운 삶

교수직을 그만두고 시골로 들어간 스콧 니어링처럼, 또는 배를 팔아 시골에 전세 농가를 얻었던 존 세이무어John Seymour처럼, 솔트는 새로운 삶을 찾아 새로운 정착지를 찾았다. 그곳은 런던 남서부에 위치한 틸포드Tilford였다. 솔트 자신은 이 삶을 '이민emigration'이라고 명명했다. 그가 아내와 함께 이 작은 시골 마을에 새 둥지를 틀고 시작한 새로운 삶은, 식물을 기르고 '글로 말하는' 삶이었다. 사회 민주주의 재단의 저널 『정의Justice』에 기고하는 시점도 바로 이때다.

새로운 정착지에서 솔트가 펴낸 책은 40권이 넘는다. 1886년 세상에 나오는 그의 첫 책은 『채식주의를 위한 호소A Plea for Vegetarianism』로, 이 책은 자신의 새로운 인생에 관한 일종의 선언문이었다. 마하트마 간디Mahatma Gandhi, 1869~1948는 영국 유학 당시 바로 이 책을 읽고는 채식주의자가 되었다고 고백한 바 있는데, 이런 인연으로 훗날 간디와 솔트는 인생의 동무가 되기도 한다.

솔트를 새로운 삶으로 인도한 또 하나의 사상의 물줄기는 '단순한 삶'의 사상이었다. 곧 삶에 필요한 것들을 최대한 남의 손을 빌리지 않고 손수 자연에서 가져오기(자립하기), 무능력한 문명인의 처지를 벗어나 능력 있는 자연인으로 진화하기와 같은 이상을 솔트에게 심어준 영감의 한 원천은 헨리 데이비드 소로Henry David Thoreau,

1817~1862였던 것으로 보인다. 실제로 솔트는 소로 평전인 『헨리 데이비드 소로의 삶』(1890)을 쓰기도 했다.

소로는 동물권 운동가는 아니었지만 "하루를 좀 더 동물처럼 보내고" 싶어 했고 야생과 교감하는 능력을 계발하려 했던 인물이었다. 소로의 이러한 야생 친화 정신은, 인간과 다른 동물 사이의 거대한 격차를 제거하고, 모든 살아 있는 이들을 하나로 결속하는 "인간성에서 우러나오는 공동의 유대"를 인식해야 한다고 주장했던 솔트의 정신과 궤를 같이하는 것이다. 하지만 솔트는 소로의 야생 정신을 도시로 끄집어내, 동물과 인간의 공존을 위한 철학 원칙으로 만들어낸다. 바로 『동물의 권리』에서였다.

『동물의 권리』와 시선 거둠

왜 동물에게도 권리가 있다고 보아야 하는가? 솔트는 『동물의 권리』에서 찰스 다윈이 『인간의 유래Descent of Man』에서 강조한, 동물계의 공통성을 논거로 삼는다. "사랑, 기억, 주의력, 호기심, 모방능력, 이성 등 인간이 우쭐대는 지각능력과 직관력, 여러 가지 다양한 감정들과 능력들이 더 낮은 동물lower animal에게서도 … 발견될 수 있음을 확인했다"는 다윈의 언술을 인용하며 인간 외 동물들 각각이 고유한 삶을 살아가고 있다고 말한다. 또한 솔트가 보기에 모든 동물은 "개별성·성격·이성을 소유하고 있으며, 그러한 특질을 소유하고 있다는 것은 곧 주변 환경이 허용하는 한, 그것을 발휘할 권리를 소유하고 있다는 것"에 다름 아니다.

이 책에서는 "동물의 첫 번째 조건은 선택하고 행동할 자유"라는 위다Ouida의 논문 구절도 인용된다. 솔트는 "자기 자신의 삶을 살아가는 것, 즉 자기의 진정한 자아를 실현하는 것이 인간에게도, 다른 동물에게도 똑같이 최상위의 도덕적인 성격의 삶의 목적"이라고 단언한다. 이러한 언명은 곧 인간 이외의 동물이 고유한 삶의 목적을 지닌 채 그 목적을 실현하는 삶을 매 순간 선택해가는 "삶의 주체a subject of life"(톰 리건Tom Regan)라는 말일 것이다.

솔트는 이와 같은 주장을 전개하면서 당시 동물에 대한 폭력이 광범위하게 자행되던 영국 사회에서 폭력을 가능하게 하는 심리적 기제 역시 문제 삼는다. 그가 보기에 고문자나 폭군이 폭력을 행사할 수 있는 것은 폭력의 피해자와 자신이 동족kinship이라는 느낌이 없기 때문이다. 달리 말해 최대한의 '심리적 거리두기'야말로, 악의 실행을 세계에 가능하게 하는 악의 근원자라는 말이다. 물론 동물과의 관계에서도 같은 원리가 적용된다.

솔트는 동물과 관련하여 이러한 심리적 거리두기를 실행하고 있는 두 가지 이론적 입장을 비판한다. 하나는 이른바 '종교적인' 이념으로, 인간 외 동물들에게는 인간에게 있는 영혼과 같은 것이 없어서 오직 현세의 삶을 산다는 관념이 그것이다. 솔트가 비판하는 또 하나의 입장은 인간 외 동물에게는 의식과 감정이 없으며, 인체를 포함하여 모든 동물의 신체는 한낱 기계의 조합일 뿐이라는 데카르트적 사고방식이다.

그렇다면 문제의 해결책은, 인간과 인간 외 동물 사이에 존재하는 별반 크지 않은 차이를 큰 차이로 보는 '차이의 시선'을 거두는 것이다. 그리고 그 '시선 거둠'을 통하여 "인간적 공감 대상이라는 울타리" 안에 다른 동물들도 완전히 포함하는 일이다.

모든 생명체를 위한 도덕 원칙

그런데 솔트의 입장은 단지 도덕적으로, 법적으로, 동물의 권리를 우리가 인정해야 한다는 것이 아니다. 그에 따르면 동물의 권리를 보장하는 것은 인도주의Humanism를 완성하고, 인류 자신 또는 인류 문명 자체를 존속하게 하고, 일관된 정의의 원칙을 확립하기 위해 필수불가결하다. 다시 말해, 인간에 대한 부정의를 참지 못하게 하는 바로 그 이유가 인간 외 동물에 대한 부정의에 반대해야 할 바로 그 이유다. 과거에 인도주의 관념의 적용 대상이 노예와 야만인까지 점차 확장되었다면, 이제 그 적용 대상이 다른 동물들에게도 확장되기 시작했다고 본 것이다.

같은 맥락에서, 솔트가 보기에 동물에게 권리가 있다고 보아야 하는 이유는 인간과 다른 동물들이 동일한 "공동체"(비록 알도 레오폴드처럼 자세히 밝히지는 않지만) 안에 속한 채로 인간이 지닌 것과 비슷한 능력과 삶의 목적을 가지기 때문이다. 바로 그런 이유로, 솔트는 "모든 인간은 자기가 원하는 바를 할 자유를 지니지만, 오직 다른 인간의 똑같은 권리를 침해하지 않는 한에서만 그러하다"는, 따라서 "모든 인간은 특정하게 제한된 자유만을 지닌다"는 허버트 스펜서Hubert Spencer의 권리 원칙이 동물에게도 적용 가능하다고 말한다. 즉, 동물은 권리를 지니지만, 그 권리는 "자연스러운 삶을, 즉 개별적인 성장이 허용되는 삶을 살아갈 제한된 자유"이며, 그 자유를 제한하는 것은 "공동체의 영속적인 필요와 이익"이라는 것이다. 한편으로는 개별적 성장이 허용되는 삶을 살아갈 자유를 지니지만, 다른 한편으로는 이들 역시 공동체에 귀속된 이들이라는 점을 지적한 것이다.

솔트는 여기서 한 걸음 더 나아가 동물만이 아닌 모든 생명체를 위한 도덕의 길을 언급한다. 솔트에 따르면, "모든 살아 있는 것들을 위한 보편적 정의라는 폭넓은 관념을 계발"해야 한다. 또한 솔트는 "사랑할 만하고 신성한 것은 단지 인간 생명만이 아니라 모든 순수하고 아름다운 생명"이며, "미래의 위대한 공화국은 공화국의 혜택을 인간에게만 제한하지는 않을 것"이라고 단언한다.

가축 문제에 대한 처방전 그리고 한국의 경우

솔트는 동물에 대한 자비를 호소하는 감상주의자도, 축산업의 종식과 미래의 생명중심주의 유토피아를 논한 이상주의자도 아니었다. 그는 동물을 대하는 인간의 태도에 관한 도덕 원칙을 세움으로써, 자신이 살아가고 있던 당대의 관행과 법에 조금이라도 변화를 불러오고자 했다.

가축 문제로만 국한해, 그가 어떤 진단과 처방을 제시했는지 살펴보자. 그는 가축과 같은 동물에 대해 "어떤 종류의 피지배 상태를 인간이 강요하는 것은 도덕적으로 정당화될 수 없다"는 주장 자체는 반박할 수 없다고 보았다. 하지만 "가축 노동은 이미 현대 사회 시스템의 필수불가결한 부분이 되어버렸으며" "당장 인간의 노동 없이 지낼 수 없는 것만큼이나 당장 가축의 노동 없이 지낼 수도 없다"고 본다. 폐지주의자들Abolitionists과는 다른 좀 더 현실적인 노선, 동물복지론의 노선을 취한 것이다. 그에 따르면 가축 노동의 폐지가 당장 불가능하다면 우선 그 노동은 즐거움을 누릴 수 있는 노동, 즉 모든 노동자에게 그래야 하듯 가축 노동의 주체들에게도 향상된 노동 여건을 제공해야 한다. 즉 험프리 프리맷이 말한 "먹이, 휴식, 온자한 대우", 로런스Lawrence가 말한 "훌륭하고 충분한 영양, 편안한 숙소, 자비로운 대우"가 가축들에게 제공되어야 한다.

요컨대, 플루타르크가 말한 것처럼 "살아 있는 존재자들을, 쓸모없게 되면 내버리는 신발이나 가정 내 물건인 것처럼 대해서는 안 된다"는 것이다. 생물을 소유물 취급하는 행동에 대한 원천적 부정이다.

물론 이러한 솔트의 생각, 1890년대를 살던 어느 영국인의 문제의식은 인간의 철저한 소유물로 가축을 취급하며 손쉽게 살처분하는 2010년대 한국의 현실로, 우리를 돌려세운다.

그런데 『동물의 권리』의 결론에 해당되는 마지막 장에서 우리는 2010년대의 한국 사회, 그 극단적 자본주의를 지적하는 듯한 놀라운 문장들과 만나게 된다.

상업적 이익이 일의 주된 목표라고 공공연히 회자되고, 남녀의 웰빙
이 그 목표를 위해 가차 없이 희생되는 어떤 경쟁 사회의 혼잡함과 고
속질주 속에서라면, 인간보다 낮다고 생각되는 동물들이 그와 똑같은
지배적인 목적만을 위해 사용되지 않을 가능성이 대체 얼마나 있겠는
가? 인도적인 개인들은 이곳저곳에서 항거할지 모르고, 깨어난 대중
의 양심이 커져 최악의 노골적 동물 오용을 반대하는 법안이 될지도
모르지만, 대다수의 사람은 동물들을, 그들이 취급되어야 하는 방식대
로는 취급하지 않을 것이며, 그렇게 취급할 역량 또한 없을 것이다.

『동물의 권리』, 1894.

암울하지 않은가? 무턱대고 살처분되지 않을 닭의 권리라는 사안
은 단순히 동물권에 국한되는 사안이 아니라, 모든 것을 경제 이익
으로 환원하여 생각하는 생산제일주의적 사고방식과 그것이 만들
어낸 현 문명의 프레임에서 벗어날 수 있는지에 관한 훨씬 더 거시
적 차원의 문제임이 분명하다. 인간 외 동물을 어떻게 대할지에 관
한 사안은 정신과 문명의 수준에 관한 사안이다. _**우석영**

19세기가 저물 무렵 등장한 헨리 솔트의 책
『동물의 권리』는 이미 1770년대에 동물의 권리를
논하기 시작한 영국의 사상적 풍토에서 나온
기념비적 저작이다. 또한 18세기의 동물권 사상과
20세기 중엽 피터 싱어의 동물 해방 사상을 잇는
사상의 교각이다. 오늘날, 산업화된 세계라면
어디든 횡행할 수밖에 없는 공장식 축산업의 문제를
풀고자 하는 사람들 다수가 헨리 솔트에서부터
시작했으리라.

09

자연의 권리를 법전에
명기할 수 있을까?

알도 레오폴드의 대지 윤리

지구의 신음 속에서

세계자연기금World Wild Fund 이 발행한 『지구생명보고서Living Planet Report』(2018)에 따르면, 1970년부터 2014년까지 지구 내 척추동물은 무려 60%나 소실되었다. 1970년 지구 내 척추동물을 100으로 보면 2014년의 경우 40이라는 말이다(감소한 것은 종 수나 개체수가 아니라 군락의 수다). 이 보고서는 특히 라틴아메리카와 카리브 제도의 열대림권 동물들의 손실이 막대해서, 1970년 대비 89%가 소실되었다고 전하고 있다.

같은 보고서는 2018년 3월 발행된 『대지 악화와 복원 평가Land Degradation and Restoration Assessment, LDRA』(생물다양성과 생태계 서비스에 관한

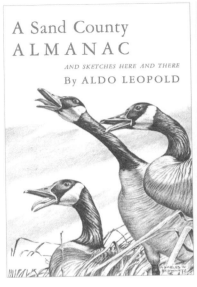

레오폴드의 저서 『모래 군의 열두 달』과 『야생의 푸른 불꽃』

정부 간 플랫폼IPBES 발행)라는 평가 보고서의 한 결론도 소개하고 있다. 인간 활동의 영향에서 자유로운 지구상의 대지는 2018년 기준 전체의 1/4뿐이며, 2050년에는 1/10로 줄어들 것으로 예상된다는 것이 그 골자였다.

동물들의 소리 없는 사라짐, 열대림의 소리 없는 죽음, 대기 중 온실가스의 폭증과 지구 지표 평균기온의 지속적인 상승 그리고 그 여파로 나타나는 더 강력해진 태풍과 사이클론, 폭염과 혹한…. 이 모든 '지구의 신음들'에 세계의 법학자들, 법조인들도 반응하기 시작했다. 자연에 대한 "아브라함적 관념", 즉 자연은 인간의 풍요로운 삶을 위해 존재한다는 근대 법학의 대전제를 재고하기 시작한 것이다. 이러한 흐름은 최근 수년간 자연권Rights for Nature과 지구법학 Earth Jurisprudence에 대한 법조계 안팎의 논의로 결실을 맺고 있다.

그러나 자연권 사상은 21세기의 산물이 아니다. 이 사상의 뿌리를 찾자면 공리주의 사상(대표적 예는, 어떤 주체가 도덕적 권리를 지니는지의 판단 기준은 그 주체가 이성적으로 생각하거나 말할 줄 아는지가 아니라 고통을 느끼는지 여부여야 한다고 본 제러미 벤담이다)까지 거슬러 올라가야겠지만, 보다 명료한 방식으로 표현된 자연권 사상의 시원은 아마도 미국 야생 생태학자 알도 레오폴드Aldo Leopold, 1887~1948의 대지 윤리론land ethic일 것이다.

자연에게 권리가 있는가?

알도 레오폴드는 자신의 저서 『모래 군의 열두 달』(1949) 3부에서 자연에는 "계속해서 존재할 권리right to continued existence"가 있다고 주장한다. 그에 따르면, 대지 윤리는 토양과 물과 식물과 동물도 "존속할 권리가 있음"을 천명하는 것이다.

하지만 이 주장 앞에서 우리는 조금 혼란스럽다. 권리right라는 개념 자체가 애당초 자신의 권리를 언어 행위로써 주장할 수 있는, 교육받은 인간에게만 적용될 수 있는 개념이기 때문이다. 달리 말해, 권리라는 개념은 본디 이것을 침해받은 이와 이것을 침해한 이, "이 쌍방의 법적 관계를 수반하는 것"이다. 같은 맥락에서 미국의 환경 윤리학자 홈스 롤스톤Holmes Rolston 3세는 "권리 개념은 자연에게는 부적합한 범주"라고 못 박은 바 있다. (Peter Burdon, 『*IUCN Academy of Environmental Law*』 e-journal Issue 2011(1)에서 재인용)

　그렇다면 자연권을 주장한 레오폴드는 권리라는 개념에 관해 일종의 착각을 했던 걸까? 아니면 실제로 어떤 자연현상(물)은 다른 자연현상(물)의 권리를 침해하기도 하고, 다른 자연현상(물)으로부터 권리를 침해받기도 하는가? 예컨대, 지진으로 동물들이 죽으면, 동물들은 지진으로부터 권리를 침해받은 셈이고, 지진이 가해자가 되는 셈인가?

　이 퍼즐에 관해서라면 학자들은 이미 답변을 제출해왔다. 자연권이라는 개념은 오직 인간에 의한 자연의 개입이라는 맥락에서만 적용되는 개념이며, 동시에 오직 인간에게만 의무와 책임을 부여하는 개념이어야 한다는 것이다. 또한 피터 버든Peter Burdon에 따르면, '청구claim'가 다른 이의 의무와 연계된다는 의미에서 "자연에 가장 적합한 법적 사항은 오직 '청구권claim right'뿐"이다. 그러나 이 말은 자연이 인간에 대해 청구권을 지닌다는 말인가?

　현장의 사례는 이 퍼즐을 푸는 데 도움이 된다. 첫 번째 살펴볼 사례는, 낙동강 상류에 있는 영풍 석포제련소의 사례다. 이 제련소의 폐수는 낙동강을 서식지 삼는 동식물들이 건강하게 자신을 존속할 권리를 침탈했다. 그리고 피해자 가운데에는 낙동강 유역 주민들도 있다. 권리를 침해받은 주민들 쪽에서, 낙동강 그리고 낙동강 생태계에 영향을 받는 동식물을 대표하여 '자연권'을 침탈한 이에게 청구권을 행사하는 것이 가능할 것이다. 물론 청구 대상은 제련소를 운영한 업체다. 가해자가 인간의 집단이고 피해자이며 청구권자 역시 인간이니 법률에 의한 문제 해소가 가능한 사례다.

두 번째 사례는 좀 더 어려운데, 천성산 도롱뇽 소송이다. 천성산을 관통하는 터널의 공사가 예정되어 있었고, 공사가 진행될 경우 도롱뇽의 서식지는 파괴될 운명이었다. 이 경우 피해자는 도롱뇽(물론 이 동물은 전체 피해동식물의 대변자이다)인데, 도롱뇽은 법정에서 유의미한 권리 주체, 청구권자일 수 있을까? 불행히도, 이 소송이 제기되었던 2006년 당시 법원은 도롱뇽의 법적 지위를 인정하지 않았고 터널 공사 주최측에 힘을 실어주었다. 그러나 당시의 판결은 과연 옳았던 걸까? 피해와 가해의 정황이 만일 명백하다면, 피해자 집단이 법적 지위를 지니지 않는다고 하더라도, 피해자 집단의 피해 상황을 인지한 인간이 피해자 집단을 법적으로 대변하여 가해자에게 소송을 제기할 수 있지 않을까?

두 가지 질문이 여기에 뒤엉켜 있다. 첫째, 자연(물)을 피해의 주체로, 즉 누군가로부터 삶의 이익을 침탈당할 수 있는 주체로 인정할 수 있는가?(자연은 권리의 주체인가?) 둘째, 자연(물)이 그런 주체라 할지라도 (특정) 인간이 그들을 법적으로 대변할 수 있는가?

알도 레오폴드는 자연(물)이 자신을 지속할 권리를 지니며, 우리 인간은 그것을 당연히 인정해야만 한다고 주장함으로써, 이 모든 논의의 실마리를 제공한 인물이다. 대체 그는 어떤 사람이었기에 자연의 권리를 그토록 단호하게 주장할 수 있었던 걸까?

산림을 흠모하며, 산림과 함께 살다

레오폴드는 1887년 미국 아이오와주와 일리노이주 경계에 가까운 벌링턴Burlington에서 태어나 성장했는데, 어린 시절부터 자연에 푹 빠져 살았다고 전해진다. 야생을 탐방하고 관찰하고 기록하는 맛을 꼬맹이 시절부터 몸에 익혔음이 분명하다.

1909년 예일 포레스트 스쿨Yale Forest School을 졸업한 뒤 레오폴드는 고향에서는 멀지만, 숲이 상대적으로 훨씬 풍요로운 뉴멕시코 주로 이사한다. 산림청 공무원의 삶을 시작하면서였는데, 1911년에는 카슨 국유림Carson National Forest 관리자가 되었다. 1924년, 뉴멕시코 주 내 길라 국유림Gila National Forest이 미국 최초로 '야생보호구역wilderness area'으로 지정되는 일대 사건이 일어난다. 레오폴드는 바로 이 길라 국유림의 관리 방안을 만드는 데도 일조했다.

레오폴드는 산림청 관리자로서 경력을 쌓던 중 야생동물 관리법에 관한 교과서인 『사냥대상동물 관리학 Game Management』(1933)을 출간하며 인생의 2막을 시작한다. 위스콘신대학 내 야생동물 관리학Game Management 교수로 취임한 것이다.

위스콘신대학에 재직하며 그는 학술 저널과 대중잡지 등에 숱한 글을 남겼지만, 자연(야생)과 인간에 관한 생각을 책에 묶어 정리하겠다는 생각은 50대인 1940년대에나 찾아왔다. 그는 약 10년간의 체험과 생각을 꼼꼼히 기록해두었고, 이를 묶은 것이 바로 『모래 군의 열두 달』이라는 명작이다. 그러나 슬프게도 레오폴드는 이 책을 미처 손에 쥐어보지 못한 채 세상을 등지고 만다. 출판사로부터

환경 윤리학의 아버지, 알도 레오폴드(왼쪽)

출간하겠다는 연락을 받은 지 겨우 1주일 뒤였다. 사인은 심장병. 그의 나이 61세, 1948년 4월 21일의 일이었다.

운명처럼, 레오폴드는 자신이 미처 보지도 못한 이 단 한 권의 책으로 20세기의 대표적 환경운동가, 환경 사상가의 반열에 오르게 된다. 하지만 훗날 '현대 환경운동의 바이블'이라고 불리게 될 그의 책은 출간된 뒤로도 꽤 긴 세월 동안 세상의 시선을 끌지 못했다. 그는 시대를 너무 앞서 산 인물이었다. 1950년대, 극심한 환경오염에 노출된 이들이 환경문제에 관심을 기울이기 시작하면서야 비로소 역사의 무덤 속에 있던 레오폴드도 부활하기 시작했다. 그러니까 레오폴드는 하고 싶었던 말을 무심히 했을 뿐이지만, 인간과 자연의 불화로 상징되는 그의 사후 시대는 그의 예지가 필요했던 셈이다. 그렇게 그는 소리소문없이, 느리지만 확실한 속도로, 부활했다.

『모래 군의 열두 달』, 소수파의 세계관과 대지 윤리

『모래 군의 열두 달』은 어떤 책이기에 환경운동의 바이블로 불리는 것일까? 레오폴드 가족은 위스콘신주에 살며 주말마다 어느 버려진 농가에 찾아가 지냈는데, 이곳을 방문하며 자연을 관찰한 기록이 바로 이 책『모래 군의 열두 달』1부의 산문이다. 2부「이곳저곳의 스케치」는 자연 보전을 테마로 한 에세이들로, 미국 내 도처에서 겪었던 경험을 담아냈다. 3부「결론Upshot」은 "철학적 주제들"을 다룬 부분으로, 레오폴드의 사상이 가장 정연하게 갈무리된 부분이다. 바로 이 3부의 마지막 글이 '대지 윤리론'이다.

　　레오폴드는 서문에서 이 책이 자기 자신 그리고 자신이 속해 있는 '소수파'에 관한 이야기라고 소개한다. "텔레비전보다 기러기를 볼 기회가 더 고귀하며, 할미꽃을 감상할 기회가 언론의 자유만큼이나 소중한 권리"라고 느끼는 소수파들 말이다.

　　'대지 윤리론'이라는 글에 현미경을 대보자. 레오폴드는 이 글에서 윤리학 발전의 세 번째 단계를 다룬다. 그가 보기에 인류가 정립해온 윤리학은 처음에는 개인 간의 관계를, 그다음 단계에서는 개인과 사회 간의 관계를 다루었다. 하지만 인간과 대지, 그리고 대지 내 다른 인간 외 동물들에 관한 세 번째의 윤리학은 그의 시대에 아직 정립되지 않았다. 여기서 주목할 만한 점은, 레오폴드가 대지를 '비어 있는 터(개발 가능한 땅 같은 것)'가 아니라 여러 생물종이 살아가는 삶의 장소로 언급한다는 것이다.

레오폴드는 순진한 이상주의자는 아니었다. 인간이 자연물을 '자원'으로 활용하는 일을 멈출 수 없다고 생각했다는 점에서 그의 생각은 개발주의자들과 생각과 동일했다. 그러나 그는 설혹 그렇다 하더라도 자연이, 흙과 물과 식물과 동물이 계속 존속할 권리를 인간이 인정해야만 한다고 주장한다.

어떤 근거로 그렇게 주장했던 걸까? 레오폴드의 생각으로는, 그들이 동일한 공동체의 "동료 구성원"이기 때문이다. 가장 중요한 것은, 인간을 비롯한 지상의 모든 개체가 "상호의존적 부분들로 구성된 하나의 공동체의 일원"임을 인정하는 것이다. 호모 사피엔스는 "대지 공동체의 정복자"의 지위를 버리고 "대지 공동체의 평범한 한 구성원이자 시민"이라는 새로운 지위를 수용해야만 한다.

인류는 왜 대지 공동체의 일원인가?

레오폴드에 따르면 인류가 생명 공동체의 한 구성원이라는 점은 새롭게 수용해야 하는 추상적 윤리가 아니다. 그것은 생태학의 관점에서 역사를 바라보면 금세 눈앞에 드러나는 진리다. 그가 보기에 인간의 역사는 자연이라는 무대 위에서 인간이라는 배우가 활동한 역사 같은 것이 아니었다. 되레 그것은 인간과 대지의 생명적·생태적 상호작용이었고, "대지의 특성은 그 위에서 살았던 인간들의 특성만큼이나 강력하게 역사적 사실에 영향을 주었다".

레오폴드는 자신이 근무했던 뉴멕시코주 동식물의 생태를 잘 알고 있었으므로 이 지역을 근거로 제시한다. 그에 따르면, 미국 남서부 지역을 개척했던 개척민들에 의한 가축 방목 등의 활동으로 인해 이 지역의 식물 다양성이 파괴되었고 토양이 침식되었다. 그런데 토양의 침식은 거꾸로 식물의 파괴를 가져왔고 그 결과 식물과 토양만이 아닌 동물군의 점진적인 쇠퇴로 이어졌다. 그렇게 하여 "오색찬란하고 매혹적인" 1948년의 풍경이 이 지역에 나타나 관광객을 끌어모으게 되었다는 것이다(1948년은 이 책의 원고가 마무리되던 시점이다). 요약하면 인간의 활동에 반응하며 식물이 일으키는 천이가 특정 장소(생태계)에 심대한 생태적 변형을 일으키고, 나아가 그것이 인간의 활동도 좌우하는 역사적 힘이 되었다는 논지였다.

생태계의 역사와 인간사가 뒤얽히며 교차하는 이러한 역사에 눈을 뜨면, 인간도 생명 공동체, 대지 공동체의 한 구성원에 지나지 않는다는 진리를 수용하기란 쉬워진다. 그리고 그것을 수용한다면, 우리의 당면 과제, 즉 "사회의 도덕의식을 인간으로부터 대지로 확장하는" 일도 가능해진다. 경제적 이익에 도움이 되는 경우에만 대지 공동체와 그 구성원을 돌보는 것이 아니라, 설혹 경제적인 이익이 없더라도 응당 그래야 하므로 대지 공동체와 그 구성원을 돌보는 것, 즉 대지 윤리가 가능해지는 것이다.

21세기 기후 위기 시대와 레오폴드의 사상

레오폴드는 이 산문의 말미에서 '대지Land'라는 용어에 담긴 의미가 무엇인지를 잠깐 이야기한다. 대지는 '토양Soil'이 아니다. 대지는 "토양, 식물, 동물이라는 회로를 통해 흐르는 에너지가 솟아나는 샘"이다. 토양이 있고 식물이 의존하며 동물도 소속되어 있는 장소이자, 생물 활동의 기저가 되는 것이 대지인 셈이다. 이렇게 보면 대지는 반드시 "대지 공동체"로서만, 즉 하나의 공동체로서만 이해해야 비로소 윤곽이 잡히는 개념이다. 대지는 생명 현상 전반에 관여하는 널따란 지반, 수많은 생물이 의존하고 있는 집 같은 것이 된다. 이러한 레오폴드의 '대지'는 토마스 베리Thomas Berry가 말한 '지구 공동체Earth community'의 '지구'와 유사한 것이라 할 만하다. 한마디로 대지는 우리가 속한 곳, 우리를 감싸고 있는 곳, 우리가 의존하고 있는 곳, 바로 우리 자신의 집이다.

하지만 우리는 여기에서 한 발짝 더 나아가야만 한다. 대지 공동체가 존속할 권리를 인정해야 하는 것은, 우선은 우리 인류가 우리의 생존을 위해 대지 공동체의 건강한 존속이 필요하기 때문이지만, 여기서 '생존'을 법적인 차원에서의 '이익'으로 바꾸어 이해해야 한다. 전 지구적 기후 위기가 초래한 기후재난으로 수많은 이들의 삶의 이익과 구체적인 경제적 이익이 실제로 훼손되었고 훼손될 위험에 처해 있기 때문이다. 또한 이익 상실자의 범주에 인간 외 생물들 역시 포함해야 한다.

현재 지질학자들은 우리가 살아가는 지질학적 시대를 '인류

세Anthropocene Epoch'로 공식화할 것인지 논의하고 있다. 2012년, 34회 국제 지질학 대회International Geological Congress에서는 현 시기를 '홀로세Holocene Epoch(약 1만 2천 년 전부터 시작되는 시기, 즉 간빙기)'라고 부를 수 없다는 가정 아래 '인류세'라는 명칭을 공식적 지질 시대명으로 사용할지 아직 논의 중이라고 발표했다. 안타깝게도 2016년의 35회 국제 지질학 대회를 거친 지금도 이 명칭의 공식 사용은 계속 '논의 중'인 상태다. 하지만 2012년 전 세계 지질학자들은 그 이름을 무엇이라 부르든, 우리가 더 이상 지구 지질 환경이 안정적인 홀로세가 아니라, 새로운 불안정의 시대를 살고 있음을 간접적으로 이야기한 셈이다. (Bruno Latour, 『Facing Gaia』, Polity, 2017 참조)

이상기후의 충격이 아직 없던 1940년대, 레오폴드가 제기한 것은 '자연의 권리'에 관한 새로운 생각이었다. 하지만 지금 우리는 자기 삶의 이익 또는 경제 이익을 확보하기 위해서라도 자연권에 관한 윤리와 법의 변화를 모색해야만 하는 새로운 시대에 돌입해 있다. 누구보다 다급히 레오폴드를, 기후 위기에 관한 과학 보고서들과 함께, 다시 읽어야만 하는 이유가 여기에 있다. **─우석영**

플라스틱을 먹고 죽은 해양 동물을 보며,
미세플라스틱이 체내에 축적되고 있다는 뉴스를
들으며 우리는 어떤 대재앙의 증후를 발견한다.
그러나 무엇이 어떻게 바뀌어야 하는 걸까?
다른 생물의 권리가 보호되어야 한다면, 얼마만큼,
왜 보호되어야 하는가? 레오폴드는 땅과 자연의 권리,
자연에 속한 생명체들의 권리를 가장 먼저 주장했다.
오늘날 시급한 '녹색 브레인스토밍' 과정에 그가 가장
먼저 포함되는 까닭이다.

10

현대의 코페르니쿠스가
들려주는 생명·세계·인간

린 마굴리스의 공생적 세계관

세계 11위의 경제 대국, 세계 110위의 환경 후진국

예일대학에서 매년 발표하는 EPIEnvironmental Performance Index(환경활동지수)는 세계 각국의 환경 관련 활동의 수준을 평가하는 잣대로, 2018년 한국이 받은 EPI 순위는 180개국 중 60위였다. 꽤 높은 순위인 듯 보이지만, 구체적인 항목을 살펴보면 그렇지도 않다. 대기질 분야는 119위, 생물다양성·서식지 환경 분야는 144위, 기후·에너지 분야는 110위였으니 말이다. 이 분야에서는 거의 낙제 점수라 할 만한데, 그나마 중금속, 물과 위생, 농업, 어업 등에서 높은 점수를 받아 총점에서는 낙제를 면한 꼴이다.

　그런데 이 가운데 '기후·에너지' 분야는 '지구환경 지속가능성'

이라는 세계 공통의 목표에 임하는 어느 국가공동체의 태도와 실천이 어느 정도인지를 말해주는 결정적 지표라는 점에서 타 분야와는 차별성을 띤다. 기후·에너지 분야에서의 110위란, 소위 경제 규모(GDP 기준) 세계 11위 국가가 받아도 되는 순위는 아니다. 더욱 흥미로운 것은 날이면 날마다 '미세먼지 농도'를 이야기하며 대기질 문제에 온갖 촉각을 곤두세우는 바로 그 사람들 가운데 기후·에너지 문제를 이야기하는 이는 극히 소수라는 사실이다.

이런 불균형은 도대체 어디서 기인한 것일까? 생태계의 보호까지 중요한 의제로 삼기에는 한국의 발전과 한국인의 이익 증대가 아직 훨씬 더 다급하다는 사고방식이 사태의 뿌리에 있겠지만, 그런 사고방식 역시 어느 날 화성에서 이 땅에 뚝 떨어진 것이 아니라 필연의 곡절이 있는 심리 현상이다. 하지만 '한국주의'라고 부름 직한 이 이데올로기를 합리화하는 소리를, 그간 우리는 들어도 너무 많이 들었다. 이제는 '세계주의'라고 이를 만한 관점이 우리의 정신에 들어와야 할 때다.

세계주의

여기서 '세계주의'는 그러나 인류의 대동단결을 함축하는 인터내셔널리즘 같은 것이 아니다. 그보다는 '한국'이라는 누에고치에서 벗어나는 것, 세계와 우주의 지평으로 올라와서 사물을 인식하고 발견하고 생각하고 행동함을 뜻한다. 이를테면, 호박벌과 말벌을 이해하는 일에는 공부의 주체가 한국인이냐, 캐나다인이냐 따위는 별로 중요치 않다. 3월, 서해안에서 볼 수 있는 저어새는 한국어로 쓰인 조류 도감의 주장처럼 정말 '한국의 철새' 또는 '우리나라 철새'일까? 겨울에는 홍콩, 대만, 베트남 같은 국가에서 살아가는데도? 저어새에 대한 관심은 생태계의 흐름이 국경선이라는 인위적인 선과는 하등 무관하다는 사실의 확인으로 이어진다.

세계주의적 시선은, 사실 생물이나 생명의 현상을 조금이라도 주의 깊게 관찰하고 탐구하는 사람이라면 자연스럽게 갖추기 마련이다. 한반도 서해, 예컨대 충청남도 서해안의 갯벌은 충청도의, 한국의 갯벌이기도 하지만 지구의 온갖 새들이 찾아드는 지구의 어느 갯벌이기도 한 것이다.

하지만 어떤 대상을 주의 깊게 본다 해도, 주의할 점이 있다. 육안에만 의존해서는 안 된다는 점이다. 육안으로는 보이지 않지만, 우리 신체와 그 밖의 지구 생태계를 지배하면서 그것들을 현재의 형태와 활동으로 조형하는 데 결정적 역할을 해온 생물을 이해할 때 비로소 우리 자신과 세계의 실상이 드러나기 때문이다. 그렇다면 내 몸과 집과 국경 안팎에, 지구 전체에, 곳곳에 퍼져 있으며 상호작용하고 공생하는 생명의 성질, 즉 생명의 세계성·상호성·공생성을 이해하는 데 '박테리아'에 관한 앎은 필수다.

토론회에 참석한 린 마굴리스. 2009년도.

공생적 세계관, 생명관의 혁명

세계주의적 시선을 익히고, 범세계적 생물이라 할 수 있는 박테리아를 이해해가는 여정에서 우리가 만나게 되는 큰 산이 있으니, 다름 아닌 생물학자 린 마굴리스Lynn Margulis, 1938~2011다. 동료 과학자였던 제임스 러브록James Lovelock이 한 에세이에서 밝혔듯, 린 마굴리스의 업적은 무엇보다 세포 생물학 분야의 업적이었다. 그러나 이러한 단언은 곧바로 보충되어야만 한다. 즉 그녀가 관심을 기울인 세포는 박테리아 세포였으며 그녀의 궁극적 연구대상은 세포가 아니라 생명 그 자체였다.

린 마굴리스는 유기체(생물)와 생명의 역사, 지구 생태계의 출현과 그 진화사라는 주제를 '박테리아'라는 하나의 실로 꿰었는데, 그럼으로써 생명과 자연, 인체를 바라보는 인류의 시각 자체가 업그레이드될 수 있었다. 아니, 이것은 업그레이드가 아니라 디컨스트 럭트deconstruct(해체)여서, 생명과 지구에 대한 이해는 린 마굴리스가 세상에 내놓은 공생적 세계관 이전과 이후로 구분된다고 해도 과언 은 아니다. 네덜란드 지질학자 피터 웨스트브록Peter Westbroek이 말한 그대로, 린 마굴리스는 '현대의 코페르니쿠스'였던 것이다. 생물의 진화사에 대하여 새로운 코페르니쿠스가 어떤 말을 했는지 잠시 들 어보자.

지금으로부터 약 20억 년 전, 지구의 바다에는 약 20억 년이라 는(약 40억 년 전 지구에 처음 세포가 발생한 것으로 추정되나 이 시점은 학 자마다 입장이 다르다) 장구한 세월 동안 지구에 출현한 최초의 생물 들, 즉 세균bacteria과 고세균archaea(아키아)들이 늘어날 대로 늘어나 있 었다. 그런데 어느 날 덩치 큰 세균 한 마리가 고세균 한 마리를 우 연히 삼키는 불상사가 일어난다. 어처구니없는 사건이었지만, 지구 사적 대사건이었다. 그런데 삼킨 녀석은 몸에 들어온 녀석을 소화 시키는 대신, 같이 살기로 마음먹는다. 그렇게 하여 안으로 들어온 녀석은 핵이 되고, 삼킨 녀석은 핵 밖의 물질이 되어 살아간다. 진핵 세포가 탄생하는 순간이다. 이것은 지구 역사상 최초의 공생 관계 의 탄생이기도 했다. 그리고 이것이 끝이었다. 나머지 역사는 이 공 생이 복제되고 보편화하는 역사였기 때문이다.

위에 기술한 '불상사'를 이르는 말이 바로 '세포내 공생endosym-biosis'이다. 그리고 세포내 공생이야말로 지구 생물 진화사의 결정적 동력이었다는 것(symbiogenesis 또는 sympoiesis)이 린 마굴리스의 입장이었다. 그런데 'SETserial endosymbiosis theory(연속 세포내 공생 이론)'라 불리는 이 이론이 담겼던 린 마굴리스의 논문 「유사분열하는 세포의 기원에 대하여On the Origin of Mitosing Cells」는 무려 15회나 퇴짜를 맞은 뒤 『이론 생물학 저널』에 실려 간신히 빛을 볼 수 있었다. 이때가 1967년, 당시 린 마굴리스는 고작 29세였다.

생명, 박테리아, 가이아

생명이란 무엇인가? 이에 린 마굴리스는 『생명이란 무엇인가?』 (1995)라는 역작으로 답변한다. 그녀에 따르면 생명이란 박테리아다. 또한 지구는 개화된 생산자, 분주한 변혁가, 극한의 개척가들인 박테리아로 채워져 있다고도 했다.

　　지구 대기권의 산소 함유량을 대폭 증대시킨 생명의 역군, 시아노박테리아Cyanobacteria도 그중 하나다. 약 21억~27억 년 사이에 바다에서 발생한 것으로 추정되는 이들은 광합성을 한 최초의 박테리아로, 이들의 급격한 번식으로 말미암아 지구 대기권 내 산소량이 급증한다. 생물 친화적 지구환경이 조성되기 시작한 것이다. 향후 이들은 바다 식물의 몸으로 들어가는데, 이 식물들이 육지로 올라온 후로는 잎의 세포 안에서 '엽록체'라 불리는 물질이 되어 활동하고 있다. 시아노박테리아와 엽록체 간의 진화사적 상관성을 20세기에 밝혀낸 것도 린 마굴리스였다.

　　지구와 식물은 그렇다 치고, 우리의 신체는 어떠한가? 인체의

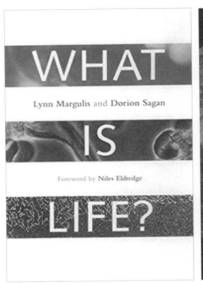

린의 저서 『생명이란 무엇인가』와 『공생자 행성』

세포 수는 약 30조, 박테리아 수는 약 39조 개라고 한다. 그런데 인체를 구성하는 세포들은 모두 20억 년 전 탄생한 최초의 원시적 진핵세포(박테리아 공생체)의 진화체들이다. 세포 내 발전소 격인, 그래서 그것 없이는 우리가 아예 제대로 활동할 수 없는 미토콘드리아도 박테리아의 진화체다. 한편 대장 박테리아는 전체 생산량의 90%에 이르는 신경전달물질을 생산하며 지금 이 순간에도 우리의 뇌 활동을, 즉 우리의 의식과 생각 그리고 감정을 조절하고 있다. 이렇게 보면 나는 박테리아 진화체들의 독특한 조합물이며, 박테리아들과의 공생체임이 분명하다. 나는 대체 누구란 말인가?

'인간이란 무엇인가'라는 질문에 대한 린 마굴리스의 답변은, 우리를 혼돈으로 이끌지만, 인간에 대한 과학적 이해의 지평을 넓혀주기도 한다. 『생명이란 무엇인가』에서 그녀는 "움직이고, 접합하고, 유전자를 교환하고, 우위를 점하면서 원생대 동안 긴밀히 연합한 박테리아는 무수히 많은 키메라Chimera를 만들어냈고, 그중 극히 일부가 바로 우리들 인간이다."라고 말한다. 키메라는 그리스 신화 속 동물로, 하나 이상의 동물의 신체 부위가 결합된 하이브리드 동물이다. 린이 보기에는 모든 유기체가 실상은 키메라이며, 인간이 유기체인 이상 인간도 예외일 리 없다.

린 마굴리스의 또 다른 기여는, 박테리아가 가이아의 인프라라는 사실을 밝혀낸 것이다. 1970년대 초반, 린은 지구가 기후와 화학 작용을 자율 조절하는 생물권들의 시스템이라고 주장하는 급진 이론(가이아 이론 또는 지구 시스템 과학 이론) 진영에 합류한다. 그녀가 이렇게 주장할 수 있었던 근거는 "물질대사의 천재들인" 박테리아가 체외로 배출하는 기체들에 있었다. 앞서 시아노박테리아가 산소를 배출함을 살펴보았지만, 박테리아가 산소 외에도 이산화탄소, 질소, 암모니아 등 30개 이상의 기체 분자들을 생산한다는 사실을 밝혀낸 것이다.

박테리아가 대기 환경 조성에 참여한다는 사실이 갖는 함의는 실로 심대하다. 이것이 사실이라면, 유기체가 외부 환경에 단순히 (자연)'선택'되고 적응하는 것이 아니라 외부 환경과 유기적 상관관계를 맺으며 살아간다는 이야기가 되기 때문이다. 즉 유기체와 환경 사이에 일방향이 아니라 다방향의 관계가 성립하게 된다. 린 마굴리스는, 박테리아와 외부 환경 간의 이런 다방향적 상관관계가 지구(생물권)의 자율적 조절 시스템을 야기한다고 보았다.

엘리트 학생에서 과학 전사로

눈에 보이지 않는 미생물에서 지구 전체를 통시적이고 공시적으로 통찰했던 생물학계의 거인, 린 마굴리스. 그녀는 일관된 공부꾼이자 과학 전사, 동시에 일급 과학 이론가이자 저술가이기도 했다.

대공황 시기 린 마굴리스가 태어나 자란 곳은 미국 시카고 남부 지역이었다. 그녀는 네 딸을 둔 가정의 장녀로 자랐다. 그녀의 아들이자 동료 저자였던 도리언 세이건Dorian Sagan, 1959~에 따르면, 어린 시절 경험한 지독한 가난 때문에 린은 평생토록 검소한 식생활을 유지했다.

린 마굴리스는 15세에 시카고대학에 입학하여 19세에 학사를, 22세에 석사학위를 취득했다. 이후 위스콘신대학에서 유전학과 동물학 분야의 또 다른 석사학위를 취득하는가 하면, UC 버클리에서 '유글레나 속 편모충'에 관한 연구로 박사학위를 받았다. 이때가 겨우 27세였으므로 공부라는 것에서만큼은 초음속 비행기를 탄 셈이다. 그리고 2년 뒤, 앞서 말한 15전 16기의 논문 사건이 일어난다.

그녀는 가정생활도 비교적 이른 나이에 시작해서 칼 세이건Carl Sagan, 1934~1996과 살림집을 차렸을 때 고작 19세였다. 한데 그녀의 가

정생활은 순탄치 않았다. 칼 세이건과는 결혼 7년 만에 이혼했고, 재혼한 토마스 마굴리스와도 13년 만에 결별했다. 다만 보스턴대학과 매사추세츠대학에 머물며 연구하고 가르치는 생업만은 평생 계속했으니, 학자로서는 행복한 삶을 일구었다고 봐도 좋을까?

하지만 우리의 관심을 끄는 것은 아카데미의 학자 린 마굴리스라기보다는, 연구실과 실험실 밖의 전투에 참여했던 과학 전사 린 마굴리스다. 그녀가 응수했던 적진은 다윈주의 우파 격인 '신新다윈주의자'(인종주의자이자 우생학 옹호론자였던 로널드 피셔Ronald A. Fisher가 기초를 놓았다) 그룹이었는데, 대표적인 인물이 생물학계의 대스타 리처드 도킨스Richard Dawkins였다.

'자연선택' 문제를 둘러싼 이들의 대결은 사실 예정된 것이었다. 신다윈주의자들의 입장은, 오직 자기 복제(후세대 생산)에 '적합한' 유기체나 그룹이 (자연환경에 의해) 선택된다는 것, 이 과정에서 이기적 유전자가 결정적인 힘을 발휘한다는 것이었다. 그러나 린이 보기에 이것은 맹랑한 소리에 불과했다. 자연환경이 생존에 적합한 유기체를 선택하는 것이 아니라, 되레 박테리아 같은 유기체의 활동이 자연환경에 지질학적 변형을 가져오는 힘으로 작용해, 자연선택 과정에 영향을 미쳤다. 더욱이 린의 눈에, 박테리아는 의식을 갖춘 존재, 선택하는 존재, 공생에 능한 존재였을 뿐만 아니라, 사실상 지구상의 모든 유기체는 박테리아가 기본이 되는 공생체이자 공생 과정이었고, 그런 유기체는 무기체와 긴밀히, 부단히 얽혀 있었다. 따라서 자연선택의 단위는 결코 단일 요소가 결정적 힘을 행사하는 단일 단위일 수 없었다. 이러한 입장에서 린 마굴리스는 리처드 도킨스 등과 지속해서 대립했는데, 이는 그녀가 견지한 과학 정신 때문으로 보인다. 또한 양 진영의 치열한 대립은, 세계와 인간, 삶에 관한 가치의 형성과 정립에 과학이 얼마나 긴밀히 연관을 맺고 있는지를 잘 보여주기도 한다.

세계화 시대의 '시리우스'

1876년 개항 이래 지금까지 한국의 역사는 세계의 압력에 노출되며, 이것에 응전해온 역사라고 할 수 있다. 한편 한국은 1995년 탄생한 WTO 체제에 편입하며 경제 세계화의 물결에 휩쓸려오기도 했다. 그러면서도 지난 150년간의 한국을 일관되게 지배한 정신은 한국 이익 우선주의(한국주의)라는 것이었다. 세계주의적 시각으로 우리를 이끌 수밖에는 없는 생태계에 대한 관심이 이 땅에서 계속 압박되었던 역사는 바로 이러한 정신 탓이었다.

　　세계주의적 시각이 거세된 자국 이익 중심의 역사관·발전관이란, 세계의 곳곳이 온통 서로 뒤엉켜 있는 현실 또는 한 개체나 집단의 번영이 다른 개체나 집단의 희생과 고통을 대가로 가능한 현실에서는, 허황될 뿐만 아니라 그릇된 것이기도 하다. 세계가 어떻게 뒤엉켜 있는지를, 유기체와 무기체 그리고 지구가 어떻게 움직이고 있는지를, 생명과 박테리아의 관점에서 보여준 린 마굴리스의 과학이 지금 우리에게 의미 있고 소중하게 다가오는 이유다.

린 마굴리스는 당대 일급의 이론가였지만, 문장 역시 일품이었다. 탄탄한 과학적 연구 결과를 철학적 식견으로 오케스트레이션하여 알려주는 기량을 갖추고 있었다. 그녀의 저술에서는 철학적 관점과 과학적 이해가 융합된, 그러면서도 시적 울림이 있는, 다른 곳에서는 찾기 어려운 명문장을 만나게 된다. 생명과 세계에 관한 과학과 철학과 시를 재료로 만들어진 정신의 보석, 린 마굴리스라는 사람의 실체란 바로 이것이다. 린 마굴리스를 만나는 일은 그래서, 충격과 감동에 젖어 듦, 새로운 관점과 질문에 사로잡힘, 즉 늪이나 바다 같은 곳에 푹 빠짐 같은 것이다. 그녀는 이렇게 쓰고 있다.

> 생명이란 무엇인가? … 신이자 음악, 탄소이자 에너지인 생명은 성장하고, 융합하고, 소멸하는 존재들이 소용돌이치는 결합체다. … 또한 생명은 우주가 인간의 형태로 자신에게 던지는 질문이다.
> **린 마굴리스·도리언 세이건, 『생명이란 무엇인가』, 리수, 2016, 79쪽 수정 인용.**

그런데 생명이 오직 공생의 현상으로서만 소용돌이치고 있는 것이라면, 그러한 과학적 사실은 무엇을 말해주는가? 우주가 인간의 형태를 갖추어 자신에게 어떤 질문을 계속 던지고 있다면, 그렇게 하는 목적은 무엇일까?

어느 인간에게든 삶이란, 지구라는 서식지에서 생명 현상과 생물들의 뒤얽힌 삶에 둘러싸인 채, 그 자신이 지구에서 출현한 지구의 독특한 생명 현상으로서 역사를 일구어내는 작업이다. 그리고 그 작업에서 누구라도 자기 아닌 다른 인간이나 인간 집단만이 아니라 다른 생물, 생태계, 생태 과정에 일정한 영향을 끼칠 수밖에는 없다. 린 마굴리스가 말한 그대로 "정체성이란 과정"이겠지만, 그 과정은 언제나 영향을 끼치는 생태사적 과정이기 때문이다. 더욱이 경제 세계화로 인해 현대인이 자신의 정체성을 유지하며 살아가는 삶의 과정 일체가 가깝고 먼 곳의 여러 생태계와 생태 과정에 영향을 강렬히 미치는 과정이 되고 말았다. 이 영향을 우리는 간단하게는 '생태 발자국'이라고 부르고 있다.

그렇다면 의미 있는 삶을 기획하려는 이는 누구라도 (좁은 의미의 인간 역사만이 아니라) 지구의 생태사, 생명사, 생명의 현상과 과정을 들여다보며, 호모 사피엔스인 자신이 어떤 뿌리를 지닌 존재인지를 자성해야만 한다. 바로 이 점에서 린 마굴리스는 '등불'이나 '별'에 비유될 수 있다. 린 마굴리스는 인간 자신에 대한 이해, 세계에 대한 이해의 도정에서, 우리의 시야를 훤히 밝혀주고 틔워주는 길잡이 등불, 비유컨대 태양계 바깥에서 가장 밝게 빛나는 시리우스Sirius 같은 존재이기 때문이다. _**우석영**

지난 150년간 그리고 지금까지도 한국 사회는 '한국 이익 우선주의'라는 절대적 만트라의 지배하에 있다. 그 결과가 낳은 환경후진국이라는 지위는 국가의 범주를 넘어서 실재하는 생태계와 지구에 대한 관심, 세계주의적 시각의 확보가 아니면 변치 않을 것이다. 생명이 무엇인지, 지구 시스템이 어떻게 생물과 더불어 움직여 가는지에 관한 린 마굴리스의 가르침은 세계를 바라보는 시야를 넓혀준다.

11

기후환경은
사회적 공공자본이다

우자와 히로후미의 커먼스와 농사農社

폭염과 탄소자본주의

아마도 2018년 여름은 한반도 남쪽에 사는 사람들에게 기후변화의
충격이 제대로 실감된 첫 계절이었을 것이다. 한 달이 넘도록 모두
의 1차 관심은 폭염이 언제까지 지속될 것이며 왜 이런 일이 발생하
느냐 하는 것이었다. 그렇지만 지금껏 장기 폭염이라는 엄청난 기
후 충격이 곧 기후변화에 대한 사회적 차원의 진지한 논의로 이어
지지는 못했다. 이 문제를 '우리의 문제'로 제대로 이야기하려면 앞
으로 몇 차례 기후변화의 충격을 더 겪어야 하겠지만, 한 가지 확실
한 것은 이 문제를 하나의 국제 이슈로 취급해버리는 생각은 이곳
에서도 더는 기를 펴기 어렵게 되었다는 점이다.

폭염의 원인을 국지적 관점, 이를테면 동북 아시아권의 기류나 해류 변화에서만 찾으려는 태도는 기후변화를 논하며 온실가스 감축 방안만 되풀이하여 강조하는 태도에 상응한다. 폭염을 이야기하는 이는 전 지구적인 기후변화 문제를 언급해야만 하며, 기후변화를 이야기하는 이는 온실가스를 배출함으로써 성장 동력을 얻는 이른바 탄소자본주의 체제까지 거론해야 한다는 말이다. 달리 말해, 지금의 기후변화는 전 세계가 단합하여 온실가스 배출량 감축에 나서면 해결 가능한 '하나의 문제'가 아니다. 오히려 기후변화는 산업 혁명과 더불어 탄생한 산업자본주의 체제가 지구 생태계, 가이아를 대상으로 한 착취 체제였고, 이산화탄소를 계속 방출해온 탄소자본주의 체제였다는 역사적 사실에 대한 냉정한 진단과 자각을 요청한다. 개혁이 아니라 혁명이 요청되는 것이고, 전체가 해소하지 않고는 지역도 해결되지 않는 난국에 처해 있다.

이 점을 너무도 잘 알고 있기에, 탄소자본주의 체제의 옹호자와 수혜자, 기득권자들은 기후변화에 관해 논하기를 꺼린다. 육식에 집착하는 이가 끝내 동물복지 담론은 듣기 싫어하는 것처럼 말이다.

사회적 공공자본

새로운 위기 앞에 선 지금 필요한 것은 온실가스 감축 정책과 같은 하나의 환경 정책이나 획기적인 환경 공학이 아니다. 그보다는 20세기와 21세기 문명에 관한 심원한 사유가 필요하다. 이 사유만이

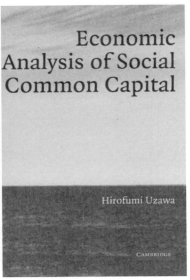

우자와 히로후미의 자서전(왼쪽)과 저서 『사회적 공통자본』

합당한 정책과 의미 있는 공학으로 인도할 것이다.

아마도 이러한 사유의 한 발원지는 일본의 경제학자 우자와 히로후미Uzawa Hirofumi(宇沢 弘文), 1928~2014일 것이다. 그는 이미 23년 전기후변화라는 사안을 자본주의 경제 체제 또는 20세기 문명이 초래한 것으로 규정하며 새로운 체제와 문명으로 전환해야 한다고 역설했던 선각자였다.

우자와 히로후미는 탄소자본주의의 심장부인 미국에서 공부한 경제학자였다. 하지만 시카고대에서 도쿄대로 이직한 뒤로는 탈자본주의의 목소리를 높였다. 사적 자본이 침범해서는 안 되는 공적 영역을 옹호하며 새로운 경제의 비전을 제시했는데, 이에 동원된 핵심 개념이 바로 '사회적 공공(공통)자본Social Common Capital'이라는 것이다. 사회적 공공자본이란 한 사회공동체가 보유하는 공공재산으로서, 구성원 모두가 정신적·물질적 생활을 풍요롭게 영위할 수 있게 해주며 사회공동체를 안정적으로 지속시켜주는 자연환경과 사회 장치를 뜻한다.

우자와 히로후미가 보기에 사회적 공공자본은 크게 세 갈래로 분류할 수 있다. 사회 인프라, 제도자본, 자연환경이 그것이다. 즉 도로·교통·상하수도·전력·가스와 같은 사회 인프라, 그리고 교육·의료·금융·사법·행정 등의 사회 기본제도를 유지하는 데 소요되는 제도자본, 마지막으로 대기·물·삼림·하천·호수·해양·습지대·토양 등의 자연환경이 바로 사회적 공공자본이다. 우자와에 따르면, 이러한 것들은 결코 사적 자본의 영향력하에 들어가서는 안 되며, 공적인 관리 대상이 되어야 한다.

그런데 우자와의 이러한 사상은, 스스로 밝히고 있듯, 리버럴리즘 사상가 존 듀이John Dewey, 그리고 제도주의 경제학자 소스타인 베블런Thorstein Veblen으로부터 발원한 것이다. 일본의 소도시에서 태어났던 이 일본인은 어떻게 듀이와 베블런이라는 정신을 만나게 되고, 또 종국에는 새로운 경제 이론을 제시하게 된 것일까?

젊은 우자와 히로후미와 루쉰이 공유했던 정신

우자와가 태어난 곳은 일본 돗토리鳥取현 서부 요나고米子시였다. 경도상 교토와 히로시마 중간쯤에 있는, 북쪽으로 바다에 인접한 소도시다. 하지만 네 살 때 가족이 도쿄로 이사하면서 어린 우자와가 대부분의 어린 시절을 보낸 곳은 도쿄였다. 수학 실력이 뛰어나 도쿄대 수학과에 입학했다. 청소년기에는 의사가 되기를 꿈꾸었으나, 히포크라테스 선서 때문에 이루지 못했다고 한다. 의사는 환자를 위해 자신의 목숨까지 내놓아야 할 정도로 고결한 성품이어야 한다는 그 선서의 한 구절을 발견하고는 두려운 마음에 방향을 돌렸다는데, 그가 얼마나 강직한 성품의 소유자인지 알 수 있는 대목이다.

20대 중반, 대학을 졸업한 그의 정신은 중국의 루쉰과 흡사했다. 루쉰은 국비 유학생으로 일본에서 의학전문대학을 다니다 자퇴하고는 관심을 문학으로 돌린다. 의학으로 구할 수 있는 것은 소수의 목숨이지만, 문학으로는 수많은 중국인을 구할 수 있다는 생각 때문이었다. 전후 일본 사회의 참혹한 경제 현실 앞에서 청년 우자와 역시 수학이라는 학문에만 만족하기 어려웠다. "의사가 사람의 질병을 치료하듯 경제학자가 되어서 사회를 치료하자는 생각"이 문득 그를 찾아왔고, 경제학의 길은 그렇게 그의 인생에 열렸다.

처음에는 독학이었지만, 대학과의 인연이 곧 시작된다. 26세 되던 해, 수학과 경제학을 접맥하는 수리경제학이라는 학문 분야가 있음을 알게 된 우자와는 당시 스탠퍼드대학 교수였던 케네스 애로우에게 자신의 원고를 보낸다.

얼마 지나지 않아 초청장이 날아왔다. 그는 1956년 스탠퍼드 대학으로 유학을 떠났고, 같은 학교에서 일반균형이론을 완성한 왈라스를 주제로 박사학위 논문을 썼다. 박사학위 취득 후 강사로 활동하다 1964년 시카고대학 경제학과 교수로 부임했다.

그러나 듀이와 베블런이 몸담았던 시카고대학과 우자와의 인연은 그리 오래가지는 않았다. 1968년 시카고대학의 학생들이 반전 시위를 하며 본관을 점령한 사건이 불씨였다. 반전 시위 학생들과 대학 당국 사이에서 조교수들과 함께 조정자로 나선 일로, 그는 곤경에 처하고 만다. 케임브리지대학의 초청으로 잠시 시카고대학을 떠나 불똥을 면했지만, 학교로 돌아왔을 때 조정자로 나섰던 조교수들이 모두 해고당했음을 알게 된다. 당시의 이러한 미국의 엄혹한 정치 상황을 계기로, 그는 귀국을 결심한다.

리버럴리즘의 옹호

우자와가 돌아온 곳은 도쿄, 좁혀서는 도쿄대였다. 도쿄대에 재직하며 그는 그간 생각해오던 바를 하나씩 책으로 펴내며 정리하기 시작한다. 『자동차의 사회적 비용』(1974)에서는 자동차의 사용으로 발생하고 있지만 추계하지 않았던 비용을 추계함으로써 하나의 상품을 총체적으로 바라보는 환경경제학 또는 생태경제학의 시각을 제시했고 『근대 경제학의 재검토─비판적 전망』(1977)으로 근대 경제학의 공과 또는 명암을 고찰했다. 정부의 나리타 국제공항 확장

사업에 관해 지역 농민과 주민들의 반대 투쟁을 조명하며 일본 사회경제 문제를 다룬 『나리타란 무엇인가—전후 일본의 비극』(1992)에 이어서는 『지구온난화를 생각한다』(1995)를 출간하며 세계적 지평에서 자본주의와 자연환경의 문제를 논구했다.

이 모든 저작의 주제는 조금씩 변주되었지만, 저류에 깔려 있던 것은 시장만능주의에 대한 공격, 리버럴리즘에 대한 옹호 그리고 자본주의와 사회주의의 동시적 극복이었다. 우자와는 시장만능주의와 리버럴리즘은 매우 다른 것이라고 단언한다. 개인의 사적 이윤 추구의 최대치 허용이 개인과 사회의 부와 행복의 주춧돌이라는 신념 체계가 시장만능주의(네오리버럴리즘)라면, 리버럴리즘은 개인의 시민적 권리의 보장에 관한 사상이라는 것이다. 즉, 우자와가 보기에 리버럴리즘은 인간이 인간으로서의 존엄한 권리를 누리며 시민의 권리를 충분히 보장받는 한편, 학문적·사회정치적 운동에 참여하며 자기실현을 하도록 사회가 조직되어야만 한다는 사상이다. 그런데 인간은 어떤 특정 조건하에서만 존엄한 인간의 권리, 시민의 권리를 누릴 수 있을 뿐이다. 그 조건의 구성이 권리의 마련에 우선하는데, 사회적 공공자본의 공공적 관리가 그 조건의 구성에서 필수라는 게 우자와의 생각이다.

기후환경의 공공성

자연환경은 정말로 사회적 공공자본이며 공적인 것으로 다루어져야 하는가? 이와 관련하여 새삼 주목해볼 만한 것은, 수리경제학자가 지구기후과학의 발견을 재료로 쓴 저작인 『지구온난화를 생각한다』(1995)이다. 이 책은 우자와 자신이 중·고등학생이 볼 수 있도록 썼다고 밝힌 책으로 지구온난화 또는 기후변화의 교과서라고 할 만한 소책자이다. 교과서적 성격이기에 지구환경의 기본 구조, 평균 기온으로 본 지구의 역사, 지구온난화의 원인과 효과부터 촘촘히 다루고 있다.

하지만 다른 '교과서들'과 차별되는 점도 눈에 띈다. 첫째, 국가별, 부문별, 일본 내 부문별 비교 수치가 매우 빈번하게 등장한다는 점이다. 물론 1995년도 작이라는 역사적 한계 때문에 이 수치들이 오늘날 별반 의미는 없겠지만, 치밀한 수치 비교를 수행했다는 것이 놀라운 점이다.

둘째, 사회적 공공자본을 파괴하지 않는 한에서만 개별자의 자유가 추구되어야 한다는 리버럴리즘의 전제 아래, 지구온난화로 귀결된 산업 문명, 특히 20세기 문명을 매우 싸늘한 시선으로 비판하고 있다는 점이다. 우자와가 보기에 기후환경은 중요한 사회적 공공자본으로, 지구온난화는 (산업화와 개발로 인한) 이것의 파괴로 발생된 것이다. 따라서 사회적 공공자본을 해치는 개인 혹은 기업의 행위는 사회적으로 규제되어야 마땅하다.

한편 우자와에 따르면, 이 규제는 이산화탄소 배출량에 따른 세율로 정하는 탄소세의 형식이 적당하다. 이와 같은 생각에서 그는 1990년 지구온난화 관련 세계 경제학자들의 회의(로마 회의)에서 비례적 탄소세에 관한 논문을 제출한다. 각국 1인당 소득수준에 비례하는 탄소세의 부과, 산림 조성에 대한 보조금 지급, 지구의 환경 안정을 위한 국제기금 조성 등이 이 논문에서 제시되었다. 각국은 소득에 비례하는 탄소세에서 숲 조성 보조금을 뺀 차액을 납부하고, 이 돈으로 국제기금을 조성하여, 비례세를 납부할 능력이 없는 개발도상국을 도와주자는 주장이었다.

우자와가 탄소세에 관한 선구적 제안자라면, 선구적 실천자는 단연 스웨덴일 것이다. 1991년 1월 스웨덴은 세계 최초로 탄소세(스웨덴어로는 이산화탄소세)를 도입했다. 우자와에 따르면, 1991년 "당시 미국의 경제학자가 생각했던 탄소 함유량 1톤당 10~20달러"에 비해 스웨덴의 실제 탄소세는 매우 높아서 "탄소 함류량 1톤당 150달러"였다. 산업계에 대한 과도한 부담이 문제 되자 스웨덴 정부는 1993년부터 탄소세를 탄소 함유량 1톤당 산업용 48달러, 민간용 189달러로 조정한다.

제도주의 경제 모델과 커먼스

하지만 탄소세 도입은 한 가지 정책일 뿐이다. 우자와는 자본주의와 사회주의를 동시에 극복하며 지구온난화에 대응하는 새로운 경제사상으로 베블런에서 발원하는 제도주의 경제사상을 제시했다. 그에 따르면, 베블런의 사상은 존 스튜어트 밀의 고전주의 경제학 가운데 '정상 상태'의 경제에 대한 답변으로 제출된 것이다. 존 스튜어트 밀은 중요한 저작 『정치경제학원리』(1848)의 마지막 장에서 이렇게 쓰고 있다. "경제 전체로서 볼 때 모든 것이 일정 수준으로 유지되는 듯이 보이나 사람들의 생활은 문화적·사회적으로 해마다 다양화하며 생산 기술 수준도 해마다 상승해가는 상태를 경제학은 추구한다."(『지구온난화를 생각한다』에서 재인용) 밀은 미시적으로는 역동적이나 거시적으로는 안정화된 흐름 속에 있는 경제를 '정상 상태'의 경제로서 옹호하는데, 우자와는 이것이, 표현은 약간 다르지만, 지구 자연환경을 보전하는 가운데 경제발전을 지속하는 '지속가능한 발전 개념'과 유사하다고 본다.

홍미롭게도 우자와는 이 책에서 제도주의 경제사상을 어떻게 구현할지를 농업의 사례에서 살펴본다. 물론 이는 매우 현명한 선택이다. 왜냐하면 농업은 하천, 농지, 토양, 대기와 같은 사회적 공공자본에 대대적으로 개입하고 그것을 관리하는 활동이기 때문이다. 또한 산업화된 농업은 온실가스를 막대하게 배출하지만, 전통 농업은 "태양에너지와 이산화탄소라는 무한히 존재하는 자원을 이용해서" 식량을 만들어온 활동이기 때문이다. 따라서 지구 생태계를 경제의 지반으로 인식하는 새로운 문명을 모색할 때 우리는 전통 농업과 같은, 태양에너지를 곧바로 활용하는 경제활동들을 어떻게 재활성화하고 또 새롭게 만들어낼지 고민해야 한다.

우자와 히로후미는 이 대목에서 커먼스commons를 중요 개념으로 거론한다. 커먼스는 우리말로 '공유지, 공공 소유, 공공사용권, 입회권' 등을 뜻한다. 농업을 주요 경제활동으로 삼았고 협동을 밥

먹듯이 했던 옛 촌락 공동체는 커먼스 성격이 강했다. 일본의 촌락 공동체도 그러했는데, 이것을 보여주는 사례가 삼림 입회제도였다. 무분별한 삼림 채취를 규제하되 일정하게 풀, 나무를 채취하게 하는 이 제도는 삼림을 커먼스로 인식했기 때문에 가능했다.

인류는 과연 농지와 토양, 하천과 대기환경 등 농생태계를 커먼스 또는 사회적 공공자본으로 (재)인식하는 가운데 어떠한 '제약'을 수용하며 농업 활동을 도모할 수 있을까?

농사와 지속가능한 농업

커먼스로서 농생태계를 재인식하는 방안의 일환으로 우자와 히로후미는 '농사農社'라는 조직을 이야기한다. '농사'라는 단어를 직접 고안한 우자와에 따르면, 사社는 몇 가지 의미를 동시에 지칭한다. 한 가지는 '흙을 일군다'는 뜻이다. 이 단어는 본디 이런 의미였는데 흙의 신, 토지의 신, 경작의 신을 뜻하게 된다. 다른 뜻은 '마을 사람들의 공론장, 마을 사람들의 공론 모임'이라는 뜻이다. 촌락 공동체의 구성원들은 중대 사안이 있을 때 회의를 하고자 모였는데, 이 모임을 '사'라고 불렀다.

우자와는 중국 원元대 말 가장 적은 행정단위가 50호 규모의 사社였다며, 당시의 사를 소개한다. 당시의 사는 농업에 관한 회의 조직이기도 했지만 동시에 마을 교육을 책임지는 조직이어서, 사학社學을 설치하여 사사社師가 교육을 담당했다는 것이다. 사학은 '마을학교', 사사는 '마을교사' 정도로 표현될 것이다. 한마디로, 농업·교육의 공동 단위로서의 마을공동체였다.

그렇다면 농사는 단순히 농업 생산성 제고를 위한 조직이 아니다. 그보다는 "농작물의 가공, 판매, 연구 개발 활동까지 널리 포함한 하나의 종합적인 조직"이다. 또한 참여 농민들 간 협동이 활동의 기본이 되는 조직으로, 과거 사회들의 봉건적 잔재 대신 리버럴리즘의 정신에 따라 운영되는 조직이기도 하다. 즉 농사는 현대어로 '자유로운 농업·교육 결사체' 정도 될 것이다. 또한 관료나 사기업이 아니라 각 분야 "직업 전문가에 의해, 전문 지식에 근거해, 직업 규범에 따라" 사회적 공공자본이 관리되어야 한다는 우자와의 생각대로라면, 농생태계라는 사회적 공공자본을 관리하는 농사의 중심 역시 농업 전문가들이 되어야 할 것이다. 그리고 정부는 신탁fiduciary 원칙에 따라 농생태계를 관리하는 이들 농업 전문가들을 관리하는 역할을 담당하면 된다.

우자와가 농사라는 신조어까지 만들면서 농업을 하나의 모델로 제시한 것은 그것이 농생태계라는 사회적 공공자본에 개입하면서도 태양에너지를 곧바로 활용하는 생산 활동이라는 점에 주목했기 때문이다. 우리는 여기에 더해서, 현재의 산업형 농업을 포함하는 푸드 시스템(생산, 유통, 소비의 사이클을 이루는 시스템)에서 나오는 온실가스양이 온실가스 총량의 30%를 넘어선다는 최근의 연구 결과까지 생각해야만 한다. 즉 농업의 혁신은 불가피하며 그렇다면 '농사'로 압축되는 지역 자급 및 조직화 모델은 전체 농업 혁신방안

을 궁리하는 과정에서, 나아가 포스트 탄소자본주의 체제로의 이동
을 모색하는 단계에서 매우 유의미한 모델이 될 만하다. 만일 우리
가 이 모델을 구현해내고 다른 산업 분야에서 복제해낼 수 있다면
말이다. _**우석영**

우자와 히로후미는 국제무대에서 기후변화 문제가
본격적으로 논의된 1990년대, 문제의 배면에 있는
탄소자본주의라는 문제를 지적했다.
기후변화에 대응하려면 지구의 공적 영역에 침범하며
탄소를 배출하는 자본주의 체제를 혁신해야 한다는
전제하에, 우자와는 기후환경과 같은 사회적
공공자본을 반드시 공공적으로 관리해야만 한다고
역설했다. 21세기 탈탄소자본주의 체제의 모색에
든든한 주춧돌로서 자리를 지키고 있다.

12

태양광 에너지 교황,
'빛나는 신세계'를 열다

헤르만 셰어의 태양광 에너지 운동

새로운 에너지의 시대

2016년 10월 20일, 대만 정부는 세계를 놀라게 했다. 차이잉원 총통 주도하에 국가 전기사업법 개정안을 의결했기 때문이다. 골자는 2025년까지 모든 원전의 가동을 정지한다는 것, 그리고 재생가능 에너지 발전량을 현 4%에서 최대 20%까지 확대하겠다는 것이었다. 절전·축전 기술 향상을 비롯해 약 43조 원에 달하는 태양광발전 투자 계획도 아울러 공표되었다.

　　이 소식이 우리의 귓전을 울린 지 채 한 달이 안 된 시점인 2016년 11월 1일, 한국 정부는 박근혜-최순실 게이트라는 엄청난 광풍 속에서도 그저 자신의 길을 고집했다. 국무회의에서 고준위방

사성폐기물 관리절차법안을 의결한 것이다. 이것은 한마디로 고준위방사성폐기물을 포함한 사용후핵연료 처리를 위한 임시저장시설을 건설하겠다는 것으로, 경주 중저준위 폐기물 처리시설을 유치할 때 정부가 했던 약속을 깬 것이다.

이것이 다가 아니다. 박근혜 정부가 물러나고 2017년 6월 들어선 새 정부의 에너지 정책 또한 우리의 심간을 어둡게 한다. 1950년 11월 대한석탄공사가 설립된 이래 여전히 이 나라는 '석탄의 시대'를 살고 있고, 원전 파워블록이 시민들의 안전 불감증을 자양분으로 삼아 반미래적 '원전의 시대'를 계속 끌고 가려는 작당을 지속하고 있음에도, 이러한 반미래적 흐름을 되돌리려는 현 정부의 노력은 너무나도 미진하다. 안타까운 일이지만, 현 정부는 '나라다운 나라' '안전한 나라'라는 정신의 지표를 낡아빠진 포클리어Foclear(Fossil fuel+Nuclear) 에너지 체제의 극복이라는 지표로 연결하는 데는 계속 실패하고 있다.

하지만 지금 당장 이 '우물' 밖으로 눈을 조금만 돌리면 '빛나는 신세계'를 향한 굳건한 행보들에 깜짝 놀라게 된다. 예컨대, 2017년 6월 카자흐스탄의 수도 아스타나Astana에서 열린 '엑스포 2017'는 '미래 에너지'를 주제로 재생가능 에너지 관련 혁신 기술들이 총망라되어 선을 보인 박람회였다. 100개국 이상에서 300만 명 이상이 참가한 것으로 집계되었고, 행사 마지막에는 미래의 합리적·경제적 에너지 활용을 위해 세계 각국을 인도할 가치·원칙 선언문이 채택되었다.

대중 앞에서 연설하는 헤르만 셰어. 2007년도.

한편, 1882년 런던 내 홀본Holborn에 석탄 발전소를 세우면서 석탄 발전을 시작했던 원조 석탄 국가 영국의 경우, 2025년까지 석탄 전력원을 자국 땅에서 완전히 일소하겠다는 전략을 발표하며 탈화석연료화의 길로 일로매진하고 있다. 실제로, 2019년 5월 1일에는 잉글랜드, 스코틀랜드, 웨일스 내 석탄 발전소들이 일제히 가동을 중지했다. 금융자본주의의 장기 침체, 보호무역주의의 위협, 미·중 무역 분쟁, 악화되는 기후 위기라는 역사의 시커먼 먹구름 속에서도, 에너지 분야만큼은 거침없이 진보 중이다.

그런가 하면, 어떤 에너지 전문가는 이 진보의 속도를 다들 너무 늦게 잡고 있다고 핀잔을 놓은 바 있다. 『더 스위치*The Switch*』(2016)의 저자 크리스 구달Chris Goodall이 바로 그 사람이다. 이 책에서 구달은 2026년 또는 2036년 안에 태양광 에너지가 세계 대부분 지역에서 널리 사용되리라고 예측했다.

하지만 이것은 세계 각국이 에너지전환 정책으로 돌아설 것이라는 정치적 예언이 아니다. 구달이 보기에 태양광 에너지의 대중화는 정치적 진보 이전에 시장 법칙의 필연적 귀결이다. 태양광 발전 기술의 진보로 인한 태양광 전기 가격의 급락(1킬로와트당 미화 기준 2센트 이하로 급감) 그리고 축전 장치인 리튬 이온 배터리 또는 다른 유형 배터리 가격의 급감이 결정적 동력이다. 즉 제로 카본(재생 가능 에너지) 발전량은 생산비 절감을 늘 추구하고, 고수익을 찾아가되 소비자의 눈치를 살피는 자본의 생리상 점점 더, 그러나 훨씬 더 빠르게 증대할 수밖에 없다는 것이다. 자본은 태양광을 좋아한다. 이것이 크리스 구달의 생각이다.

시장이 아닌 정치라는 해법 그리고 독일의 에너지벤데

그런데 태양광 에너지 대중화 시대로 가는 대로를 떡 하니 가로막고 있는 거대하고 기괴한 장애물이 있다. 기존의 포클리어 에너지 생산으로 막대한 이익을 챙겨온 이익집단, 즉 석유기업, 원자력 파워블록의 정치적 파워가 그것이다. 화석연료 고갈은 허구이며, 기후변화는 음모론이고, 원자력은 언제든 안전하다는, 앙상하고 그래서 위험한 논리가 늘 이들의 무기로 등장하곤 한다.

그렇다면, 크리스 구달의 예측이 현실화되는 데는 정치적 변수들이 있다고 봐야 할 것이다. 해법은 시장 그 자체가 아니라 시장의 흐름을 바꾸어내는 정책에 있을 것이다. 진정한 투쟁의 장은 국회이자 법원, 시민광장인 셈이다.

이러한 인식은 우리의 시선을, 에너지 정치를 먼저 경험한 국가로, 이 선경험의 선두에 있었던 한 인물로 잡아끈다. 에너지벤데 Energiewende(에너지전환)라는 경험을 한 독일이라는 나라로, 그리고 이 에너지전환을 누구보다 앞장서서 이끌었던 인물인 헤르만 셰어 Hermann Scheer, 1944~2010로 말이다.

1944년생인 헤르만 셰어는 전형적인 전후 독일인으로, 무려 여덟 차례나 선출된 국회의원이다. 이렇게 보면 전형적인 정치가인 듯하지만, 실은 전혀 그렇지 않다. 헤르만 셰어는 정치가이기 이전에 경제학자였다. 그런데 그는 '개심改心'한 학자였다. 한때 원자력 발전 연구소에서 연구원으로 핵발전 사업에 기여했던 그이지만, 장년이 되어선 줄곧 태양광 에너지 운동에 매진했으니 개심이란 말이 결코 무색하지 않다.

개심의 동력은 정치였다. 사실 그는 경제학자이기 이전에 이미 정치인이었다. 사회민주당SPD에 가입했을 때(1965년) 그는 갓 스물을 넘기고 있었다.

그러니까 셰어는 정치에 대한 투신과 학문에 대한 투신을 동시에 한 특이한 인물이다. 원자력발전 연구소에 사표를 던진 것도 36세에(1980년) 독일연방의회 의원이 되면서 새 직장을 구했기 때문이었다. 1980년 후로는 줄곧 국회의원으로 일하는데, 49세(1993년)에 이르면 사회민주당 연방집행위원회Bundesvorstand의 위원이 되었고, 죽기 전까지 연방집행위원회 위원으로서 활동을 계속해나갔다. 그가 독일 에너지벤데의 기반을 닦은 것도 연방집행위원회 위원으로 활동하면서였다.

어느 총명한 독일 연구자의 개안

유럽의 중심국가에서, 에너지전환이라는 거대한 사업의 중심에 있었던 헤르만 셰어. 그는 대체 어떤 사람이었을까?

헤르만 셰어가 태어난 곳은 독일 프랑크푸르트 인근의 작은 시골 마을, 베르하임이다. 셰어의 부모는 그를 대도시에서 유학하게 했는데, 하이델베르크와 베를린이 그곳이었다. 베를린 자유대학에서 정치과학으로 박사학위까지 취득한 뒤 연구자의 길을 걸었다. 슈타트그라트 기술대학에서 조교수로 일했고, 그 후에는 독일 원자력발전 연구소에서 근무했다. 또 2008년부터는 상하이 퉁지(동제) 대학의 교수로 재직하기도 했다.

역사의 장강長江은 인물을 빚어내고, 반대로 사람의 생각 그리고 생각의 물결은 새로운 역사를 빚어내는 법. 전후 독일의 경제와 사회를 걱정하던 서른 즈음의 어느 젊은 교수를 '에너지'라는 화두로 몰고 간 사건이 터진다. 1973년 석유수출국기구OPEC의 석유수출금지 선언이 바로 그것이었다. 셰어는 이 세계사적 사건에 충격을 받고는 향후 석유 및 원자력 등의 에너지 문제가 독일 사회에 취약점이 될 것임을 간파하게 된다.

확연한 개심의 시점은 1980년대의 어느 날이었다. 당시 셰어는 독일연방의회 하원의원이 되며 정치에 입문한 지 얼마 되지 않은 신출내기 정치인이었다. 셰어가 발견한 것은 다름 아닌 '태양'이었다. 지구에 필요한 양보다 훨씬 더 많은 빛에너지를 보내오는 태양이야말로 진정한 에너지원이라는 사실에, 태양광이야말로 미래 에너지원이라는 사실에 눈을 뜬 것이다. 아니 그보다 먼저 '에너지'라는 말로 우리가 지칭하는 것이 실은 '우리 존재의 수원'(리처드 하인버그Richard Heinberg)이라는 진리를 깨쳤는지 모른다. 또 경제학자인 그가 보기에, 재생가능 에너지 산업이야말로 포클리어 에너지를 매개로 한 '에너지 식민지화'로부터 모두를 해방시켜줄 위대한 해방의 매체였다. 그는 태양광에서 '미래의 빛'을 보았다.

태양 교황이라는 닉네임을 얻기까지

우리는 해를 등지고
산에서 석탄을 캔다
우리는 해를 등지고
지하에서 석유를 끌어 올린다
우리는 해를 등지고
원자를 분해한다
우리는 언제 돌아설 것인가?

—프리츠 길링거

에르빈 토마, 『나무가 자라는 모습을 보았다』, 살림, 2018, 187쪽.

지구환경의 지속가능성이 회자되기 훨씬 전인 1980년대 중반, 헤르만 셰어는 홀연 돌아섰고, 태양을 마주 보았다. 태양은 그에게 미래 자체였다. 아니, 그 정도가 아니라 자신이 태양과 태양에너지를 발견했다는 사실 자체에 탄복했던 듯하다. 나중에는 '태양 교황'이라는 영광스러운 별칭을 얻을 정도였는데, 그것은 셰어 자신의 순도 높은 열정 그리고 압도적 추진력 덕분이었다.

추진력을 이룬 두 바퀴는 선명한 인식과 선구적 행동이었다. 현재와 미래의 에너지 문제에 관한 선명한 인식은 책으로 세상에 나왔고, 선구적 행동은 태양에너지 관련 단체의 설립과 입법으로 분출되어 나왔다. 이상주의와 현실주의, 이론과 실천의 절묘한 혼용이 아니면 무엇인가.

1987년 『저장고 태양 *The Stored Sun*』을, 1989년 『태양에너지 시대 *The Solar Age*』라는 책을 출간하며 헤르만 셰어는 태양광 및 풍력에너지만으로도 포클리어 에너지를 100% 대체할 수 있을 뿐만 아니라, 그것이 당시로서 가장 '현실적인' 에너지 해법이라는 혁명적 주장에 나섰다. 독일 연방정부가 에너지벤데를 법제화한 것이 2010년이고 후쿠시마 다이이치 핵발전소 사고에서 충격을 받아 탈핵을 선언한 것이 2011년이니, 독일 사회에만 시선을 고정해봐도 20년을 앞서간 것이다. 아니, 셰어와 동료들이 함께했던 20년간의 에너

셰어의 저서 『에너지 주권』과 『에너지 명령』

지 운동이라는 역사적 전진의 결실이 곧 2010년 에너지벤데였고 2011년 탈핵 선언이었다.

한편 후속작 『태양광 경제*A Solar Economy*』(1999)에서 셰어는 재생 가능 에너지로의 전환이 우리를 20세기 산업 문명을 대체하는 신 문명으로, '태양 정보 사회Solar Information Society'라는 신세계로 옮겨가 게 해줄 것이라 단언했다.

하지만 시대를 앞서나간 이는 동시대인들로부터 이해받기 어 려운 법. 1980년대 중반경부터 쏟아져 나온 그의 태양광 에너지 이 야기는 당시의 풍토에서는 독야청청한 외침이었다. 책을 통해 발표했지만 큰 공감을 얻지 못했던 자신의 생각을 대중에게 확산하고 또 새로운 에너지 산업의 물길을 트기 위해, 그는 다른 전략을 실행에 옮긴다. 단체와 포럼을 조직하기 시작한 것이다. 1988년, 비영리 조직 '재생가능 에너지 유럽연합EUROSOLAR'은 그렇게 해서 창립되었다. 1993년에는 독일이라는 경계를 넘어서 건축과 도시계획 분야 태양광 에너지 유럽회의를 조직했다. 그로부터 4년 뒤, 1997년에는 재생가능 에너지 금융투자에 관한 1차 세계회의를 조직했다. 이처럼 셰어의 행보는 독일을 훌쩍 넘어서는 것이었고, 에너지경제를 바꾸어내려는 과감한 발걸음이었다.

사상을 법으로 만들어내는 연금술

이러한 대외 활동을 정력적으로 전개하는 와중에도 헤르만 셰어는 국회의원직을 겸임하고 있었는데, 그 덕분에 단체활동, 세계회의 등을 통해 확산된 대중의 관심과 지지를 법제화의 동력원으로 끌어올 수 있었다. 사실 헤르만 셰어라는 인물의 가장 큰 사회적 업적은 재생가능 에너지법안의 법제화라고 볼 수 있다. 대표적으로 그는 2000년에 한스-요제프 펠Hans-Josef Fell과 더불어 국가 재생가능 에너지법Erneuerbare-Energien-Gesetz, EEG을 입법했다. 이로써 그는 독일을 바꾸고 나아가 유럽을 견인했다. 유럽연합EU의 재생가능 에너지 법체제의 골격을 세우는 데도 결정적 공헌을 했기 때문이다.

일찍이 1990년에 셰어는 독일 정부의 '100,000 태양광 지붕'

프로그램을 설계하기도 했다. 1999년 사회민주당과 녹색당의 연정 결정은 바로 이 프로그램에 빚지고 있었다.

1999년 새로운 에너지 가격 체제인 피드-인 타리프Feed-in Tariff, FIT(발전차액지원제도) 법안을 발의한 사람도 다름 아닌 헤르만 셰어였다. 재생가능 에너지 지급renewable energy payments이라고도 불리는 이 법안의 세칭이 다름 아닌 '셰어 법'이었다. 이 법안은 국가 재생가능 에너지법에 통합되어 시행되었다.

재생가능 에너지에 대한 투자를 촉진하려는 목적에서 시행된 발전차액지원제도는 가히 혁명이라 부를 수 있었다. 이 정책 덕분에 당시에 독일 내에서 실험되어 생산되던 모든 재생가능 에너지가 독일의 국가 전력송신망에 수용되었고, 재생가능 에너지 생산자(기업 및 개인)는 시장 가격보다 높은 가격에 에너지를 공급할 수 있었다. 즉, 에너지 공급회사들은 시장 가격보다 높은 가격에 재생가능 에너지를 구매해야 했다. 이때 개별 에너지 생산자들의 생산 단가에 맞추어 구매 단가가 결정되도록 했는데, 이는 곧 생산 방식(풍력, 수력, 바이오매스, 지열, 태양광 등 다양하다)이 무엇이고 그에 따른 생산 단가가 얼마든지 간에 그것이 재생가능 에너지인 한, 생산자가 손해 보는 일이 없도록 정부가 무조건 수입을 보장하겠다는 것이었다. 또한 이 법은 재생가능 에너지 생산자들의 장기 계약을 보장했다. 그 덕분에 태양광 패널, 터빈 등 재생가능 에너지 생산설비를 위한 생산자들의 대출 신청에 은행 또한 협조적이었다. 독일의 FIT 정책은 독일 내에서 너무나도 성공적이어서, 주변국들은 FIT 정책을 세우고 실행하면서 전부 독일 모델을 따랐다. 달리 말해, 유럽의 모든 국가가 헤르만 셰어의 설계를 추종해간 것이다.

태양광이라는 미래를 확신했고, 그 미래, 즉 '극복된 상상 현실'에 매료되었던 셰어는 그 상상 현실을 쫓아 쉼 없이 전진, 또 전진했다. 2001년 재생가능 에너지 세계위원회 WCRE를 만들어냈는가 하면, 2004년에는 국제 재생가능 에너지 에이전시 IRENA를 창립하여 활동했다.

이러한 전진의 행보 가운데 벼려진 그의 생각은 새로운 책인 『에너지 주권 Energy Autonomy』(2006)으로 출간된다. 그리고 이 책은 독일의 칼 페흐너 Carl A. Fechner 감독이 제작한 다큐멘터리 「4차 혁명: 에너지 주권 Die 4. Revolution - Energy Autonomy」(2010)의 뿌리가 되었다.

시대를 앞섰던 선각자

그렇지만 시대를 너무 빨리 산 선각자들의 운명인 고독과 역경은, 독일의 8선 국회의원이라 해서 비껴가지는 않았다.

정말 핵발전소를 없애도 될까? 값싼, 그리고 상대적으로 깨끗한 에너지원을 포기해도 괜찮을까? 전력 공급에 차질이 생기지는 않을까? 재생가능 에너지로 기존의 에너지원들을 100% 대체할 수 있을까?

이러한 의심이 사회민주당 안팎에서 셰어를 옥죄었다. 2008년, 그가 발표한 에너지 정책 계획은 심지어 사회민주당 안에서도 외면당했다. 위르겐 발터Jürgen Walter, 볼프강 클레멘트Wolfgang Clement 같은 사회민주당 지도자들이 나서서 셰어를 비판했다. 핵발전소가 결국 재생가능 에너지로 가는 먼 여정에 도움이 될 것이라 발언하기도 했던 앙겔라 메르켈Angela Merkel 독일 총리 역시 그의 이상 실현을 가로막는 대열의 일원이었다(메르켈은 2011년 입장을 바꾸어 탈핵을 선언한다).

이러한 비판과 반대의 비바람 속에서도 셰어의 발걸음은 멈출 줄을 몰랐다. 쓰고, 설득하고, 토론하며 '태양에 답이 있다'는 신념을 전파하기를 그치지 않았다.

2011년 독일의 탈핵 선언이 있기 약 1년 전, 갑작스레 심장병으로 숨을 거두었을 때, 그의 집에서 미출간 원고가 발견되었다. 『에너지 명령The Energy Imperative』이라는 제목만큼 인상적이었던 부제는 '지금 바로 100%(100 Percent Renewable Now)'였다. 원고는 1년 뒤 탈핵 선언이 있던 해 출간된다. _우석영

20세기는 포클리어 에너지 체제가 가장 공고한
형태로 입지를 굳힌 세기였지만, 후반기에 들어
선각자들은 태양광 에너지와 같이 지구에 오염물을
남기지 않는 에너지원에 주목하기 시작한다.
청정에너지로의 에너지전환 사업에서 가장 앞선
국가는 독일이었다. 발전차액지원제도, 국가 재생
가능 에너지법을 설계했던 헤르만 셰어는 바로
이 최선두에 있었던 선각자 중의 선각자로서,
그의 식견과 실천은 오늘날 재생가능 에너지에 대한
활발한 연구 및 개발로 이어지고 있다.

$$\overset{\frown}{13}$$

농민, 자연과의
공동생산자

가와구치 요시카즈의 자연농업

농심을 상실한 시대정신

지난 70여 년간 한국 사회가 압축 성장해왔다는 말은 싱거운 말이
지만, 그 압축 성장의 한 핵심이 농업의 대대적 폐기였다는 사실은
작금의 시점에서도 곱씹어볼 만하다. 산업자본주의 체제로 재편하
는 과정에서 우리 중 거의 대다수가, 대단히 소중한 무언가를 잃어
버리고 만 낭패감 때문이다. 역사가 삼켜버린 그것을, 나는 간단히
'농심農心'이라 부르고자 한다. 농지가 이 삶에 중요하다는 생각과
감성, 우리를 살게 해주는 식량이 신비로운 대자연의 힘으로만 이
세계에 출현 가능하다는 믿음과 감각, 또 대자연과 농지를 경외하
지 않으면 도저히 우리 자신이 살아갈 수는 없다는, 몸에 밴 생각이

바로 그것이다.

이러한 의미의 농심이 각자의 마음자리에서 소실되면서, 농지가 없어도, 도로와 항만과 유통 시스템과 마트만 있으면 먹고살 수 있다는 환각이 도시 거주자들이 머릿속에 자리 잡았다. 수천 년 역사의 구조물들인 농업과 농지 그리고 농촌 경관을 깔보는 기이한 풍토는 바로 이러한 의식 변동의 부산물로서 출현해, 도시인들의 정신적 혈관을 타고 신속히 확산되었다.

농업 또는 농촌을 경시하는 이러한 정신 풍토의 뒷면에서 기술제일주의라는 이 땅의 시대정신을 발견할 수 있다. 세계 최초로 정부가 주도하여 GMO(유전자 변형식품) 쌀을 개발하거나 핵발전소의 증설이나 수출 따위를 기획하는 따위의 행동은 동일한 모태에서 나온 것이며, 그 모태는 바로 기술제일주의이다.

하지만 이러한 시대정신이 과연, 다른 시대정신으로 대체될 수 있을까? 과연 우리의 마음자리에서 앞서 말한 저 농심이 회복되는 일이 가당하기는 할까?

새로운 농경제 모델, 자연농

우리에게서 정녕 농심이 되살아나고 시대정신에 변화가 있으려면, 국가의 정책이나 법도 변화해야겠지만, 새로운 농촌과 농업의 모델도 필요할 것이다. 정말 좋은 먹을거리(생물과 농지, 대자연을 대상으로 한 해악이 최소화된 비폭력 먹을거리)가, 행복한 삶과 살림살이가

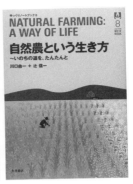

자연농업 하는 농부 요시카즈의 저서

이 지상에 가능함을 보여주는 당당한 농부가 있어서, 그 존재 자체만으로 도시에서 버둥대는 우리 모두의 처지를 옹색한 것으로 드러내준다면, 변화는 더욱 빠르게 일어날 수 있지 않겠는가. "내면의 영혼이, 생명이 깃든 육체가 농사에 바탕을 둔 생활의 근사함, 즐거움"(아라이 요시미·가가미야마 에츠코, 『가와구치 요시카즈의 자연농 교실』, 정신세계사, 2017, 8쪽)을 누리며 사는 농가가 우리의 눈앞에 있다면 말이다. 아울러 농약(이 말은 잘못된 말로 '유해생물억제제'라고 불러야 한다. 이것의 기능은 초본식물, 곤충, 균류, 설치류, 연체동물의 살상이며 따라서 이것은 생물을 죽이는 치사물致死物이기 때문이다), 화학비료, (화석연료를 연소하는) 농기계와 산업시설에 의존하며 그리하여 자연계와 미래 세대에 비용을 전가하는 탄소 농경제 모델을 극복한 다른 농경제 모델이 필요하다.

일본 나라현 사쿠라이시에서 자연농업을 실천하고 있는 가와구치 요시카즈Kawaguchi Yoshikazu(川口由一), 1939~의 삶은 이런 화두를 품고 있는 이들에게 퍽 훌륭한 가이드가 되어준다. 특히 『가와구치 요시카즈의 자연농 교실』은 자연농업이 적어도 소농가의 형태로는 가능하다는 사실을 우리에게 보여주며, 비폭력 농업과 먹을거리를 향한 우리의 꿈과 사유를 자극한다.

『가와구치 요시카즈의 자연농 교실』에 따르면, 자연농업은 생물다양성을 스스로 지켜가는 자연의 이치를 정확히 인지하고 그 이치에 맞게(즉, 조화롭게) 짓는 농사를 말한다. 이것이 대원칙이라면 실용의 원칙 네 가지가 덧붙어 이 대원칙을 완성한다. 무경운, 무제초, 무농약, 무비료의 원칙이 바로 그것이다.

무경운이란 땅을 갈지 않는다는 것이다. 땅을 갈지 않으면, 풀뿌리에 의해서 흙이 부드러워지고 시간이 지나면 자연스레 흙이 기름지게 된다고 한다. 다만 기다릴 줄 알아야 한다. 무제초란 말 그대로는 풀베기를 하지 않는다는 것이지만, 100% 무제초를 의미하는 것은 아니고 실상은 부분 무제초다. 풀과 작물이 같이 자라도록 하되, 씨앗 뿌릴 곳에만 풀을 베어 풀 멀칭mulching(피복)을 해주면 된다는 것이 핵심이다. 이렇게 하면 그 풀들로 이루어진 부엽토층이 만들어지고, 거기에 풀에 깃들어 사는 소동물의 주검이 함께 쌓임으로써 '주검의 층'이 생기게 된다. 결국 이 주검의 층이 땅을 비옥하게 해준다는 것이다. 여기에 무농약, 무비료라는 유기농법의 실천이 추가된다. 오직 이런 방식으로 살아난 양토의 지력에만 기대는 농법이 바로 자연농법이다.

이론은 쉽지만 행하기란 어려운 법이다. 이 사원칙을 지키며 농산물을 수확하기란, 짐작건대, 투철한 확신과 시간을 인내하는 정신이 아니면 불가능할 것이다. 수확량에 연연하지 않고, 땅에 투자하는 시간을 아까워하지 않아야 자연농업이 가능하다. 무엇보다도 중요한 것은 자연 자체의 창조력과 자연의 지능을 이해하고 또 신뢰하는 것이다.

자연 윤리로서의 자연농

사실 농사에 관하여 알려져야 할 중대한 사실은, 이 활동이 농지라는 생태계를 관리하는 활동 그 이상은 아니라는 것이다. 이를테면 벼농사는 연필을 만드는 제조업과는 판이하다. 연필 제조업자는 원재료(흑연, 목재 등)들을 취합해 가장 효율적인 방식으로 이것들을 합성하고, 완제품에 브랜드 이름을 찍어 출시한다. '오리자 사티바oryzia sativa'라는 이름의 한 야생초가 개량된 품종인 벼의 경우, 연필처럼 뚝딱 공장 안에서 제조될 수 없다. 씨앗이 자란 어린 풀(모)을 심고, 이것이 심길 논의 흙과 물을 관리하고, 다 큰 벼를 수확하는 것은 인간의 일이지만, 이 풀이 세포 수를 늘려 성장하고 열매(알곡)를 맺는 일에 관해 인간은 거의 개입하지 못한다. 벼의 뿌리와 접맥된 농토의 유기물과 박테리아와 논물, 벼의 수분(화분)을 매개하는 바람(기체의 이동), 대기 중의 질소 분자와 탄소 분자의 이동, 태양광 그리고 엽록체를 거느린 벼의 일인 것이다.

그러나 비-자연농, 즉 인위적 화학농의 실천자들은 논 역시 공장처럼 통제될 수 있고, 벼 역시 연필처럼 제조될 수 있다고 믿는다. 화학 비료로 농토를 통제하고, 제초제와 살충제로 '해충'과 '해초'를 제거하며, 제초제와 공생가능한 GM(유전자 조작) 품종을 심어 벼의 생태 자체를 조정하겠다는 것이다. 통제하지 못하는 것은 태양광 그리고 벼의 광합성 능력 정도이지만, 이즈음 기술제일주의에 경도된 정신은 태양광마저 인공의 빛으로 바꾸어 곡물을 성장케 할 수 있다고 억설하고 있다.

이렇게 볼 때, 자연농과 화학농을 구별 짓는 것은 단순히 농약과 화학비료를 살포할지 말지가 아니라, 자연의 창조력과 지능에 관한 보다 근원적인 관점이라고 할 수 있다. 즉, 자연농과 화학농의 문제는 사실상 인류 외 자연의 과정에 대하여 우리가 어떤 태도를 취할 것이냐에 관한, 자연 윤리의 문제이자 지구관의 문제인 것이다.

농업이라는 어려움 속에서

가와구치 요시카즈라는 인물과 자연농업 그리고 그의 사상은 바로 이러한 점에서 시선을 끈다. 가와구치의 자연농은 후쿠오카 마사노부福岡 正信가 시작한 자연농을 이은 일본의 2세대 자연농이다. 하지만 약 10년의 실험과 실패 끝에 자신의 힘으로 자연농을 터득했다는 점, 그 방법을 학교를 통해 보급하고 있다는 점에서 1세대와는 차원이 다르며 독자적이라고 할 수 있다. 사실 가와구치는 단순히 농부라고 불릴 수 없다. 그는 교육자이자 화가이기도 하며 한의학 전문가이기도 하다. 아니, 농부니, 교육자니, 화가니 하는 따위의 통속적인 지시어로는 그의 실체가 거의 잡히지 않는다. 차라리 우리는 그를 '자립의 예술가'라고 불러야만 한다. 농업과 교육과 의료와 예술 등 사람의 삶에 필요한 여러 가지 것들을 그는 자기의 삶 외부에서 구하지 않는다.

그는 왜 자연농이라 불리는 '자립의 한 예술장르'에 빠져들게 된 걸까? 재미있는 사실이지만, 그를 자연농법으로 이끌었던 것은 다름 아닌 농약, 제대로 말해 유해생물억제제였다. 30대 중반, 그는 돌연 질병을 얻게 된다. 병원을 오가며, 그는 병의 원인이 10대 후반부터 늘 논밭에 손수 뿌려왔던 그 죽음의 물질이라는 결론에 도달하게 된다.

가와구치 요시카즈가 태어난 해는 1939년, 2차대전이 발발했던 해였다. 그러니까 어린 가와구치는 '패전 후 일본'이라는 어두운 사회 안에서 유년기를 보냈다. 전쟁에서 패배했다는 사실의 자각에서 온, 전 사회에 만연한 정신적 어둠, 그리고 가계의 경제적 어려움이라는 어둠이 그의 유년기를 지배했다. 더욱이 그는 농가의 장남으로 태어나 농업이라는 가업을 이어가야만 하는 운명이었으니, 어린 가와구치를 둘러싼 어둠은 삼중의 어둠이었다.

설상가상 초등학교 6학년이던 해, 아버지가 세상을 등지고 만다. 친모와 더불어 가족농을 이어가던 중학생 가와구치는, 급기야 중학교를 마친 후에는 아예 학업을 중단하고 전업 농부의 길로 들어선다. 하지만 이것은 그의 선택이 아니었다. 그의 가계가 그에게 부과했던 그의 숙명이었다.

당연히 소년 가와구치에게 농사는 삶의 의무였다. 언제나 그를 괴롭혔던 것은 수고로이 몸을 부려야만 간신히 살아갈 수 있다는 바로 그 지긋지긋한 사실이었다. 따라서 1950년대 후반 이른바 '농약'이라 불리는 물질이 마을에 소개되었을 때, 그와 그의 어머니는 환영하지 않을 수 없었다. 선택은 단호했다. 기계와 농약의 힘으로 손발을 조금이라도 더 편히 놀리고 수확량을 수월히 배증할 수 있다는 것은 이들에게는 삶의 혁명이었다. 20세기 초중반에 진행된 이른바 '녹색 혁명'(농작물 생산량 증대를 목표로 한 각종 기술 및 제품의 개발과 적용을 지칭한다)의 바람이 가와구치가 살던 당시의 일본 농촌 마을까지 거세게 불어왔던 것이다.

유해생물억제제의 사용은 이 농부 소년의 수고를 해소해주었지만 그의 꿈의 자리마저 채워주었던 것은 아니다. 사람은 꿈꾸는 동물이어서, 농사를 피해 그림을 그렸던 소년의 가슴 한편에선 화가가 되겠다는 꿈이 싹트게 된다. 그리고 이런 결심은 결국 그를 오사카 소재 덴노지 미술연구소로 이끌었다.

그의 20대는 여느 20대가 그러하듯 자신만의 길을 찾는 시간이었다. 농사는 농기계와 화학제품들에 맡겨버리고, 생산량을 늘려주는 유독 물질에 자신의 몸을 아주 천천히 망가뜨리면서, 언젠가 때가 되면 지긋지긋한 농촌을 영영 떠나 도시에서 예술가로 당당히 살아가겠다는 포부를 흉중에 품은 채, 농가와 도시를 시계추처럼 오가며 지내던 청년 가와구치가, 오사카와 그 언저리에 있었다.

대전환 그리고 고난 속의 전진

이 모든 혼란의 구름은 그의 나이 서른 즈음, 홀연 사라지게 된다. '불성이란 항상 청정하니, 어디에 티끌이 있을까佛性常淸淨, 何處有塵埃!'(육조 혜능의 「오도시」 중 일부) 애초에 혼란의 구름 따위는 있지도 않았다. 다만 그 사실을 이제야 알았을 뿐. 그는 이 깨달음의 순간을 이렇게 토로하고 있다.

> 그와 같은 날들을 보내던 서른 살 무렵의 10월, 벼 베기를 위해 관동 방면에서 교토를 거쳐 전차로 야마토 분지로 들어서자 차창에 논이 펼쳐지고 황금색으로 물든 풍경이 나타났습니다. 그 풍요로운 경치에 마음이 고동치며 '여기가 나를 살리고 있다' '여기야말로 평화가 있다'라고 생각했습니다. 그때였습니다. '이 여행을 마지막으로 이제 여기를 떠나는 것은 그만두자. 이제부터는 정주의 날을 보내자'라고 결심했습니다. '여기에서 평생을 살아가자'고.
> **쓰지 신이치·가와구치 요시카즈, 『자연농, 느림과 기다림의 철학』, 눌민, 2015, 61쪽.**

몸의 정주 이전에 마음의 정주였고, 실은 비상이었다. 이것이 그의 삶의 1단계 도약이었다면, 2단계 도약은 이로부터 8년 뒤에 일어난다. 30대 중반, 약 20년 동안 죽음의 살충제와 제초제에 노출되었던 몸에 병마가 찾아오게 되고, 뭐랄 것도 없이 그는 자활自活의 길로 들어선다. 그가 원한 것은 지극히 단순한 것, 즉 '병으로부터의 자립'이었다. 그리고 그 시작은 자연농으로의 전환이었다. 38세 때의 2단계 도약이다.

하지만 전환을 결심하자 그를 기다리고 있던 것이 있었으니, 극심한 경제난이었다. 아이 셋이 태어나 식구가 여섯으로 늘어났지만, 새로운 농법으로 전환하자 벼도 채소도 제대로 자라지 않아(벼는 3년 후, 채소는 10년 후에야 비로소 수확되었다) 지독한 생활난에 시달려야 했다. 38세에서 48세에 이르는 이 10년의 실험기에 그는 집에 있는 물건들을, 심지어 농지까지도 팔면서 견뎠다. 이마저도 보탬이 되지 않자, 결국 종묘회사에 취직하여 근근이 연명하며 견디고 또 견뎠다.

이 고난의 10년간, 그를 괴롭힌 것이 또 하나 있었다. 어머니와의 불화였다. 화학물질의 이점을 활용하며 소출을 늘리고 있는 마을 사람들과는 달리, 자신만의 고집하며 가족들의 배를 주리게 하는 아들을, 그의 어머니는 도저히 이해할 수도, 용서할 수도 없었다. 그녀가 보기에 아들의 자연농이란 사회적 고립이자 사회적 자살 행위였다. 그러니까 가와구치의 이 10년의 행군은 어머니마저 등을 돌린 외로운 행군이었다.

자립, 삶, 행복에 관한 사상

가와구치 요시카즈라는 사람의 빛은 바로 이 10년의 견딤에 있을 것이다. 그런데 이 고난의 길을 10년씩이나 걸을 수 있게 해준 원동력은 대체 무엇이었을까? 후쿠오카 마사노부, 오카다 모키치 같은 선배들의 경험담도, 그의 가족의 존재 자체가 준 행복도 한몫씩 했겠지만, 가와구치 특유의 신념이 더 큰 역할을 했던 게 아닐까? 과연 그는 이렇게 말하고 있다.

> 그렇다고 굶어죽지는 않을 것이다, 바른 것, 진정한 것, 아름다운 것, 선한 것, 하고 싶은 것을 하고 있으면 반드시 살아나갈 것이라고 생각했습니다.
> 『자연농, 느림과 기다림의 철학』, 2015, 84쪽.

그러나 이러한 믿음의 뿌리를 캐보면 신앙 같은 것이 아니라 사상을 만날 수 있다. 그의 신념의 근저에는 반석처럼 확고한 사상이 있다. 보다 구체적으로는 인간의 삶과 자립, 행복에 관한 사상이다.

가와구치가 보기에, 삶의 행복은 삶의 자립을 통해 또는 삶의 기본을 갖춤으로써 사람의 길, 자기의 길, 생명의 길을 걸어갈 때야만 비로소 가능하다. 삶의 자립이나 기본이란 무얼 뜻하는 걸까? 가와구치는 누구든 자연계와 꼭 붙어서 농사를 지어 먹어야 삶의 기본이 갖추어지고 사람의 길이 열린다고 생각한다. 즉, 자기가 먹을 것을 스스로의 힘으로 키우는 생활이, 사람으로서, 삶의 기본이라고 보았다. 대도시 생활을 하는 사람에게는 어려운 과제이겠지만, 적은 부분이라도 그런 기본을 갖추기란 또 얼마든지 가능할 것이다.

자기의 길이란 또 무슨 말일까? 아마 그것은 자기 확신에 찬 일관된 행동으로 행복한 삶을 꾸려가는 것을 뜻할 것이다. 그런데 가와구치는 누구든 자기 길을 자신하고 살아가려면, 강인함을 길러야만 한다고 말한다. 어떠한 저항에도 아랑곳하지 않는 강인함이 있어야만 한다는 것으로, 그 강인함이란 그러나 단순한 정신력이나 물리력이 아니라 "인간으로서의 종합적인 성장 안에서 길러지는 지혜와 능력"을 포함한 강인함이다. 즉, 뚜렷한 인생관을 고집하며 밀고 나가는 정신력, 사무와 사물을 처리하는 기술력 등을 모두 아우르는 것으로서의 강인함이다.

생명의 길은 또 무엇인가? 먹거리를 자급하기만 한다면 생명의 길을 걷는다고 볼 수 있는 걸까? 이와 관련하여 가와구치는 "지금을 살아가는 것은 대답하는 마음으로 살아가는 것"이라는 말을 한 바 있다. 무엇에 대한 대답일까?

> 춘하추동 꽃이 피고 나비가 춤추는 논밭에서, 부드럽고 맑게 퍼져가는 하늘 아래 바람이 스치고 물결이 빛나는 해변에서, 붉은색 노란색 녹색으로 색깔을 바꿔가며 물드는 숲에서, 생명 있는 것으로서 대답하는 마음으로 살아가는 즐겁고도 기쁜 나날을 보내고 싶은 것입니다.
> 『자연농, 느림과 기다림의 철학』, 2015, 133쪽.

그러니까 가와구치가 말하는 '대답하는 마음으로 살아가기'란 자연계와 자신의 실존의 근본적 이어짐을, '생명의 어우러짐'이라는 살아가기의 본질을 언제라도 깊이 음미하며 살아가기 그리고 그 어우러짐에 참여하는 가운데 살아가기일 것이다. 물론 여기서 자연계를 지구나 우주라는 말로 바꾸어도 좋을 것이다. 우주의 변화에 반응하며, 우주의 일자가 되어 마음과 행동으로써 우주의 공동선에 기여하는 것이 바로 가와구치 요시카즈가 말한 '생명의 길'일 것이다. 그러나 이것은 단지 한 개인의 행복을 위한 사상이 아니라 21세기 문명사회를 위한 사상이어야 한다. _**우석영**

전쟁 이후 한국의 시대정신은 기술지상주의와
성장지상주의로, 농업과 농촌은 산업화의 대상이
아니라면 방치의 대상이었다. 농약, 화학비료와 같은
화학물질로 오염되어온 이곳의 농토의 참상은 이런
시대정신의 결과이지만, 새로운 지구기후환경이라는
현실은 이제 우리에게 다른 길을 요청하고 있다.
일본 자연농 2세대에 속하는 가와구치 요시카즈의
자연농업의 사상, 자립과 행복의 사상은
이 새로운 여정에 훌륭한 길잡이가 된다.

3부

새로운 세기를
여는 정치의 길

혁명은
'정신'을 남긴다

구스타프 란다우어의 혁명과 정신

촛불은 '혁명'이었는가

촛불 항쟁이 벌써 몇 년 전 일이 되어가고 있다. 그 겨울, 매주 토요일마다 전국 곳곳에서 수백만 명이 거리로 쏟아져 나와 "대통령 퇴진"을 외쳤다. 광장은 초겨울 찬바람도 아랑곳없이 축제로 떠들썩했다. 이 놀라운 광경에 과연 무슨 이름을 붙여야 할까? 광장에서 자연스럽게 떠오른 이름은 '혁명'이었다. 많은 이들이 주저 없이 '시민혁명'을 말했다.

그런데 촛불은 진정 '혁명'이었는가? 이 물음에 답하기 전에 곱씹어봐야 할 것은 촛불 시민들 자신이 굳이 '혁명'이란 말을 떠올린 이유다. 왠지 격에 맞는 다른 말은 없는 것 같았다. 이 말의 어떤 사

젊은 시절의
구스타프 란다우어

연 때문이었을까? 동서고금 혁명의 어떤 점 때문에 그런 느낌이 들었던 것일까? 그 옛날 서구의 시민혁명처럼 왕을 끌어내리고 싶었나? 아니면 노동자와 농민, 병사들이 혁명가를 부르며 포옹하는 장면을 재연해보고 싶었나?

　물론 단순히 세계 여러 나라 혁명사를 따라 하려는 것만은 아니었다. 말로 설명하기는 쉽지 않지만, 과거 혁명 이야기를 들을 때마다 가슴에 끓어오르던 무언가 때문이었다. 촛불 광장에서 느낀 기운이 분명히 그 느낌과 통하는 데가 있기 때문이었다. 좌파운동가들은 저마다 익숙한 교과서를 들이대며 한 번쯤은 들어본 듯한 도식으로 이를 설명하려고 한다. 하지만 여전히 빈구석이 남는다.

그런데 이 빈구석을 채워줄 만한 이야기를 한 사람이 있다. 지난 20세기 초, 독일의 독창적인 혁명가이자 사상가 구스타프 란다우어 Gustav Landauer, 1870~1919 다.

독일 혁명가 중에서 가장 꿋꿋했던 사람

1차대전 중인 1918년 11월 독일에서는 혁명이 일어났다. 4년째 계속되던 전쟁에 지친 대중이 들고일어나 황제를 내쫓고 민주공화국을 세웠다. 그런데 그들은 황제뿐만 아니라 그를 뒷받침하던 기존 체제까지 바꾸자는 세력, 그리고 구질서의 기둥이던 군부와 타협해서 혁명을 끝내려는 세력으로 서로 갈렸다. 안타깝게도 승자는 후자였다. 혁명의 원칙파·급진파는 탄압을 받았고, 로자 룩셈부르크 Rosa Luxemburg, 카를 리프크네히트 Karl Liebknecht 같은 저명한 지도자들이 희생당했다. 란다우어도 그중 한 명이었다.

몇 년 뒤에 헤르만 헤세 Hermann Hesse 는 이 시기를 회상하며 "전쟁에 지치고 무의미와 절망에 질식하던 시대"를 뚫고 "새롭고 인간적이며 열광적이고 세계시민적인 분위기가 타올랐다"고 칭송했다. 그러면서 당시 혁명가 중 "가장 꿋꿋했던 사람"으로 란다우어를 떠올렸다.

이 무렵 독일 좌파를 대표한 세력은 유럽 최대 좌파정당이던 사회민주당 SPD 이었다. 후에 등장한 공산당 KPD 조차 그 뿌리는 사회민주당이었다. 그리고 사회민주당의 이념은 정통 마르크스주의였다. 란다우어는 이 모든 계보와 인연이 없었다. 그는 피에르-조제프 프루동Pierre-Joseph Proudhon이나 표트르 크로포트킨Pyotr Kropotkin을 사표로 삼는 아나키스트였다. 말하자면 비주류 중에서도 비주류였다. 그런데도 헤세가 독일 혁명의 순교자 가운데 가장 먼저 떠올린 이름이 란다우어였다. 그만큼 그가 당대 사상계에 끼친 영향은 깊고도 넓었다.

사회주의의 중심은 '국가'가 아니라 '사회'

란다우어는 1870년생으로 레닌과 동갑이다. 유대계 중산층 집안 출신인 그는 대학에서 영문학을 공부하며 문학도의 길을 착실히 밟았다. 그런데 프리드리히 니체Friedrich Nietzsche에 탐닉하다 아나키스트들의 책에 빠져든 게 탈이었다. 젊은 란다우어는 사회민주당에서 쫓겨난 급진파 청년들과 어울리다 그들이 만들던 잡지 『사회주의자Der Sozialist』의 주요 필자가 되었는데, 글만 쓴 게 아니라 열혈 활동가로 나서게 되었다.

당시 유럽 좌파의 주류는 독일 사회민주당과 이를 본떠 각국에 등장한 좌파정당들이었다. 이들 정당은 '제2인터내셔널'이라 불리는 사회민주주의 정당들의 국제조직을 결성해 매년 대회를 열었다. 초청장은 각국 유력 정당에 갔지만, 정당 활동을 거부하는 아나키스트들도 대회장에 얼굴을 들이밀었다. 주최측에게는 골치 아픈 불청객들이었다. 아나키스트들은 회의석상에서 주류 사회주의 노선을 성토했고, 그때마다 강제로 끌려나갔다. 란다우어도 두 차례 인터내셔널 대회에 참석했다가 이런 대접을 받았다. 이를 계기로 국제 사회주의 세계에 처음 그의 이름이 알려졌다.

그래도 란다우어가 주력한 분야는 역시 문필 활동이었다. 오스카 와일드Oscar Wilde, 월트 휘트먼Walt Whitman, 라빈드라나트 타고르Rabindranath Tagore 등의 작품을 번역해 생계를 이어가며 『사회주의자』를 거의 혼자 힘으로 끌고 나갔다. 흥미로운 점은 아나키즘을 주창하면서도 잡지 제호는 '사회주의자'를 고수했다는 사실이다.

이것은 란다우어의 신념이었다. 그는 본래 사회주의란 '국가'가 아니라 '사회'가 중심이 되는 이념이라고 보았다. 사회주의의 본래 취지는 자본 독재를 국가 독재로 대체하자는 게 아니다. '사회들의 사회', 즉 대중의 자발적 결사체들이 연합해서 자치自治를 실현하는 사회를 건설하자는 것이다. 란다우어는 이런 점에서 사회주의와 아나키즘은 동의어라고 주장했다.

1908년에 란다우어는 『사회주의자』로 인연을 맺은 동지들과 함께 사회주의동맹이라는 조직을 결성했다. 작은 단체였지만, 내로라하는 인물들이 함께했다. 그중에는 20세기 초 독일 아나키즘 운동을 이끌다 나치 강제수용소에서 사망한 에리히 뮈잠Erich Mühsam과 『나와 너』(1923)의 저자로 유명한 철학자 마르틴 부버Martin Buber도 있었다. 공교롭게도 이들 모두 유대계 지식인이었다.

사회주의동맹 출범 2년 전인 1906년, 부버는 란다우어에게 편지 한 통을 띄웠다. 이 무렵 부버는 프랑크푸르트의 한 출판사에서

란다우어의 주저 『혁명』(왼쪽)과 선집

『사회』라는 제목의 총서를 편집하고 있었다. 편지에서 부버는 총서 가운데 「혁명」 편의 집필자로 란다우어만한 적임자가 없다며 집필을 의뢰했다. 란다우어는 청탁을 받아들여 원고를 보내왔다.

그런데 원고 내용이 뜻밖이었다. 총서 편집자들이 기대한 것은 당연히 사회과학 관점에서 쓴 혁명론이었다. 그러나 란다우어의 원고는 유토피아, 기독교 신비주의, 바흐Johann Sebastian Bach와 베토벤Ludwig van Beethoven을 이야기했다. 안 그래도 이 시기에 란다우어는 중세 기독교 신비주의자 마이스터 에크하르트Meister Eckhart에 깊이 빠지는가 하면 개인의 영적 혁명 없이는 사회혁명이 완성될 수 없다는 주장으로 아나키스트 동지들을 당혹스럽게 하곤 했다. 부버는 고심 끝에 원고를 그대로 출간했다. 이렇게 해서 란다우어의 주저로 평가받는 소책자 『혁명 Die Revolution』(1907)이 세상에 나왔다.

자본주의를 넘어선 미래는 먼 과거에 있다?

『혁명』은 '토피아'와 '유토피아'의 논의로 시작된다. '토피아 topia'란 어딘가에 '있는 곳'이고, '유토피아 utopia'란 어디에도 '없는 곳'이다. 란다우어는 인류 역사가 토피아와 유토피아의 반복이었다고 본다. 토피아, 즉 특정 질서가 지속되는 곳이라면 언젠가는 그것을 넘어서려는 유토피아의 열망이 등장한다. 하지만 유토피아는 반드시 또 다른 토피아, 즉 새로운 질서로 귀결된다. 이렇듯 결국은 토피아로 귀결된다면 유토피아란 헛된 열정에 불과한가?

란다우어는 이 물음을 던지고 나서 난데없이 중세 기독교 사회로 화제를 돌린다. 그는 진보사관을 비판하면서 중세가 결코 암흑기가 아니었다고 주장한다. 중세 유럽 사회에서는 농촌 공동체와 자치도시, 장원과 길드 같은 다양한 인간 조직들이 어지럽게 공존하면서도 서로 유기적으로 연결되어 돌아갔다. 란다우어는 자본주의를 넘어 인류가 돌아가야 할 질서가 바로 이런 상태라고 주장한다. 이 주장은 『혁명』이 출간되던 당시부터 많은 논란을 불러일으켰다. 사회주의를 생산력 발전의 결과로 보는 정통 마르크스주의 도식에 따르면, 란다우어의 역사관은 말이 안 되는 것이었다.

중세를 이렇게 바라보던 좌파 사상가가 란다우어만은 아니었다. 크로포트킨의 유명한 『상호부조론』(1902)에도 비슷한 주장이 담겨 있었으며 이것이 란다우어에게 큰 영향을 주었다. 영국에서는 사회주의자 윌리엄 모리스William Morris가 노동과 예술이 통합된 모범을 중세 수공업 장인에서 찾았다. 이를 이어받아 G. D. H. 콜George Douglas Howard Cole 같은 길드 사회주의자들은 자본주의나 국가사회주의와 달리 노동자들이 직접 운영하는 미래 생산 단위에 중세 수공업 조합에서 따온 '길드'라는 이름을 붙였다. 란다우어의 중세론은 사회주의운동 내부의 과학기술 만능주의와 국가 숭배에 경각심을 갖고 여기서 벗어나려 한 이들 흐름과 궤를 같이했다.

아니, 더 심오한 측면도 있다. 『혁명』에서 란다우어는 과거가 고정되어 있지 않고 변화한다고 한다. 과거가 변화한다니 무슨 말인가? 란다우어에 따르면, 역사에서는 특정한 원인이 특정한 결과를 낳은 채 끝나고 마는 인과 관계란 존재하지 않는다. 숱한 순간들이 이어진 기나긴 사슬 중 맨 끝 고리만 변화하고 나머지 모든 고리는 고정불변인 게 아니다. 마지막 고리의 변화에 따라 그 전의 사슬 전체가 바뀐다. 란다우어는 이를 이렇게 정식화한다.

과거 자체가 미래다. 과거는 결코 끝나지 않았다. 과거는 항상 생성되는 중이다. 우리가 앞으로 나아감에 따라 과거는 늘 변화하고 형태를 바꾼다.

『혁명』, 1907.

흥미로운 역사관이다. 후배 유대계 좌파 사상가 발터 벤야민Walter Benjamin을 떠올리게 만드는 통찰이다. 벤야민은 유언과도 같은 논고 「역사의 개념에 대하여」(1940)에서 정통 마르크스주의를 지배하는 진보사관을 비판하며 비슷한 논의를 펼쳤다. 벤야민에 따르면, 역사란 현재가 끊임없이 누적되며 미래로 나아가는 것이 아니다. 역사 전체의 의미가 완전히 새로 쓰일 수 있는 충만한 순간, '지금시간Jetztzeit'으로 현재를 바라봐야 한다. 지금시간은 "메시아가 들어올 수 있는 작은 문"이다. 지금시간에 단행되는 우리의 개입을 통해 구원받는 것은 미래의 자손들이 아니라 억압받았던 과거의 선조들이다.

『혁명』은 이렇듯 후대의 가장 뛰어난 비판적 사고를 앞질러 보여주는 착상이 곳곳에서 어지럽게 돌출하는 글이다. 그래서 독자를 영감의 파도에 몰아넣을 수도 있지만, 한편으로는 길을 잃게 만들 수도 있다. 가령 앞에서 일부 소개한 풍부한 논의가 무색하게 란다우어가 중세를 긍정적으로 논하는 진짜 의도는 정작 다른 데에 있기 때문이다.

그에게 중요한 것은 중세 유럽의 사회 조직들이 공유·자율성·연대에 바탕을 둔 세상을 미리 보여준다는 사실 자체가 아니다. 바로 이들 조직을 가로지르며 개인들에게 스며든 공통 정신이다. 중세 유럽에서 이런 정신이란 곧 기독교 신앙이었다. 다만 이는 교회의 기독교가 아니라 에크하르트의 신비주의나 토마스 뮌처Thomas Müntzer의 급진 종교개혁파가 대변한 기독교였다. 란다우어의 논의에서 방점은 중세 자체보다는 오히려 이런 '정신'에 있었다.

혁명은 새로운 정신이 탄생하는 순간

『혁명』의 중간쯤이 되어서야 란다우어는 비로소 근대 혁명을 다룬다. 중세 질서가 자본주의에 자리를 내준 서유럽에서는 17세기부터 정치혁명이 거의 주기적으로 발생했다. 란다우어는 정치혁명의 사상적 대변자 중에서 특히 17세기 프랑스 논객 에티엔 드 라 보에시 Étienne de La Boétie에게 주목한다.

라 보에시는 주저 『자발적 복종』(1548)에서 전제군주 권력의 원천은 돈도 아니고 무기도 아니라고 주장했다. 스스로 군주에게 복종하려는 민중의 마음이야말로 지배의 가장 굳건한 토대다. 복종이 있기에 지배가 있는 것이지 그 역은 아니다. 따라서 민중이 마음을 돌이키는 순간 어떤 독재 권력도 사상누각이 될 수밖에 없다. 혁명은 민중 편에서 감행되는 정신의 각성이다. '정신'은 라 보에시와 란다우어를 관통하는 주제였다.

> 요점은 이것이다. 독재는 꺼뜨려야 하거나 꺼뜨릴 수 있는 불꽃이 아니다. 이는 우리 바깥의 악이 아니다. 우리 내면의 흠결이다. 독재는 바깥으로부터 물을 붓는 식으로 맞설 수 없다. 제거하려면 뿌리를 노려야 한다. 독재에 먹이를 대는 인민 자신이 그러길 멈춰야만 한다.
> 『혁명』, 1907.

이런 검토를 통해 란다우어는 새로운 혁명관에 도달한다. 혁명은 물론 기존 정권이나 체제를 타도하는 일이다. 그러나 그것은 절반의 진실일 뿐이다. 혁명은 새로운 정신이 탄생하고 이 정신이 대중들 사이에 깊이 스며드는 과정이기도 하다. 새로운 공통 정신의 등장으로 기존 질서는 와해되고, 이 정신은 마치 중세에 기독교 신앙이 그랬듯 새 질서의 토대 구실을 한다. 유토피아가 결국 토피아로 돌아가는 것이 불가피한 법칙이더라도 유토피아의 순간, 즉 혁명이 소중한 이유가 여기에 있다. 혁명은 정신을 남기기 때문이다.

프랑스 대혁명의 분석으로 『혁명』을 끝내면서 란다우어는 대혁명이 낳은 정신이 무엇보다도 '기쁨의 정신'이었다고 파악한다. 기쁨의 정신에서 핵심은 인간이 더 이상 고립되었다고 느끼지 않고 하나로 연결되었으며 집단적인 힘을 이루고 있음을 실감하는 것이다. 란다우어는 베토벤의 교향곡 제9번(합창)에서 그 최상의 표현을 찾는다. 이 곡 4악장의 가사로 쓰인 프리드리히 실러 Friedrich Schiller 의 시구처럼 "기쁨의 온유한 날개가 머무는 곳에서 만인은 형제가 된다". 란다우어는 덧붙인다. "또한 자매도 잊지 말자!"

사회주의는 정신의 운동이다

『혁명』에 전개된 사상은 란다우어의 실천과 분리되지 않았다. 사회주의동맹에서 그는 자율과 협력에 바탕을 둔 공동체를 만들어 이를 미래 사회의 씨앗으로 키우려 했다. 그는 국가 권력을 장악해 명령을 통하여 새로운 사회를 만든다는 구상보다는 이쪽이 훨씬 더 현실적이라 주장했다. 또한 그는 도시보다는 토지 공유를 바탕으로

하는 농촌이 이런 공동체를 만들기에 더 유리하다고 생각했다. 사회주의동맹의 강령 격인 문서는 『혁명』과 통하는 그의 사회주의관을 이렇게 분명히 정식화했다.

> 사회주의는 국가 정책, 참주선동 혹은 노동계급의 권력 투쟁과는 아무 상관도 없다. 사회주의는 물적 조건의 변혁에 한정되지도 않는다. 사회주의란 무엇보다도 정신의 운동이다.
>
> **「사회주의동맹 11개 조항」**

사람들은 이런 그의 구상을 "협동조합 사회주의"나 "공동체 사회주의"라 불렀고 더러는 "농업 사회주의" "문화 사회주의"라고도 했다. 란다우어 자신은 시오니즘에 공감하지 않았지만, 그의 사상은 부버를 통해 이스라엘의 키부츠(이스라엘의 농업 및 생활 공동체)에 커다란 영향을 끼치기도 했다.

란다우어가 이렇게 한창 새로운 생각을 토해낼 무렵, 유럽에는 전운이 감돌기 시작했다. 1차대전의 먹구름이 다가왔던 것이다. 란다우어는 처음부터 평화주의의 태도를 분명히 밝혔다. 독일 노동자가 전쟁이 발발하지 않도록 총파업으로 맞서야 한다고 역설했다. 하지만 전쟁은 일어났고, 총파업은 불발했다. 일단 전쟁이 시작되자 란다우어는 이를 하루빨리 끝내자는 운동에 앞장섰다. 특히 독일 최대 평화주의 단체인 '새조국동맹'에서 활약했는데, 이 조직의 회원 중에는 알베르트 아인슈타인Albert Einstein도 있었다.

란다우어는 새조국동맹에서 바이에른 출신 정치가 쿠르트 아이스너Kurt Eisner와 의기투합했다. 아이스너는 란다우어가 경멸하던 사회민주당 개혁주의 분파 출신이었지만, 열렬한 평화주의 신념에서는 서로 통하는 바가 많았다. 이 만남은 란다우어의 이후 삶에 결정적인 영향을 끼쳤다.

1918년 11월, 전쟁 중이던 독일에 드디어 혁명이 일어났다. 베를린에서 제정이 무너지고 공화국이 선포되었을 때 바이에른주의 뮌헨에서도 혁명 세력이 인민공화국을 수립했다. 수반은 아이스너가 맡았다. 그는 누구보다 먼저 란다우어에게 도움을 요청했다. 란다우어는 망설임 없이 친구 뮈잠과 함께 뮌헨으로 달려갔다.

그러나 아이스너는 1919년 2월에 극우파의 총탄에 쓰러지고 말았다. 그의 죽음과 함께 반혁명 세력의 공세가 시작되었다. 그러자 아이스너 추종자들과 아나키스트들이 반격에 나섰다. 4월에 바이에른 평의회공화국이 선포되었다. 란다우어는 혁명정부에서 문화교육인민위원을 맡았다. 그는 곧장 학교와 극장 개혁에 착수했다. 철학자이자 경제학자인 오토 노이라트Otto Neurath, 화폐개혁론자 실비오 게셀Silvio Gesell 등이 그와 함께하려고 모여들었다.

하지만 실험은 한 달을 넘기지 못했다. 바이에른 혁명정부는 5월에 진압되었다. 란다우어는 메이데이(5월 1일의 축제) 다음날 극우민병대에 체포되어 살해당했다. 혁명 정신의 반대자들은 그 정신의 생생한 실례를 결코 용납할 수 없었던 것이다.

1918~1919년 독일 혁명 중 베를린의 한 거리

촛불은 어떠한 정신을 잉태했는가

그러나 적들은 란다우어가 남긴 정신의 자취까지 지워버릴 수는 없었다. 『혁명』을 비롯한 그의 글들은 지금까지 살아남아 우리를 흔들고 깨운다. 촛불 항쟁을 돌아볼 때도 란다우어는 더없이 훌륭한 대화 상대다.

란다우어와 대화하다 보면, 촛불 광장에서 '혁명'이라는 말이 떠오른 이유를 이해할 수 있다. 그 거리에서 새로운 정신이 꿈틀댔기 때문이다. 또 '혁명'을 떠올리면서도 조금 주저한 이유 역시 짐작할 수 있다. 새로운 정신이 그 형체를 온전히 다 드러내지는 않았기 때문이다. 과연 촛불은 한국 사회에 어떠한 정신을 잉태했을까?

어쩌면 이 물음에 답하기에는 아직 촛불 국면이 미처 끝나지 않은 것일지 모르겠다. 지금 이 순간에도 그 정신은 조금씩 자라나고 있는 게 아닐까. 역사라는 거대한 사슬은 마지막 고리가 어떻게 변화하느냐에 따라 사슬 전체가 바뀐다는 란다우어의 역사관처럼, 지금 우리의 선택과 결단에 따라 촛불의 승패도, 그것이 남긴 정신도 바뀐다고 봐야 하지 않겠는가. 혹시라도 우리의 정신이 아직 무르익지 않았다면, 그것은 다름 아니라 또 다른 혁명을 부르는 신호가 아닌가.

비극적이게도 란다우어 자신은 혁명과 함께 무르익을 기회를 허락받지 못했다. 그의 세대는 박복했다. 희망은 쉽게 좌절되었지만, 절망은 질기도록 오래갔고, 최고의 환희는 최악의 환멸로 뒤바뀌고는 했다. 그 시절에 비하면 우리 앞의 가능성은 거의 무한해 보일 정도다. 하지만 란다우어는 그런 예기치 못한 고난들조차 새롭게 태어나고 또 태어나는 정신의 숙명임을 받아들였다. 오히려 그는 후세대를 위안하고 격려하는 듯한 글귀로 『혁명』을 끝맺었다.

결국 우리 앞에 놓인 길이 어떠할지는 알 수 없다. 이 길은 러시아를 지날 수도 있고, 인도를 경유할 수도 있다. 아는 것이라고는 오직 이 길이 익숙한 흐름이나 투쟁이 아니라 미지의 구불구불한 경로를 통해 우리를 숨은 보물로 인도하리라는 것, 그것뿐이다.

『혁명』, 1907.

_장석준

한국에서는 크로포트킨의 저작 몇 권을 제외하면
아나키즘 계열 사상가 가운데 제대로 소개된 이들이
별로 없으며, 란다우어도 여기에서 예외가 아니다.
부버의 저서 『유토피아 사회주의』나 벤야민의 전기
등을 통해 이름만 얼핏 알려진 정도다.
하지만 최근에는 『녹색평론』과 같은 생태주의 흐름을
중심으로 그의 사상, 특히 농촌 공동체를 중심에 둔
공동체 사회주의 구상이 주목받고 있다.

15

노동자가 직접 생산을
통제해야 한다

알렉산드르 실리아프니코프의
노동자 통제

러시아 혁명, 다른 결말은 불가능했을까

2017년은 러시아 '10월 혁명' 100주년이었다. 지난 세기에 지구 위
모든 나라, 모든 민족이 세계 최초의 사회주의 혁명이 불러일으킨
해일에 휩쓸렸다. 20세기 나머지 역사는 세계 곳곳에서 1차대전과
10월 혁명이라는 두 거대 사건의 의미를 곱씹고 이들 사건 '이후'의
삶을 살아가려 고투한 이야기였다 해도 과언이 아니다. 이 이야기
의 주인공 중에는 한반도 사람들도 있다. 항일독립운동에도, 분단과
전쟁에도, 남북 두 체제에도 10월 혁명의 긴 그림자가 드리워 있다
(최인훈의 걸작 『화두』는 이 그림자에 관한 깊이 있는 추적담이다).

그런 사건의 100주년이었으니 감회가 깊을 수밖에 없었다. 게

다가 2008년 세계 금융 위기 이후 맞는 혁명 100주년이니 분위기가 또 다를 수밖에 없었다. 혁명이 낳은 국가, 소비에트 연방이 붕괴한 뒤에 지구 위 유일 체제를 자임하던 자본주의마저 이제는 20여 년 전 현실 사회주의권마냥 휘청대고 있다. 대안을 찾는 목소리가 어느 때보다, 간절하다. 100년 전 러시아 민중의 결단이 이런 갈구에 무언가 말해주는 바가 있지 않을까.

하지만 10월 혁명에서 미래의 시사점을 찾으려는 시도가 아직 그리 활발하지 않은 것은 그만큼 혁명 이후 체제가 불러온 비극이 충격적이었기 때문이다. 100주년을 맞아 나온 기사나 출판물만 봐도 그렇다. 혁명 초기의 성취를 높이 평가하는 글들도 있지만, 이를 압도하고도 남는 것은 이오시프 스탈린Joseph Stalin 아래서 벌어진 탄압과 숙청, 기근과 강제수용소의 끔찍하고 기나긴 기록이다. 이는 러시아인들뿐만 아니라 인류 전체가 여전히 결산을 끝내지 못한, 인간성의 가장 어두운 사례들이다.

그리하여 10월 혁명의 회고는 다음 물음의 답을 찾는 일이 될 수밖에 없다. '어쩌다 혁명은 최선에서 최악으로 변질되고 말았는가?' '혁명이 품고 있던 다른 가능성은 없었는가?' '가능성이 있었다면 그것은 무엇이고, 오늘날 우리에게 어떤 의미를 주는가?'

이런 물음에 답하면서 흔히 거론되는 이름들이 있다. 스탈린 체제에 맞섰다가 희생양이 된 혁명 지도자 레온 트로츠키Leon Trotsky나 니콜라이 부하린Nikolai Bukharin이다. 한데 이들은 모두 지식인 출신이었다. 10월 혁명은 노동계급혁명을 표방했는데, 정작 노

금속노동자 출신 '혁명의 양심'
알렉산드르 실리아프니코프

동자 자신의 목소리를 듣기는 쉽지 않다. 이 점에서 볼셰비키 지도자 중 유독 눈길이 가는 인물이 알렉산드르 실리아프니코프Alexandre Shlyapnikov, 1885~1937다. 그는 인텔리겐치아가 아니라 금속 노동자였다. 볼셰비키가 대변한다고 했던 바로 그 노동계급의 한 사람이었다.

노동자 출신의 고참 볼셰비키

실리아프니코프는 1885년 모스크바에서 동쪽으로 300km 떨어진 무롬Murom의 가난한 가정에서 태어났다. 집안 형편 때문에 아홉 살 때부터 공장 노동을 시작해야 했던 그는 방학이 되면 늘 방적공장에서 혹사당해야 했다. 열다섯 살이 되자 그는 숙련 노동자가 되겠다는 꿈을 품고 수도 페테르부르크로 향했다. 뒤늦은 산업화와 함께 늘어나던 러시아 노동계급 1세대의 전형적인 삶이었다.

그런 그에게 어느 날 선배 노동자가 하도 손을 많이 타서 너덜너덜해진 인쇄물 하나를 건넸다. 제호는 『이스크라Iskra(불꽃)』로, 레닌을 비롯한 사회민주노동당RSDLP 망명 활동가들이 내던 정치신문이었다. 차르 정부의 탄압 때문에 외국에서 만들어 몰래 들여오던 신문이 이렇게 공장 노동자들에게까지 닿았던 것이다. 그 노동자 중 한 사람이 10대 후반의 실리아프니코프였다.

곧이어 1905년 제1차 러시아 혁명의 물결이 청년 노동자 실리아프니코프를 덮쳤다. 차르의 순한 양 같았던 민중이 의회민주주의 실시, 노동조합 활동 보장, 농지 개혁 등을 외치며 들고 일어났다. 실리아프니코프도 시위와 파업에 앞장섰다. 이 무렵 그는 사회민주노동당의 열혈 활동가였다. 논쟁을 거듭하던 이 당의 두 분파 가운데에서도 (멘셰비키가 아니라) 볼셰비키 소속이었다. 노동계급이 민주주의 혁명을 주도해야 한다고 강조하던 볼셰비키 쪽이 그의 성미에 맞았다.

왕성한 학습욕과 실천 의지에 불타는 젊은 숙련 노동자는 당입장에서도 대환영이었다. 불과 스물두 살의 나이에 실리아프니코프는 사회민주노동당 페테르부르크 조직의 간부가 되었다. 그러나 지하정당 간부가 된다는 것은 출세라기보다는 고생길이었다. 1908년에 그는 해외의 레닌에게 당 상황을 보고하기 위해 프랑스 위조 여권을 들고 조국을 떠났다.

어렵사리 레닌을 면담하고 나서 실리아프니코프는 한동안 서유럽 곳곳을 떠돌았다. 지식인 출신 혁명가들은 망명 중에도 대개 자기들끼리 돌려보는 신문에 글을 쓰거나 끝없이 논쟁을 벌이며 하루하루를 보냈다. 그러나 노동자인 실리아프니코프는 금속 사업장을 찾아가 기계공으로 일했다. 덕분에 그는 다른 볼셰비키 지도자들과는 달리 서유럽 노동운동을 깊이 체험할 수 있었다.

실리아프니코프가 특히 오래 머문 곳은 파리였다. 그곳에서 자동차 공장에 취직한 그는 노동조합에도 가입했다. 이 시기에 그는 역시 프랑스에 망명 중이던 여성 혁명가 알렉산드라 콜론타이Alexandra Kollontai와 잠깐 연인으로 지내기도 했다.

이 무렵 프랑스 노동운동을 주도한 것은 혁명적 생디칼리슴이었다. 생디칼리스트들은 자본주의를 넘어선 새 사회의 건설은 국가가 아니라 노동자 대중조직의 몫이며, 따라서 혁명의 중심 기관도 정당이 아니라 노동조합이어야 한다고 믿었다. 실리아프니코프는 정치권력의 중요성이나 정당의 역할을 부정하는 주장에는 동의하지 않았다. 그러나 이들이 볼셰비키 교리에 비해 노동자 대중조직에 훨씬 더 적극적인 임무를 부여하는 점만큼은 눈여겨보았다.

1914년이 되자 러시아 정세가 심상치 않게 돌아갔다. 수도 페테르부르크에 파업과 거리 시위가 다시 등장했다. 1905년 혁명이 재발할 것만 같았다. 이런 상황에서 볼셰비키 국내 조직은 노동운동 경험을 지닌 간부가 절실히 필요했다. 제일 먼저 떠오른 이름이 바로 실리아프니코프였다. 이제 막 30대를 앞둔 그는 드디어 귀국

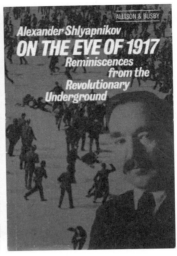

실리아프니코프(왼쪽 사진 왼쪽)와 그가 1917년에 관해 저술한 책

길에 올랐다.

하지만 돌아오고 나서 얼마 안 되어 1차대전이 발발했다. 기대하던 혁명이 아니라 제국주의 전쟁이 터진 것이다. 가짜 프랑스 여권으로 입국한 실리아프니코프는 졸지에 프랑스 전시 동원령에 따라야 하는 신세가 되었다. 그는 잠시 스웨덴으로 피신했다. 그러나 국내에서 전쟁에 대한 염증이 커지자 1916년 가을에 페테르부르크에 숨어들어와 당 조직을 재건했다.

이로부터 몇 달 지나지 않아 1917년 2월 혁명이 발발했다. 혁명의 한복판에서 실리아프니코프는 볼셰비키 페테르부르크 조직의 최고참 당원이었다. 나머지 지도자들은 죄다 해외에 있거나 감옥

238

또는 유형지에 있었다. 어쩌다 국내 당 조직의 책임자가 된 상태에서 그의 젊음을 바친 커다란 꿈, 혁명이 눈앞에 펼쳐지고 있었다.

금속노동조합 위원장으로 10월 혁명을 맞다

2월 혁명으로 러시아에 갑자기 서유럽보다 더 자유롭고 활발한 민주주의 공간이 열렸다. 옥중 동지들이 풀려나고 망명 지도자들이 돌아와 당 조직이 안정되자 실리아프니코프는 노동조합으로 눈길을 돌렸다. 그는 금속노동조합 결성에 앞장섰다.

첫 결실로 4월에 페테르부르크 금속노동조합이 설립되었다. 노동조합이 출범 후 곧바로 착수한 사업은 경제 혼란 속에서 실직 노동자들에게 일자리를 찾아주는 일이었다. 두 달 뒤에는 페테르부르크 조직을 중심으로 전소러시아 금속노동조합이 건설되었다. 실리아프니코프는 멘셰비키 소속 후보와 경합을 벌인 끝에 위원장으로 선출되었다.

금속노조는 러시아 역사상 처음으로 사용자협회와 단체협상을 벌였다. 금속노조 집행부가 단체협상에서 가장 중요시한 것은 저임금에 시달리는 미숙련·반숙련 노동자의 임금인상이었다. 사용자협회가 임금인상안을 거부하자 금속노조는 총파업을 준비했다. 임시정부와 너무 일찍 충돌하길 꺼렸던 볼셰비키 집행부는 오히려 총파업을 만류했지만, 금속노조는 완강했다.

결국, 8월 임시정부의 중재로 금속노조 요구가 상당히 관철된

협약이 체결되었다. 단체협약 자체도 성과였지만, 또 다른 성과는 저임금노동자를 중심에 놓은 임금협상 과정을 통해 노동자들의 연대 의식이 한껏 고양되었다는 점이었다. 실리아프니코프는 이런 분위기를 타고 낡은 직업별 노동조합들을 산업별 노동조합으로 통합하는 작업에 나섰다. 덕분에 페테르부르크 금속노조는 7만 명이던 조합원이 10월까지 19만 명으로 늘었다. 이들은 몇 달 뒤에 수도에서 새로운 혁명(10월 혁명)을 뒷받침하는 노동계급 기반이 되었다.

10월 말에 볼셰비키가 마침내 봉기를 결정했을 때, 실리아프니코프는 이를 적극 지지하지는 않았다. 우선 그는 볼셰비키만의 단독 집권에 회의적이었다. 노동자·농민·소비에트에 참여하는 모든 사회주의 정당들(멘셰비키, 사회주의혁명당 등)이 공동 집권해야 한다고 생각했다. 또한 당이 정치적 이유로 봉기를 서두르지만, 막상 봉기 이후 경제를 운영할 대책은 마련하지 못했다고 보았다.

하지만 일단 당이 행동에 돌입하자 페테르부르크 금속노조가 가장 든든한 주력 부대가 되었다. 10월 25일 금속노조 집행부는 봉기의 주체인 페테르부르크 소비에트를 중심으로 단결하자고 조합원들에게 호소했다. 그러자 수많은 금속 노동자들이 적위대에 참여했다. 적위대는 금속노조 최대 사업장인 푸틸로프 공장(제철소이면서 무기도 생산했다)에서 징발한 무기로 무장했다. 금속노조는 조합기금을 페테르부르크 소비에트에 군자금으로 내놓기까지 했다.

10월 혁명이 성공하자 실리아프니코프는 혁명 정부의 노동인민위원(장관 격)이 되었다. 신임 노동인민위원은 인민위원회 의장(총리 격) 레닌과 함께 혁명 정부의 첫 포고령 중 하나를 작성했다. 공장은 노동자가 통제한다는 포고령이었다. 레닌과 실리아프니코프가 공동 서명한 포고령의 첫째와 둘째 항목은 다음과 같았다.

1. 국민경제의 체계적 조절을 위해 공업·상업·농업 등등에 종사하며 사업장에 인민을 고용하거나 가내 노동을 시키는 모든 기업에 노동자 통제를 시행한다. 노동자 통제의 대상에는 원자재 및 최종재의 생산·저장·매매뿐만 아니라 금융까지 포함된다.

2. 노동자는 공장 및 작업장 위원회, 상급 소비에트 등등의 선출된 기구들을 통해 통제를 행사한다. 경영 및 기술직 역시 해당 위원회에 대표를 선출해 파견한다.

이때만 해도 '노동자 통제'가 혁명 후 경제 체제에 관한 볼셰비키의 대원칙이었다. 사회주의에서는 생산자가 직접 생산 활동을 통제한다는 것이었다. 관료기구가 지령을 내린다는 생각 따위는 애당초 없었다.

볼셰비키를 지지한 노동자들도 같은 생각이었다. 사업장마다 노동자들이 공장위원회를 조직했다. 공장위원회는 노동자가 기업을 관리하려고 만든 대의기구였다. 1918년 초에 모스크바에서는 총 288개의 공장 중 222곳에서 공장위원회가 경영을 책임졌다. 한편 산업 수준에서는 금속노동조합 같은 산업별 노동조합이 속속 건설되었다. 노동조합도 산업 전반의 운영 방향을 놓고 사용자들과 협상을 벌였다.

이 무렵 쟁점은 오히려 노동자 통제의 중심 기관이 무엇이냐는 것이었다. 레닌은 공장마다 결성된 공장위원회를 중심으로 여겼지만, 실리아프니코프는 산업별 노동조합을 강조했다. 실리아프니코프는 산업 차원의 노동자 대중조직이 중심이 되어야만 개별 기업의 협소한 시각과 이해관계를 조정할 수 있다고 보았다. 하지만 이런 강조점 차이에도 불구하고 노동 대중 스스로 경제활동을 관리해야 한다는 것은 너무나 분명한 공통 원칙이었다.

관료기구가 아니라 노동조합이 경제를 운영해야 한다

하지만 1918년 혁명 정부와 반혁명 무장 세력 사이에 내전이 일어나자 상황이 뒤바뀌었다. 정부는 점차 공장위원회를 무시하고 관료에게 실질적인 결정권을 부여했다. 전시 경제를 효율적으로 운영하려면 어쩔 수 없다고 했다. 이제 '계획'이라는 이름 아래 국가 관료기구의 권한이 막강해졌다.

공산당(볼셰비키의 새 당명) 간부 중에는 이런 체제를 '전시 공산주의'라며 찬양하는 이들도 있었다. 적군赤軍을 지휘해 내전을 승리로 이끈 트로츠키는 노동자를 군대처럼 조직해 생산성을 높이자고까지 했다. 레닌은 이런 극단적 입장에는 동조하지 않았지만, 전문경영인과 노동자 대표들이 공동 경영하던 기업 체제를 전문경영인 중심으로 바꿔야 한다는 생각만큼은 확고했다. 이른바 '프롤레타리

아 독재' 아래서 노동자는 점점 체제의 주인이 아니라 동원 대상이
되어갔다.

실리아프니코프는 위기감을 느꼈다. 이는 애초에 노동계급혁
명으로 이루고자 했던 세상의 모습이 결코 아니었다. 내전이 끝나
가던 1920년 말에 그는 주로 노동조합에서 활동하는 공산당원들을
모아 당내 야당인 '노동자 반대파'를 조직했다. 망명 시절 연인이었
던 콜론타이도 이들과 함께했다. 노동자 반대파는 1919년 공산당 8
차 대회에서 채택한 당 강령 제5조를 자신들의 활동 근거로 삼았다.
공산당의 경제 대안을 제시한 제5조는 다음과 같았다.

> 소비에트 법률과 제도를 통해 이미 노동조합은 지역 및 중앙의 모든
> 산업 운영 기구에 참여하고 있다. 노동조합은 경제 전체를 하나의 단
> 위로 삼아 경영하는 데 더욱더 역량을 집중해야 한다. 이를 통해 노동
> 조합은 중앙 국가 행정, 경제 그리고 노동 대중 사이의 굳건한 연계를
> 보장하게 될 것이다. 노동조합은 경제의 방향을 결정하는 데 대중을
> 가능한 한 최대로 참여시켜야 한다. 대중이 노동조합을 통해 경제의
> 방향 결정에 참여하는 것은 소비에트 권력의 경제 체계가 관료화하는
> 데 맞서는 핵심적 수단이다. 게다가 이를 통해 생산의 결실에 대한 대
> 중의 실질적 통제가 가능하게 될 것이다.

한마디로 관료가 아니라 노동자가 경제를 통제해야 한다는 것이 노
동자 반대파의 강령이었다. 그들에게 노동 대중의 참여와 결정권이

부재한 체제는 사회주의일 수 없었다. 실리아프니코프와 동지들은 노동자 민주주의가 작동할 상세한 체계까지 제시했다. 이들은 공산당 주류의 관심에서 멀어지고 만 공장위원회 전통을 이 구상에 통합했다.

이에 따르면, 각 공장에서는 일상적인 노동자 자치기관인 여러 위원회(경영위원회, 임금위원회, 작업장 관리위원회 등)가 활동한다. 이들 위원회는 2주일에 한 차례 혹은 1주일에 한 차례 열리는 공장 총회에 활동을 보고하고, 총회는 기업경영의 주요 사안을 결정한다. 공장 총회는 생산직·사무직을 막론하고 해당 기업의 모든 노동자를 대표한다.

산업별 노동조합의 상급 기구는 각 공장 총회에서 선출된 대표들로 구성된다. 각 산업 부문의 경영을 맡는 산업별 생산자 의회와 경제 전체의 운영을 결정하는 전국 생산자 의회도 이런 상향식 선출 원리에 따라 구성된다. 소비에트가 정치를 다루는 대의기구라면, 생산자 의회는 경제를 다루는 대의기구가 된다. 이는 영국 사회주의자 콜이 제시한 길드 사회주의 구상과 상당히 비슷하다.

노동자 반대파는 이런 대안을 들고 1921년 공산당 제10차 대회에 임했다. 노동자 반대파는 694명의 대의원 중 약 45명의 지지를 받았다. 10%도 안 되는 지지였다. 주된 이유 중 하나는 레닌을 비롯한 주류 지도자들의 날 선 공격이었다. 그들은 노동자 반대파가 해당害黨 행위를 한다고 몰아세웠다. 한때는 당연시되던 이상이 이제는 분파주의라 비판받았다. 콜론타이는 이런 비방에 항의하며 마르크스와 엥겔스의 옛 문구를 환기했다. "노동해방은 노동자 자신의 과업이어야만 한다."

결국 노동자 반대파의 비판과 대안은 당대회 결정에 반영되지 못했다. 국가기구가 각 기업과 경제 전반의 운영을 주도하는 체제가 유지된 채로 신경제정책NEP이 시작되었다. 10여 년 뒤에 스탈린의 채찍 아래서 겉은 '계획'경제이지만 실은 '명령'경제인 체제가 등장할 길이 확실히 열렸다. 노동자 반대파는 패배했다. 그러나 실리아프니코프는 이게 종국적 패배라고는 인정하지 않았다. 그는 당대회가 끝난 뒤에도 노동자 반대파 해산을 거부했다. 이에 대한 당의 대답은 단호했다. 1921년 실리아프니코프는 강압에 의해 전러시아 금속노동조합 위원장에서 물러나야만 했다.

국가사회주의는 몰락했지만

사망하기 직전에야 레닌은 점점 더 비대해지는 관료기구에 불안감을 느꼈다. 부랴부랴 대안을 마련하려 했지만, 이미 병석에 누운 그가 어찌해볼 수 있는 상태가 아니었다. 노동자를 군대처럼 조직하자던 트로츠키는 레닌이 죽은 뒤에야 관료주의에 맞서 투쟁하겠다고 나섰다. 그러나 거대해진 당-국가 조직을 장악한 스탈린에게 상대가 되지 못했다.

노동자 반대파가 그토록 우려하던 관료 주도 질서는 스탈린 시기에 국가사회주의 체제로 굳어졌다. 한동안 많은 이들이 이 체제를 사회주의의 교과서인 양 떠받들었다. 중국도, 북한도, 쿠바도 기본적으로는 이 교과서를 따랐다. 분명 레닌이나 트로츠키가 바랐던 결말은 아니지만, 이들이 위기의 순간마다 내린 잘못된 결정들과 무관한 결말도 아니었다.

70여 년 만에 이 체제는 무너졌다. 만약 이 체제가 혁명의 유일한 결말이라면, 러시아 혁명은 그저 망각의 대상이 되는 게 마땅하다. 그러나 다른 길을 가리킨 이들이 있었다. 그 맨 앞에 실리아프니코프와 콜론타이, 노동자 반대파가 있었다.

그들은 처음부터 '국가'사회주의 말고 다른 대안이 있다고 외쳤다. 더구나 이 대안은 '사회'주의라는 말에 담긴 애초의 이상과 원칙에 훨씬 더 부합했다. 노동자 반대파는 자본 소유주뿐만 아니라 국가 관료도 '사회'를 대신해 주인 노릇을 할 수 없다고 믿었다. 이들이 '사회'의 구체적인 표현으로 제시한 것은 생산 현장의 노동자 자치와 산업별 노동조합이었다.

노동자 반대파 강령을 다듬을 무렵 실리아프니코프의 토론 상대였던 또 다른 위대한 혁명가 빅토르 세르주Victor Serge는 이런 대안을 "단체와 결사들의 공산주의"(빅토르 세르주, 『한 혁명가의 회고록』, 오월의봄, 2014)라 불렀다. 공산당이 만들어놓은 현실인 "국가공산주의"와 대비되는 명칭이었다.

러시아 혁명에는 이러한 목소리들도 있었다. 더구나 혁명 초기에는 이들이야말로 민중의 가장 앞선 부분을 대변했다. 우리가 1917년 혁명을 망각할 수만은 없는 까닭이다.

그렇다면 이후 실리아프니코프의 삶은 어찌 되었는가? 1927년에 트로츠키 등이 연합반대파를 결성해 공산당 안에서 마지막으로 스탈린에 맞섰을 때, 실리아프니코프는 여기에 참가하지 않았다. 체제가 엇나가기 시작한 바로 그때 성찰하고 행동하지 않았던 이들을 신뢰할 수 없었기 때문이었다.

하지만 스탈린 정권은 모든 당내 반대파의 선구격인 이 인물이 생존해 있다는 사실 자체를 용납할 수 없었다. 1930년대에 실리아프니코프는 두 차례 체포되었다. 그때마다 그는 정권의 회유와 협박에 완강히 버텼다. 지식인 출신 당원들이 비밀경찰 앞에서 흔히 보인 약간의 타협이나 자기비판조차 거부했다. 1937년 가을 어느 날, '사회주의' 정권은 모스크바에서 알렉산드르 실리아프니코프의 총살형을 집행했다. **_장석준**

러시아 혁명사는 한때 한국의 1960~1970년대 초반
태생 세대의 피를 뜨겁게 하는 화제였지만,
그때에도 실리아프니코프라는 이름은 익숙하지
않았고 노동자 반대파 역시 관심 밖이었다.
콜론타이의 전기를 통해 그나마 이들의 존재를
알고 주장을 전해 듣는 수준이었다. 그러나 소련이
몰락하고 신자유주의 전성기도 종막에 다다른 지금은
달라져야 한다. 실리아프니코프가 속했던 노동자
반대파 전체가 재평가되어야 하며, 그들의 소련 체제
비판과 대안이 새로운 영감의 원천이 되어야 한다.

16

20세기의
버니 샌더스

노먼 토머스의 좌파정당운동

버니 샌더스 이전의 버니 샌더스들

헌정사상 첫 대통령 탄핵으로 2017년 5월에 조기 대선이 실시되었다. 여론조사에서 압도적 1위를 달리던 문재인 더불어민주당 후보가 실제 41.08%를 득표하며 당선되었다. 정권 교체를 바라는 촛불민심이 문재인 후보로 쏠린 결과였다.

　그런데 조기 대선의 드라마는 이게 다가 아니었다. 정의당 후보인 심상정 후보의 예기치 못한 선전도 있었다. 이 선거에서는 진보정당 핵심 지지층마저 정권 교체를 급선무로 여기는 분위기였기에 심상정 후보의 고전이 예상되었다. 2002년에 권영길 민주노동당 후보가 얻은 득표율(3.9%)에 미치지 못하리라는 예상이 많았다.

그러나 TV 토론회에서 심상정 후보가 노동자, 여성, 성소수자를 대변하며 깊은 인상을 남긴 뒤 심 후보의 지지율이 가파르게 상승하기 시작했다. 그 결과, 처음 예상을 훨씬 뛰어넘으며 6.17%, 약 201만 명의 지지를 받았다. 한국 정치사에서 진보정당 대통령 후보로는 최고 성적이었다.

사실 선거운동 기간에 가파르게 상승하던 지지율에 비하면 아쉬운 결과였다. 승자독식 선거에서 군소정당에 표를 주지 않으려는 사표 심리의 장벽을 넘기란 역시 쉽지 않았다. 비록 진보정당 역사에서 괄목할 성과라고는 하지만, 민주당이 받은 지지에 비하면 여전히 왜소해 보였다. 이런 형편이기에 그나마 진보정당에 우호적이라는 인사들 사이에서는 지금도 이런 충고가 끊이지 않는다. "그럴바에는 차라리 민주당에 들어가 활동하는 게 낫지 않는가."

이렇게 이야기하면서 흔히 드는 사례가 미국 정치다. 미국도 승자독식 선거제도(결선투표 없는 대통령 선거, 소선거구제 방식의 상하원 의원 선거 등) 아래서 양대 정당이 정치를 독점해왔다. 두 당, 공화당과 민주당 중 그나마 개혁적인 쪽은 민주당이다. 대공황을 극복하고 수정자본주의를 낳은 뉴딜 개혁이 민주당 정부에서 이뤄졌으니 그렇게 볼 만하다. 진보정당 간판을 접으라고 훈수 두는 이들은 자유주의자부터 좌파까지 다 모인 미국 민주당 같은 정당을 만들어서 뉴딜 정도의 성과를 내보자고 주장한다.

그러나 오늘날 미국 현지 사정은 복잡하다. 2016년 대선에서 "민주적 사회주의자"를 자처하는 무소속 버니 샌더스Bernie Sanders 상원의원이 민주당 대선 후보 예비경선에 뛰어들었다. 그러자 돌풍이 일었다. 그간 공화당과 민주당의 양자택일에 식상했던 이들, 특히 젊은이들이 샌더스를 열광적으로 지지했다. 그래서 자칫 민주당이 내부 혁명으로 리버럴정당에서 진보정당으로 뒤바뀔지 모르는 상황이 되었다. 물론 혁명은 불발했다. 민주당 거물 정치인들은 온갖 수단을 다 동원해 샌더스의 후보 선출을 막았다. 유권자들은 다시 한번 최악의 공화당 후보와 그만큼 최악인 민주당 후보, 둘 중 하나를 선택해야 했다. 그 결과가 바로 극우 선동가 도널드 트럼프Donald Trump의 집권이었다.

아무래도 미국식 양당 정치는 우리가 좇아야 할 모범은 아닌 듯하다. 더구나 미국에서도 이런 역사적 숙명을 뒤집으려고 노력한 이들이 없지 않았다. 샌더스의 선배들이 있었고, 한국 진보정당운동의 도전을 훨씬 앞서서 감행한 이들이 있었다. 우리만큼 어려운 여건에서 좌파정치의 길을 이어간 이들이 있었다. 그 길 위에 노먼 토머스Norman Thomas, 1884~1968가 있었다.

양대 정당의 정치 독점에 도전한 미국 사회당

미국 정치사에서 공화당-민주당 양당 구도에 가장 진지하게 도전했던 흐름으로는 미국 사회당SPA을 들 수 있다. 1901년에 창당한 사회당은 이름 그대로 사회주의를 추구했다. 이 당의 초기 지지자 중에는 미국에 오기 전 이미 유럽 대륙에서 사회주의운동의 세례를 받은 이민 1세대가 많았다. 오대호 주위에 모여 산 독일계 이주민은 독일 사회민주당의 미국판을 바랐다. 차르 전제가 싫어 이민 온 러시아 제국 출신자들은 사회주의 정당을 사랑방 삼아 고국의 운동을 지원하고 싶어 했다. 뉴욕에 밀집한 유대계 인구는 사회주의 지식인·운동가를 배출하는 온상이었다.

그러나 이들만 사회당을 지지하지는 않았다. 지금은 낯설게 들리지만, 중서부 소농 중에서도 상당한 지지자들이 있었다. 소농들은 자영농 국가였던 미국이 대도시 독점자본을 위한 나라로 변질되었다고 보았다. 1890년대에 이들은 금본위제 철폐와 독점자본 규제, 노동자와 농민 보호를 내걸고 양대 정당에 도전한 인민당People's Party을 건설했다. 금본위제를 공격하면서 이들이 도전한 대상은 이 제도를 통해 생산자들 위에 군림하는 금융자본이었다.

안타깝게도 인민당은, 이후 미국 정치사의 다른 많은 제3당 운동처럼, 민주당에 사실상 흡수되고 말았다. 하지만 독자정당의 깃발을 놓지 못하는 이들이 있었다. 이들 인민당 잔류파가 사회당 창당에 함께 한 덕분에 사회당은 동부 대도시뿐만 아니라 중서부 소도시에도 거점을 확보할 수 있었다.

창당 초기에 사회당이 대중에 뿌리내리는 데 결정적인 역할을 한 인물은 유진 V. 뎁스Eugene Victor Debs였다. 뎁스는 여러 직업별 노동조합으로 쪼개져 있던 철도 노동자들을 단일한 철도노동조합으로 단결시킨 산업별 노동조합운동의 선구였고, 연방군이 출동할 정도로 격렬했던 풀먼열차회사 파업을 이끈 전설적인 노동운동 지도자였다. 뎁스는 1900년 대선부터 다섯 차례나 사회당 대통령 후보로 나섰다. 독점자본 개혁 여론이 비등했던 1912년 선거에서는 거의 100만 표(6.0%)를 얻기도 했다. 뎁스는 미국 노동자들에게 친숙한 개신교 전도사의 말투로 사회주의를 설파하고 새 좌파정당 지지를 호소했다.

뎁스의 헌신적인 대선 선거운동에 힘입어 사회당은 착실히 성장했다. 1906년에 동부 거점인 뉴욕에서 유대계인 모리스 힐퀴트Morris Hillquit가 사회당 하원의원 후보로 출마해 26%를 획득했다. 1910년에는 독일계 밀집지인 위스콘신주 밀워키에서 빅터 버거Victor Berger가 40%를 득표하며 하원의원에 당선되었다. 사회당이 드디어 원내 정당이 된 것이다. 다음 해인 1911년 지방선거에서는 모두 74명의 사회당 시장이 배출되었다. 당원도 12만 명으로 늘었고, 미국노동연맹AFL(직업별 노동조합 중심의 노총) 대의원대회에서는 1/3이 넘는 대의원의 지지를 받았다.

그러나 제국주의 전쟁이 사회당의 전진을 가로막았다. 유럽의 자매 정당들과는 달리 미국 사회당은 1차대전 참전을 초지일관 반대했다. '개혁'을 약속하며 집권했던 우드로 윌슨Woodrow Wilson 민주당 정부는 반대 여론에도 불구하고 참전을 강행했다. 윌슨 정부는 정치 무대에서 반전운동을 열렬히 대변하는 사회당을 가혹하게 탄압했다. 대선에서 윌슨의 경쟁자였던 뎁스는 투옥되기까지 했다.

전쟁이 끝난 뒤에도 러시아 10월 혁명의 여파로 반사회당 공세는 끊일 줄 몰랐다. 게다가 당의 얼굴인 뎁스는 70대에 접어들고

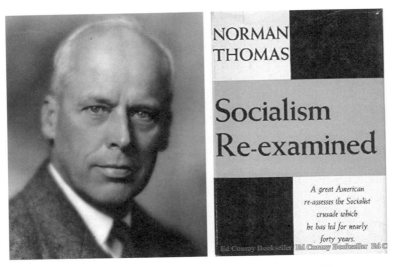

20세기 '버니 샌더스', 노먼 토머스와 그의 마지막 저작 『사회주의 재검토』

있었다. 1920년 대선에서 옥중 출마임에도 100만 표 가까이 득표하는 기염을 토하기는 했지만, 이것이 당을 위한 그의 마지막 봉사가 되었다. 사회당에 새로운 활력을 불어넣을 차세대 대중 정치가가 간절히 필요했다. 이때 떠오른 사람이 바로 노먼 토머스였다.

사회당의 얼굴이 된 목사

노먼 토머스는 중서부 오하이오주의 장로교 목사 집안에서 태어났다. 명문 프린스턴대학을 졸업했고, 1911년부터 아버지의 뒤를 이어 목회 활동을 시작했다. 훤칠한 키에 매력적인 얼굴에다 학벌까지

좋았으니 출셋길이 보장된 젊은이였다.

그런 그가 사회당의 문을 두드린 것은 역시 1차대전 때문이었다. 평화주의가 신념이었던 토머스는 앞뒤 재지 않고 반전운동에 뛰어들었다. 참전을 반대하는 조직이라면 어디든 가입했고, 예배당만이 아니라 거리, 학교 가릴 것 없이 연설하고 다녔다. 교회는 이를 못마땅해했지만, 사회당은 그를 동지로 반겼다.

처음에는 입당까지 할 생각은 없었다. 전형적인 미국인 기질을 지녔던 토머스는 당 규율이 자칫 속박이 되지 않을까 두려워했다. 그러나 사회당이 반전운동으로 탄압받자, 더 이상 망설이지 않았다. 토머스는 1918년에 사회당에 입당했을 뿐만 아니라 목사직을 그만두고 전업 활동가가 되었다.

그가 처음 맡은 임무는 외곽조직인 산업민주주의연맹 LID 을 이끄는 일이었다. 이곳에서 그는 프래그머티즘 철학자 존 듀이 John Dewey, 사회주의에 동조한 신학자 라인홀드 니부어 Reinhold Niebuhr 등 당대의 뛰어난 지식인들과 교유했다. 그러면서 기독교 윤리와 프래그머티즘을 결합한 독특한 사회주의 사상을 발전시켰다.

예컨대 토머스는 동부 지식인 사회주의자들과 달리 교회를 직접 공격하지 않았다. 오히려 기독교 윤리를 칭송했다. 그러면서 아동 노동의 참상이나 파업 노동자 탄압을 이야기했다. 그는 물었다. 오늘날 기독교 윤리를 실천하려면 마땅히 아동 노동 문제를 고발하고 파업 노동자를 도와야 한다. 그러나 교회는 어디에 있는가? 오히려 사회주의자들이야말로 기독교 윤리를 실천하고 있지 않은가?

뎁스가 성서 속 비유를 들어 호소했던 것처럼(가령 그는 자본주의를 '맘몬'이라 불렀다), 전직 목사 토머스는 신심 깊은 미국인들에게 사회주의의 이상을 어떻게 전달할지 알고 있었다.

토머스의 이런 면모에 사회당 집행부가 주목했다. 그들은 뎁스 같은 전형적인 미국 토박이가 당의 새 얼굴이 되어야 한다고 생각했다. 어색한 악센트의 이민 1세대나 '좌파'의 전형으로 치부되는 유대계 지식인이 아니라 말이다. 토머스보다 더 이 조건에 부합하는 사람은 없었다.

뉴욕시장 선거에 사회당 후보로 출마했던 힐퀴트가 토머스에게 1924년 뉴욕주지사 선거 출마를 권했다. 토머스는 고심 끝에 이 제안을 수락했다. 이후 (뎁스보다 더 많은) 여섯 차례의 대선을 포함해 열 번도 넘게 사회당 후보로 공직 선거에 출마하게 될 줄은 그 역시 생각하지 못했다.

대공황 직후의 대선에서 '빈곤에 맞선 전쟁'을 외치다

처음 뉴욕주지사 선거에 나설 때는 나름대로 희망이 있었다. 주지사에 바로 당선되리라는 기대 때문은 아니었다. 당시 사회당은 미국 정치판 전체를 뒤흔들어 보려는 야심 찬 계획을 추진 중이었다. 주지사 선거와 함께 실시된 1924년 대선에 공화당 개혁파였다 탈당한 로버트 라폴레트Robert M. La Follette 상원의원을 출마시킨다는 계획이었다. 실제로 라폴레트는 사회당 후보는 아니지만, 사회당과 미국노동연맹이 함께 지지하는 무소속 후보로 대선에 뛰어들었다. 사회당은 이 선거의 성과를 발판 삼아 미국에도 영국 노동당처럼 노동조합의 지지를 받는 진보정당을 새로 만들려 했다.

이 선거에서 정치 초년생 토머스는 9만 표를 얻어 양대 정당 후보에 한참 뒤졌지만, 라폴레트는 483만 표(16.6%)라는 상당한 득표를 기록했다. 하지만 노동 진영은 이 정도 성과조차 독자정당을 창당하기에는 부족하다고 평가했다. 게다가 라폴레트 후보마저 선거 직후 병사하고 말았다. 이로써 사회당의 원대한 재창당 계획은 수포가 되었다. 미국의 보수 일변도인 정당 구도를 바꿀 최대 호기가 무산되고 만 것이다.

이제 막 40대인 토머스가 이끌어야 할 정당은 이렇게 출구가 봉쇄된 상태였다. 토머스는 말년까지도 노동조합운동을 끌어들여 사회당을 확대 재창당하려는 구상을 포기하지 않았지만, 새로운 기회가 오기만 마냥 기다릴 수는 없었다. 그는 첫 선거 도전지인 뉴욕주에서 공직 선거가 있을 때마다 거듭 출마해 당을 알리고 조금이라도 지지층을 넓히려 했다. 이런 노력이 통했던지 1934년 뉴욕주 연방상원의원 선거에서는 거의 20만 표를 얻기도 했다.

1928년 대선부터는 대통령 후보로도 출마했다. 첫 번째 도전 결과(26만 표, 0.73%)는 라폴레트 운동은 물론이고 뎁스 시절에 비해서도 크게 실망스러운 것이었다. 그러나 1932년 선거는 달랐다. 대공황이 발발하고 난 뒤에 치른 선거여서 사회당 후보의 주장에 좀더 많은 이들이 진지하게 귀를 기울였다.

이미 실업자가 되었거나 실업의 공포에 짓눌려 있는 유권자들 앞에서 토머스 후보는 '빈곤에 맞선 전쟁'을 선포했다. 그에게는 양대 정당 후보들의 공약보다 더 뚜렷한 대안이 있었다. 사회당 강령에 담긴 정책들이었다. 공공 일자리 제공, 노동시간 단축, 농민을 위한 재정 지원, 실업보험 도입, 아동노동 철폐, 공적 연금 도입, 저렴한 주택 공급, 법인세 인상 및 부자 증세, 기간산업 국유화…. 이때만 해도 미국 사회의 많은 이에게 '공상적'이라 치부된 내용이었다.

사회당의 계획은 이렇습니다. 우리는 이윤을 좇는 기업에만 보조금을 지급하는 대신 소비를 북돋을 것입니다. 연방정부는 실업자 가정에 주 단위로 긴급 지원금을 지급해야 합니다. 100억 달러 정도의 예산으로 이 사업을 시작할 수 있을 것입니다.

사회당 정부가 펼칠 두 번째 중점 정책은 주5일 노동입니다. 또한 실업보험제도를 실시해야 합니다. 미국의 모든 가정은 라디오와 자동차 한 대씩은 갖추고 의식주 걱정 없이, 미래에 대한 걱정 때문에 밤잠을 설치는 일 없이 살아갈 수 있어야 합니다.

노먼 토머스의 1932년 대선 연설

이 선거에서 토머스는 100만 표에 근접한 지지를 받았다(88만여 표, 2.23%). 단지 득표 수치만 의미 있는 게 아니었다. 더 중요한 것은 사회당 후보가 정치 지형 전반에 끼친 영향이었다.

1932년 대선 당선자는 프랭클린 D. 루스벨트Franklin Delano Roosevelt였다. 집권 이후 그가 실시한 뉴딜은 토머스의 대선 공약과 상당 부분 겹쳤다. 몇몇 복지제도를 신설했고 공공근로 사업을 벌였으며 노동조합의 권리를 확대했다. 사회주의 후보의 공약을 받아들여 공황에 대처한 것이다. 루스벨트 자신이 이를 의식해서 토머스를 백악관에 자주 초청해 의견을 구하기도 했다.

그런데도 민주당 '개혁' 대통령과 '사회주의' 정당 후보 사이에는 여전히 커다란 간극이 있었다. 무엇보다도 토머스는 루스벨트 정부가 월스트리트 개혁을 내세우면서도 은행을 국유화하지 않는 점을 비판했다. 혈세로 은행을 살려준 뒤에 경제위기 원흉인 은행가들에게 돌려주고 만 꼴이라는 것이었다.

토머스가 루스벨트 정부에 완전히 등을 돌리게 된 것은 또 다른 세계 전쟁, 즉 2차대전 때문이었다. 물론 토머스는 미국에서 가장 먼저 유럽 파시즘의 위험을 경고한 인물 중 한 사람이었다. 하지만 참전이 결국 뉴딜을 사회민주적 개혁이 아니라 파시즘과 별반 차이 없는 엘리트 통제 체제로 변질시키리라는 우려 때문에 선뜻 동의하기 힘들었다.

이와 함께 토머스의 현실 정치 이력도 막바지로 치달았다. 그는 이제 세상의 방향과 완전히 동떨어진 사람 취급을 받았고, 1948년 그의 마지막 대선 도전 결과는 14만여 표(0.29%)에 그쳤다.

사회당 없이 뉴딜이 있었을까

결말이 꼭 이래야 할 일은 아니었다. 1930년대에 미국의 노동 현장은 전투적 산업별 노동조합과 공장 점거 파업으로 뜨겁게 달아올랐다. 이런 열기 속에서 보수적인 미국노동연맹 말고 신흥 산업별 노동조합들로 이뤄진 또 다른 노총, 산업별조직회의CIO가 등장했다. 토머스는 이런 분위기야말로 노동조합과 함께 더 큰 좌파 대중정당을 건설한다는 오랜 꿈을 실현할 기회라 여겼다. 마침 비슷한 시기에 캐나다에서는 노동조합의 지지를 받으며 협동공유연맹CCF(신민주당의 전신)이라는 좌파정당이 결성되기도 했다.

그러나 노동조합 지도자들의 생각은 달랐다. 그들은 제3당을 건설하는 모험에 나서기보다는 민주당 정부의 뉴딜 정책을 지지하는 쪽을 택했다. 이후 미국 노동조합들은 선거가 닥치면 늘 민주당을 지지했다. 뉴딜의 여진이 남아 있을 때는 이게 별문제 없어 보였지만, 20세기 말에 민주당 정치인들이 시장지상주의로 전향하자 이야기가 달라졌다. 미국 노동운동은 졸지에 정치적 무장해제 상태가 되고 말았다. 토머스와 사회당이 가리켰던 방향을 선택하지 않은 결과는 시간이 지날수록 더욱 참담해졌다.

사회당 자체도 문제가 있었다. 토머스가 당을 이끌던 1930년대에 사회당은 노장층 중심의 온건파와 청년층 중심의 급진파 사이의 대립으로 시끄러웠다. 토머스는 더 큰 대중정당을 만들기 위해 어떤 좌파 세력이든 다 끌어안으려 했기 때문에 당내 여러 정파뿐만 아니라 공산당 탈당파, 트로츠키주의자들까지 포용하려 했다. 더 나아가 공산당과 함께 반파시즘 연합전선을 결성하려고 노력했다. 하지만 토머스의 이런 노력이 당내 이견을 더욱 부추기는 역효과를 낳았다. 게다가 공산당은 사회당보다도 민주당 뉴딜파를 연합전선 대상으로 삼아서 토머스를 분노하게 했다.

20세기에 토머스와 미국 사회당의 사회주의는 끝내 기회를 얻지 못했다. 대공황과 함께 자본주의 최대의 위기가 닥쳤음에도 기회를 움켜쥔 것은 민주당 리버럴 세력이었다. 어느 뉴딜 비판가에 따르면, "사회주의자가 수영하는 동안 벗어놓은 옷을 뉴딜파가 들고 튀어버렸다".

그러나 달리 생각해볼 수도 있다. 과연 사회당이 없었어도 뉴딜이 있었을까? 뉴딜이 추진되기 한 세대 전부터 줄기차게 대기업의 공적 소유와 경제 계획, 금융 통제와 노동권 및 복지 확대를 주장한 정당이 없었어도 민주당 정부가 평소 자신들의 선택지에는 없던 이런 해법 일부를 채택할 수 있었을까? 공화당, 민주당이 같은 목소리로 떠들던 내용 말고 다른 대안이 있음을 대선 때마다 온몸으로 보여준 노먼 토머스가 없었어도 루스벨트가 그렇게 과감하게 개혁 입장을 취할 수 있었을까?

이런 물음을 던질 때에야 뉴딜 이전에 지나온 기나긴 길과 그 길을 열어갔던 이들의 존재가 비로소 보인다. 비록 역사의 주인공은 되지 못했지만, 세상에 꼭 필요한 소금이었던 그들, 바로 노먼 토머스와 사회당이 그 모습을 드러낸다.

연설하는 토머스와 이를 경청하는 흑인과 백인 노동자들

'미국 사회주의자'가 남긴 마지막 메시지

세상의 눈에는 영락없이 실패한 인생이겠지만, 정작 토머스는 끝까
지 자기 인생보다는 세상을 더 걱정했다. 사회당 일선에서 물러난
뒤에는 평생의 신념에 따라 냉전과 핵전쟁 공포에 맞서는 평화운동
에 나섰다. 공산당을 비판했지만, 반공을 명분으로 내건 매카시즘의
탄압에는 함께 맞서 싸웠다.

　　사회당은 점점 더 미국 정치의 비주류로 밀려났어도 토머스 노
인만은 늘 꼿꼿했다. 흑인 시민권운동을 비롯해 새로운 대중운동이
등장할 때마다 그곳에는 전 대통령 후보 노먼 토머스가 있었다. 물
론 베트남전쟁 반대 시위에서도 늘 노구의 그를 볼 수 있었다. 죽기
직전까지도 그는 사회당 동지 에리히 프롬Erich Fromm에게 마틴 루서
킹Martin Luther King Jr. 목사를 1968년 대선에 공화당, 민주당에 맞서는
좌파연합 후보로 내자는 편지를 띄웠다.

　　노년의 노먼 토머스가 놓지 못한 걱정은 수십 년을 넘어 지금 우리 시대로까지 향했다. 마지막 저작 『사회주의 재검토Socialism Re-examined』(1963)에서 토머스는 미래에 자동화로 일자리가 사라지지 않을까 우려했다. 그러면서 이에 대응하려면 뉴딜식 복지를 넘어 정부가 모든 시민에게 충분한 소득을 보장하는 방안을 검토해야 한다고 주장했다.

> 내 사회주의 사상을 부분적으로 수정하게 만드는 것은 사이버네틱스 덕분에 정부가 시민 한 사람 한 사람이 존엄하게 삶을 꾸려가기에 충분한 소득을 보장할 수 있게 되었을 뿐만 아니라 이런 정책이 필요한 단계에 미국 사회가 이미 도달했다는 로버트 테오발드Robert Theobald[미국의 미래학자로 보편적 기본소득의 선구적 주창자 중 한 사람]의 지적이다. 이는 웃어넘길 수 없는 주장이지만, 나는 그가 대중의 근로 및 책임 윤리와 이 정책이 빚을 엄청난 마찰을 과소평가한다고 본다. 그의 이론은 선진 공업국을 배경으로 하며, 따라서 여전히 결핍의 경제로 신음하는 광대한 지역들에는 적용되기 힘들다. 하지만 나는 그의 명제가 진지하게 주목받아야 한다고 생각한다.
>
> 『사회주의 재검토』, 1963.

보편적 시민기본소득, 이것이 20세기 '미국 사회주의자'가 마지막으로 남긴 메시지였다. _장석준

미국에도 활발한 사회주의운동이 있었다는
사실은 그리 낯익은 이야기는 아니다.
그나마 유진 뎁스의 이름은 좀 알려졌어도
노먼 토머스는 거의 금시초문일 것이다.
그가 주창했던 대공황 대책이 루스벨트 정부를
통해 '뉴딜'이라는 이름으로 우리에게 기억된다는
사실을 떠올리면, 서글퍼지기까지 한다.
하지만 버니 샌더스의 대선 운동을 계기로 미국에서
사회주의운동이 부활하고 있기에 토머스와 미국
사회당의 역사 또한 분명히 재조명받을 것이다.

17

민주주의를 전진시키는
21세기판 이중권력

랠프 밀리밴드의 이중 민주주의

우리 시대에 가능한 사회 변혁

2017년 3월 10일 헌법재판소는 박근혜 대통령 탄핵안을 인용했다. "피청구인 대통령 박근혜를 파면한다"는 판결문 마지막 문장이 낭독되는 순간, 나라 안 곳곳에서 일제히 환호성이 일었다. 촛불 시위가 통쾌한 승리를 거두는 순간이었다.

하지만 이때의 촛불 시위를 역사책에 어떤 이름으로 기록해야 할지는 지금까지도 논쟁거리다. 진작부터 많은 이가 붙인 명칭은 촛불'혁명'이다. 임기 중인 대통령을 끌어내렸으니 이런 이름이 과하지 않다. 여당이 국회 의석 1/3이 훨씬 넘었는데도 의결 정족수 2/3 이상인 탄핵안이 통과된 것은 국회를 에워싼 대중의 힘 아니면 설명할 수 없다. 일상적인 결정 과정은 아니었으니 충분히 '혁명'이라 할 수 있지 않을까.

그러나 역사책 속 혁명의 모습과 그리 닮지 않았다는 것도 사실이다. 대통령 파면 과정에서 헌법이 정한 절차에서 벗어난 장면은 하나도 없었다. 국회와 헌법재판소가 철저히 헌법 규정대로 움직여서 현직 대통령을 몰아냈다. 기존 국가기구를 무너뜨리고 새나라를 세웠던 옛 혁명들(프랑스, 러시아 등의 사례)과는 달라도 너무 달랐다. 그래서 '혁명'이란 규정은 맞지 않는다는 목소리가 높을 뿐만 아니라 세상은 한 치도 바뀌지 않았다는 한탄조차 들린다. 박근혜, 최순실과 달리 쉽게 감옥에서 풀려난 재벌 총수들을 보면, 이 한탄에 공감하지 않기 힘들다.

도대체 촛불 경험을 어떻게 바라봐야 하는가? 더 나아가 우리 시대에 가능한 사회 변혁이란 어떤 모습인가? 100년 전 혁명이 여전히 유효한가, 아니면 이제는 대의민주주의가 촘촘히 발달했으니 다음번 선거에나 기대를 걸 수밖에 없는가? 이는 이미 촛불 광장에서도 뜨거운 쟁점이었다. 촛불 시민들 사이에서 벌어진 폭력-비폭력, 대의민주주의-직접민주주의 등의 논쟁은 결국 21세기 사회 변혁의 경로와 전략에 관한 고민이라 할 수 있다.

우리만의 고민도 아니다. 민주주의 역사가 더 오래되었다는 나라들에서도 그동안 익숙했던 제도와 상식들이 새삼 불신과 불만의 대상이 되고 있다. 그런 가운데 기성 정치 문법으로는 신자유주의 질서를 바꿀 수 없다며 곳곳에서 역동적인 정치 실험이 나타나기도 한다. 정보화로 유례없이 성장한 개인의 소통 역량에 어울리는 정치 시스템을 만들어야 한다는 주장도 힘을 얻는다.

민주주의가 21세기에도 생명력을 지니려면 어떤 모습이어야 하는지 다들 그 답을 찾고 있다. 한데 이 숙제를 마주한 게 우리가 처음은 아니다. 지난 세기에 먼저 길을 찾아나선 이들이 있다.

누가 영국 사회를 지배하는가

1961년에 『의회 사회주의: 노동당 정치 연구 *Parliamentary Socialism*』라는 저서를 남긴 영국 정치학자 랠프 밀리밴드 Ralph Miliband, 1924~1994도 그중 한 사람이다. 『의회 사회주의』의 서문은 이렇게 시작한다.

> 사회주의를 목표로 추구한다는 정당들 가운데에서 영국 노동당은 가장 교조적인 정당 중 하나였다. 사회주의에 대해 그런 게 아니었다. 의회제도에 대해 그랬다.

밀리밴드는 미국 사회학자 C. 라이트 밀스 Charles Wright Mills의 학문적 동지였다. 둘은 대서양을 오가며 전후 영미 사회의 변동을 놓고 의견을 나누었다. 1956년에 낸 화제작 『파워 엘리트』에서 밀스는 미국이 민주주의의 외양을 띠고 있지만, 실제로는 소수 경제·정치·군사 엘리트들의 지배 아래 있다고 분석했다.

당대 영국 사회를 바라보는 밀리밴드의 시각도 별로 다르지 않았다. 1958년에 "누가 영국을 지배하는가?"라는 제목으로 개최된 심포지엄에서 그는 여전히 자본 권력이 영국을 지배한다고 진단했다. 2차대전이 끝나고 노동당이 6년간 집권하면서 복지 확대 정책을 펼쳤지만 크게 변하지 않았다는 것이다.

『의회 사회주의』의 서문에서 단언한 것처럼, 문제는 노동당의 정치가 의회 안에 갇혀 있다는 점이었다. 사회 변혁을 추구하는 정당이라면 몇몇 제도를 개선하는 데 만족해서는 안 된다. 사회 전반에 깊이 뿌리내린 불평등한 권력 관계에 균열을 내고 이를 뒤흔들며 결국은 뒤집어야 한다.

이는 의회 안의 협상과 타협(우리 식으로 말하면, '여의도 정치')만으로는 될 일이 아니다. 의사당 바깥의 넓은 세상에서 거대한 대중이 참여하는 정치 행동이 있어야만 한다. 예컨대 1926년에 영국 사회를 잠시 정지시켰던 총파업이 그런 사건이었다. 하지만 당시 노동당은 총파업에 결합하기보다는 거리를 두려고만 했다. 밀리밴드가 보기에 노동당은 이런 체질 때문에 자본 권력에 손댈 수 없었다.

밀리밴드가 노동당을 매섭게 비판한 것은 그만큼 영국 좌파정치에 건 애정과 기대가 컸기 때문이었다. 밀리밴드의 개인사를 보면, 그럴 수밖에 없었다. 그는 본래 영국 사람이 아니었다. 이름도 랠프가 아니었다. 벨기에에 거주하던 유대인 피혁 노동자의 아들 아돌프Adolphe 밀리반트였다. 1940년에 아돌프 히틀러의 마수가 벨기에로 뻗치자 당시 열여섯 살이던 그는 아버지와 함께 바다 건너 영국으로 피신했다.

낯선 나라였지만, 외롭지만은 않았다. 나치 독일에 맞서 싸우던 영국 노동계급 사회는 (지금과는 사뭇 다르게) 유대인 탄압을 피해 망명한 이들 부자를 따뜻이 맞아주었다. '아돌프'라는 불길한 이름도 이때 '랠프'로 바꿨다. 조국을 바꿔야 할 정도로 불안한 유럽 정세 속에서 랠프는 일찍부터 정치에 눈을 떴다. 자연스럽게 그의 마음은 파시즘에 가장 첨예하게 맞서는 좌파 쪽으로 기울었다.

사회과학을 공부하기로 마음먹은 밀리밴드는 난민 자녀를 위한 장학 프로그램 덕분에 런던정치경제대학에 진학했다. 당대 영국 정치학계의 거목이자 노동당 이론가이기도 했던 해럴드 라스키Harold Laski가 그를 제자로 받아들였다. 당시 난민을 기꺼이 품어준 영국 사회에서 밀리밴드는 새로운 고향을 찾을 수 있었다. 그리고 그 중심에는 영국 노동운동과 사회주의가 일군 오랜 전통이 있었다.

사회민주주의도, 공산주의도 아닌 신좌파

2차대전 중에 밀리밴드는 해군 부사관으로 복무했고, 노르망디 상륙작전에도 참여했다. 전역한 뒤에는 런던정치경제대학으로 돌아와 프랑스 혁명 중의 민중 사상을 다룬 논문으로 박사학위를 받았다. 이후 그는 오랫동안 모교에서 정치학을 가르쳤다.

하지만 밀리밴드도 스승 라스키와 마찬가지로 상아탑에만 안주하지 않았다. 정치 제도와 이념을 분석했을 뿐만 아니라 직접 정치에 뛰어들었다. 처음에는 노동당에 입당해 활동했다. 그러나 『의회 사회주의』에 정리한 대로, 이 무렵 노동당은 당내 우파뿐만 아니라 좌파까지도 의회 정치의 틀에 갇혀 있었다. 밀리밴드는 새로운 정치적 대안을 찾아나섰다.

밀리밴드 세대 중 많은 이에게 노동당을 대신할 좌파정당이란 곧 영국 공산당CPGB을 뜻했다. 공산당원으로 활동한 역사학자 에릭 홉스봄이나 에드워드 파머 톰슨Edward Palmer Thompson이 그런 사례였다. 그러나 밀리밴드는 공산당의 스탈린주의 정치 문화가 처음부터 마음에 들지 않았다. 그렇다고 트로츠키주의 소小정파들에 끌리지도 않았다. 그들은 단지 스탈린주의를 좀 더 작은 규모로 반복할 따름이었다. 한동안 밀리밴드는 외로운 무소속 좌파였다.

1956년부터 변화의 조짐이 나타났다. 이해 가을, 소련군 탱크가 헝가리 민중혁명을 짓밟자 뜻있는 당원들이 공산당을 떠나기 시작했다. 그중에는 『영국 노동계급의 형성』의 저자 E. P. 톰슨도 있었다. 밀리밴드는 무당파 신세가 된 이들과 함께 노동당도 아니고 공산당도 아닌 새 좌파정치를 개척하려 했다. 세상은 이들을 '신좌파New Left'라 불렀다.

밀리밴드는 신좌파 사상가 중에서도 현실정치에 가장 적극적이었다. 그는 기회가 닿을 때마다 노동당을 대체할 사회주의 대중정당을 건설해야 한다고 역설하곤 했다. 하지만 1960년대 초의 핵무장 철폐 운동이나 1960년대 말 학생운동은 아직 새 정치세력의 토대가 되기에는 미약했다. 그는 일단 1960~1970년대에 세계 곳곳에서 전개된 개혁과 혁명을 분석하며 미래 변혁 전략을 모색하는

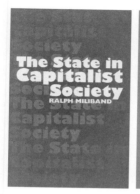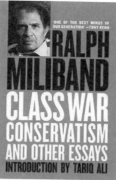

밀리밴드의 주저 『자본주의 사회의 국가』(맨 왼쪽)와 관련 서적들

작업에 전념해야 했다. 1964년에 톰슨 등과 함께 창간한 『소셜리스트 레지스터 Socialist Register(사회주의자 명부)』가 주된 논단이 되었다.

세계 곳곳의 무소속 좌파 지식인·운동가들이 『소셜리스트 레지스터』에 주옥같은 글들을 투고했다. 몇몇 이름만 거론하면, 레온 트로츠키 전기 3부작의 저자로 유명한 아이작 도이처 Isaac Deutscher, 창간호부터 필자로 참여해 구조개혁 노선과 생태사회주의를 주창한 앙드레 고르, 소련의 체코슬로바키아 침공을 비판했다가 이탈리아 공산당에서 출당당한 루치오 마그리 Lucio Magri 등이 있었다. 『소셜리스트 레지스터』는 지금도 매년 꾸준히 발간되며 전 세계 좌파의 토론장이 되고 있다.

밀리밴드는 이런 토론 속에 다져진 현실 분석과 전망을 대표작 『자본주의 사회의 국가 The State in Capitalist Society』(1969)에 정리했다.

이 책에서 밀리밴드는 현대 민주주의에서도 국가는 여전히 자본가 계급의 경제 권력 아래 있다고 지적했다. 반백년과 수천킬로미터를 건너뛰어 이 나라의 이른바 '삼성 공화국' 현상을 설명해줄 만한 저작이다. 이렇게 현대 국가를 연구하면서 밀리밴드는 마르크스주의 정치이론을 적극 재평가했다. 다만 늘 그랬듯 정통 이론을 그대로 받아들이는 식은 아니었다. 현실 변화에 따라 철저히 재구성된 마르크스주의여야 했다. 이 작업의 결과는 10여 년 뒤에 『마르크스주의와 정치학』(1977)으로 출간되었다. 이 무렵 또 다른 중요한 좌파 국가이론가 니코스 풀란차스Nicos Poulantzas가 밀리밴드와 논쟁(밀리밴드-풀란차스 논쟁)을 벌여 사회과학계에서 높은 관심을 받기도 했다.

아옌데, 벤과 함께 신자유주의의 부상에 맞서며

1973년 칠레에서 쿠데타가 일어나면서 선거로 선출된 살바도르 아옌데 대통령의 인민연합 정부가 무너졌다. 인민연합 정부는 '사회주의로 가는 칠레식 길'이라는 이름 아래, 기존 민주주의 룰을 지키며 칠레 사회를 변혁하려 했다. 그러나 칠레식 길은 군사 반란으로 끊기고 말았다. 선거를 통한 집권만으로는 국가기구의 핵심 부분들을 사실상 지배하는 자본 권력을 제어하기 힘들다는 게 드러났다. 『자본주의 사회의 국가』에서 밀리밴드가 펼친 주장이 증명된 셈이었다.

　그럼 고전적 혁명이 반복되길 기다리는 것 외에 사회 변혁의 길이 막혀 있다는 이야기인가? 밀리밴드의 답은 달랐다. 그는 기존 국가기구 곳곳이 지배 세력에 포획되어 있으므로, 변혁 세력은 국가기구 안팎을 넘나드는 정치 활동을 펼쳐야 한다고 주장했다. 선거에 승리했다고 끝이 아니다. 대중이 정치에 개입할 거점들을 국가기구 바깥에 만들어서 국가기구 안의 싸움을 뒷받침해야 한다.

> 경제·정치·사회 구조를 근본적으로 변혁하려는 결의에 찬 새 정부라면 국가권력과 병행하면서 이를 보완할 대안 권력 기관들의 네트워크를 건설하는 데 착수하고 이 작업을 독려해야 한다. 이 네트워크는 "대중 행동"이 때맞춰 감행되고 올바른 방향을 취하는 데 굳건한 기반이 될 것이다. 대안 권력 기관이 어떤 형태(작업 현장의 노동자위원회, 거주지의 주민위원회 등)를 취할지, 이들이 국가와 어떻게 "맞물릴지"는 예상할 수 없지만 말이다.
> 「칠레의 쿠데타」, 『소셜리스트 레지스터』, 1973.

밀리밴드가 '의회 사회주의'라고 비판한 노동당 전통처럼 의사당이 정치의 전부인 양 생각해서는 이런 전망을 시도조차 할 수 없을 것이다. 한동안 밀리밴드는 영국 정치에서 이런 전망이 추진될 가능성을 그리 높게 여기지 않았다.

그런데 1980년대 초에 밀리밴드의 비전에 귀를 기울이는 현실 정치의 한 흐름이 등장했다. 당시에는 이미 마거릿 대처가 집권하여 시장지상주의 공세를 펼치는 중이었다. 노동당 안에서는 1960

랠프 밀리밴드의 아들 에드워드의 노동당 대표 시절

년대 말 혁명운동과 전투적 노동조합운동의 영향을 받은 신세대 좌파가 등장해 이런 공세에 맞섰다. 그 중심에 토니 벤 하원의원이 있었다. 이런 이유에서 흔히 토니 벤을 중심으로 한 신좌파는 '벤 좌파'라고 불렸다.

구세대 노동당 좌파와 달리 벤 좌파는 사회를 바꾸려면 의회정치와 대중운동을 결합해야만 한다는 점을 분명히 알고 있었다. 특히 벤은 기성 엘리트 정치를 넘어서는 참여민주주의를 강조했다. 대중이 정치 전면에 나서야 노동당이 집권하더라도 급진 개혁을 펼칠 수 있다는 것이었다. 서로 지적 배경이 달랐음에도 벤과 밀리밴드의 정치관은 마치 한 사람의 생각인 양 일치했다.

이미 육십 줄에 접어든 밀리밴드는 벤 좌파의 이론적 지주 역할을 떠맡으며 현실정치에 뛰어들었다. 벤 의원이 노동당 안에서 집행부의 공격을 받아 고립될수록 밀리밴드는 더 완강히 벤 곁을 지켰다. 밀리밴드와 벤은 『소셜리스트 레지스터』 그리고 또 다른 좌파 저널 『뉴 레프트 리뷰』 주위의 인물들과 정책 모임을 만들어 대처 정부, 노동당 주류와 구별되는 탈신자유주의 정책을 토론하고 입안했다. 현 노동당 대표 제러미 코빈Jeremy Corbyn도 이 모임의 정기 참석자 중 한 명이었다.

밀리밴드는 벤 좌파 노선을 한 마디로 "기업 권력 및 계급 구조와 대결하는 민주혁명"이라 규정했다. 그러나 이 혁명이 무르익는 데는 생각보다 더 많은 시간이 필요했다. 시대는 오히려 정반대 방향으로 흘렀다. 현실 사회주의권 붕괴 이후 신자유주의는 더욱 승리를 구가했고, 노동당은 '제3의 길'을 받아들였다. 후에 노동당 주요 정치인으로 성장하는 밀리밴드의 두 아들 데이비드David와 에드워드Edward도 아버지의 뜻과는 달리 이 노선에 편승했다. 1994년, 이 끝없는 후퇴의 와중에 밀리밴드는 세상을 떠났다.

대의제와 대중 참여가 시너지를 이루는 '이중권력'

생의 마지막 순간까지 밀리밴드는 원고 한 편을 퇴고했다. 유고가 된 이 책의 제목은 『회의하는 시대를 위한 사회주의Socialism for a Sceptical Age』(1994)다. 밀리밴드는 이 저작에 평생에 걸친 정치적 탐색의 최종 결론을 정리했다.

위에서 보았듯이 밀리밴드는 기존 대의제에 매몰된 좌파정치의 혹독한 비판자였다. 그러나 대의민주주의의 대안은 직접민주주의라고 생각하는 이들이라면, 『회의하는 시대를 위한 사회주의』를 읽고 크게 실망할 것이다. 기성 대의기구에 여러 한계가 있더라도 대의제 없이는 민주주의도 없다고 못 박기 때문이다.

> 문제는 강한 의미의 참여민주주의와 대의민주주의 사이의 선택이 아니다. 강한 의미의 참여민주주의란 어떤 매개도 없는 직접민주주의 아니면 유권자의 완전한 통제를 받는 대표자를 뜻한다. 이런 관점은 현실적이지 않다. 가장 직접적인 현장과 지역 수준에서도 대의 활동이 존재하며 이는 필연이다. 그리고 대의 활동에는 대표되는 자와 대표하는 자 사이의 거리가 어느 정도는 있게 마련이다.
> **『회의하는 시대를 위한 사회주의』, 1994.**

직접민주주의로 대의제를 대체할 수 있다는 생각은 환상일 뿐이다. 오히려 대의권력은 더욱 강화되어야 한다. 선출되지 않은 자본 권력을 굴복시키는 길은 오직 선출되는 대의권력을 늘리고 키우는 것뿐이다.

그렇다면 밀리밴드는 노동당의 의회 백치증을 비판했던 과거 입장을 부정하는 것인가? 여기에는 역설이 있다. 자본가계급의 뿌리 깊은 권력을 제어할 정도로 대의권력이 강해지려면 대의기구 바

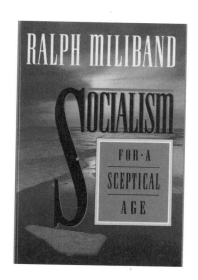

밀리밴드가 자신의 사상을 집대성한 저서
『회의하는 시대를 위한 사회주의』

깥에서 풀뿌리 대중권력이 성장해 대의기구 안에 영향력을 침투시
켜야 한다. 참여민주주의가 활발해지는 만큼 대의민주주의도 기득
권 세력을 압도할 수 있을 정도로 강력해진다. 즉, 대의민주주의와
참여민주주의는 상충하는 관계가 아니다. 오히려 둘은 시너지를 일
으킨다. 밀리밴드가 칠레 사례를 진단하며 내놓았던 방향이 더욱
구체화된 셈이다.

춧불 항쟁 동안 시민들이 만들어낸 광경이야말로 이런 시너지
의 훌륭한 사례일 것이다. 우왕좌왕하던 국회가 광장의 수백만 시
민들 때문에 결국 탄핵소추안을 통과시켰다. 참여민주주의의 압박
덕분에 모처럼 대의민주주의가 작동한 것이다. 대의제가 비로소 제
대로 '대의'하게 되었다. 어떻게 하면 이런 광경을 21세기 민주주의

의 일상으로 정착시킬 수 있을까?

밀리밴드는 이런 상황을 '이중권력'이라 칭한다. 이 말은 사회주의운동에서 이미 오래된 용어다. 그러나 옛 사회주의자들은 새로운 대중권력이 기존 대의권력을 대체하는 과정을 염두에 두었다. 반면 밀리밴드는 대중 참여 덕분에 대의권력이 더욱 민주적으로 관철되는 과정을 '이중권력'이라 일컫는다.

> 마르크스주의 사상에서는 늘 '이중권력'이 혁명적 상황에서 작동하는 혁명적 운동과 이 운동의 도전에 직면한 부르주아 정부 사이의 적대 관계를 뜻한다. 하지만 이중권력을 다른 관점에서 사고할 수도 있다. 사회주의 정부와 다양한 풀뿌리 주체들 사이의 협력 관계로 말이다.
> **『회의하는 시대를 위한 사회주의』, 1994.**

일상에서 이중권력이 어떻게 작동할지 보여주기 위해 밀리밴드는 두 부문을 나눈다. 한편에는 국가기관, 의회, 지방자치단체 등으로 이뤄진 '공식 부문'이 있다. 다른 한편에는 정당, 노동조합, 결사체, 클럽, 기타 다양한 자발적 조직들로 이뤄진 '시민 부문'이 있다.

먼저 공식 부문에 필요한 것은 대의민주주의가 실제 작동하게 만드는 일이다. 이를 위해서도 시민 부문이 공식 부문의 의사결정 과정에 활발히 참여해야 한다. 엘리트와 대중의 경계가 허물어지고 있는 지식정보사회에서는 더욱 그러하다. 밀리밴드는 공식 부문의 권한이 시민 부문으로 분산되어야 할 대표적인 영역으로 교육, 보건, 주거를 들며 민중의 삶에 직접적인 영향을 끼치는 영역은 모두 이에 포함되어야 한다고 주장한다.

이것이 가능하려면 시민 부문이 늘 왕성한 생명력을 보여야 한다. 무엇보다도 노동 현장인 공장과 사무실에서 그래야 한다. 각 시민 조직은 철저히 회원들에 의한 아래로부터의 결정에 따라 움직여야 한다. 이들 조직에서는 참여가 시민권의 당연한 일부여야 한다. 이들 조직의 활동을 통해 공식 부문은 시민사회의 수많은 이해관계와 관심사에 역동적으로 반응할 수 있게 된다. 말하자면 촛불 광장이 노동조합과 협동조합, 여러 풀뿌리 조직의 형태로 평소에도 시민들 곁에 늘 열려 있어야 한다.

민주주의, 평등주의 그리고 협동 경제

지난 세기 막판에 밀리밴드가 병에 넣어 바다에 띄운 메시지는 헛되지 않았다. 그의 메시지는 지금 미국에서는 버니 샌더스 바람으로, 스페인에서는 신생 정당 포데모스Podemos (우리는 할 수 있다)의 약진으로, 프랑스에서는 급진좌파 후보 장뤼크 멜랑숑Jean-Luc Mélenchon의 대선 이변으로 메아리쳐 돌아오고 있다. 영국에서는 밀리밴드와 벤의 정책 모임에서 막내 격이었던 제러미 코빈이 노동당 대표로 선출되었고, 이 당을 밀리밴드가 꿈꾸던 대중운동형 정당으로 탈바꿈하는 중이다. 우리의 촛불 항쟁 역시 이런 흐름과 무관하지 않다.

다만 밀리밴드의 잣대로 보면 아직은 갈 길이 멀다. 그는 21세기의 대안이라며 마치 유언처럼 세 가지 과제를 강조했다. "민주주의" "평등주의" "협동 경제"가 그것이다. 우리는 이제껏 주로 첫 번째 과제와 씨름해왔다. 하지만 뒤의 두 가지와 대결하는 일 역시 더는 미룰 수 없다.

어느 나라든 예외 없이 숫자야 많든 적든 민주주의, 평등주의 그리고 협동 경제가 사회 조직의 지배적 원칙이 되는 새로운 사회의 비전을 받아들이는 이들이 있다. 인류의 희망은 오직 이들의 수가 늘어나고 그 투쟁이 승리하는 데 달려 있다.

『회의하는 시대를 위한 사회주의』, 1994.

_장석준

밀리밴드는 한국 대학가에서 마르크스주의가
유행하던 1980~1990년대 초에 마르크스주의
국가이론 논쟁의 한 당사자로 이름이 알려졌지만,
논적 풀란차스에 비하면 활발히 소개되지 못했다.
주저 『자본주의 사회의 국가』는 아직 국역본이
없다. 하지만 금융 위기 이후 영미권에서 부상하는
민주적 사회주의 흐름에 밀리밴드의 저작들이
커다란 영향을 끼치고 있음을 보면, 이제는 그 대접이
달라져야만 하겠다. 그의 사상은 한국의 민주적
사회주의자들에게도 정치 전략 논의의 훌륭한
출발점이 될 것이다.

18

20세기 어느
총동원체제를 고발하다

엘리 위젤의 탈국가주의

한국 국가주의의 망령

2016년 11월부터 2017년 3월까지 한국은 인터레그넘interregnum, 즉 최고 권력의 공백 상태를 지속했다. 1960년 4월 이후, 1979년 12월 이후 몇 개월 간 지속된 대혼란기가 다시 나타났다. 구시대의 적폐를 청산하자며 여러 개혁안이 여기저기서 쏟아지기도 했다. 그런데 시민단체와 야당이 내놓은 개혁 과제들의 면면을 소상히 들여다보면, 하나의 주제어로 묶을 수 있는 것들이 눈에 띈다. '국가주의 청산'이라는 주제어다.

　한국 국가주의의 특징은 이것이 나라 곳곳에, 다양한 형식으로 편만해 있다는 것이다. 이것은 국가의 제도와 법에도 내재되어 있고, 기업의 조직과 문화에도, 대중의 일상생활에도 스며 있다. 서울 종로구(청와대 블랙·화이트리스트)에 있는가 하면, 서초동(공안검찰, 국가보안법)에도 있고, 용산(용산 참사)에도 그 흔적이 있다. 또한 이것은 금강(4대강 사업)에도 있고, 군산(새만금 개발)에도, 평창(평창올림픽과 가리왕산의 피폐화)에도, 성주(사드 배치)에도 있으며, 경주와 부산(월성·고리 원자력발전소)에도, 제주(4·3항쟁, 미 해군기지를 위한 구럼비 파괴)와 진도(세월호 피해자들에 대한 국가 책임 방기)에도 있다. 더 극단적으로는 철원에, 양주에, 부평(3사단·26사단·33사단 등지에 있던 삼청교육대)에 굵직한 발자국을 남겨놓았다. 한마디로, 국가주의라는 망령은 이 강토 전역을 점령하고 있다.

이 망령은 전국의 강당과 교실(국민의례, 국정 역사교과서)에 침투해 있고, 심지어는 촛불 혁명의 장소인 광화문 광장에도 깊숙이 손을 뻗치고 있다. 여기서 광화문 광장은 국가폭력의 희생자인 고故 백남기 농민만을 함축하지는 않는다. 박사모 등 관변단체 그리고 이들에게 돈줄을 제공한 재벌만을 지시하는 것도 아니다. 그것은 사회적 소수자나 외국인 노동자를 경원시하는, 또는 학교와 군대에서 군사주의를 훈습한, 촛불 든 어떤 시민들의 심성과 감성까지도 지시한다. 이것은 TV에도, 스마트폰에도 출몰한다. 류현진(야구)에서 박상영(펜싱)까지 '진라면'을 광고하는 국가 대표들, 그리고 안정환에서 박지성, 손흥민, 또 김연아와 손연재, 그리고 최근 한강(작가)까지, 국익을 선양한 온갖 '국가의 대표 얼굴들' 말이다. 국가주의, 이것은 한반도의 남쪽에서는 말 그대로 유비쿼터스ubiquitous 하다.

국가주의 그리고 엘리 위젤의 『밤』

국가주의란 개별자나 소수집단, 마을과 같은 작은 단위의 지역공동체가 아니라 그보다 상위의 단위로서의 국가의 이익과 품격이 우선시되어야 하며, 후자가 전자를 보장하고, 후자를 위해서라면 전자가 희생되어도 무방하다는 이데올로기다. 이 이데올로기가 한국 땅에서는 '국민교육헌장'을 만들어 암송하게 했던 박정희 정권에 의해 그 뿌리를 깊이 내렸지만, 그렇다고 박정희와 주변 인물 몇몇이 완성한 것은 아니다. 국가주의는 그 이데올로기에 순응하고, 그것을 내면화한 동조자들, 그러나 매우 광범위한 층의 동조자들 없이는 제도로서도, 문화로서도 성립되지 않는다.

국가주의의 기세등등은 품격 있고 교양 있는 개별자-시민의 빈곤을 함축한다. 이 둘은 제로섬 관계에 있기 때문이다. 국가주의가 강성한 사회의 구성원들은 독립된 판단력·지성·행동이 부재하는 개별자, 지배적 이데올로기와 분위기인 '대세'에 쉽게 편승하는 개별자, 자기 이익과 '국익'(또는 민족의 이익)을 동일한 것으로 보고 '국익'을 위해 헌신하다 보면 자기에게도 이익이 돌아올 것이라 믿는 개별자이기 쉽다.

오늘날 한국에 엄연히 잔존하는 이 고질적인 문제는, 이것이 하나의 문제라는 점이 명확히 밝혀지고, 과연 문제가 그러하다는 대중의 인식이 확산하지 않는 한 해결이 요원할 것이다. 이런 점에서 국가주의의 어두운 이면을 들춰내어 국가주의의 참상을 폭로한 인류의 기록물들은 재조명을 받을 만하다. 이 문제에 관한 우리 자

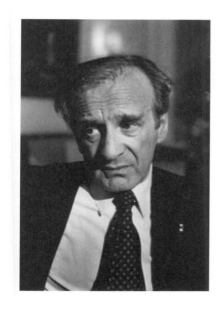

루마니아 태생
미국의 유대계 작가 엘리 위젤

신의 인식 변화와 성찰을 촉진할 수 있기 때문이다.

1944년 봄부터 1945년 봄까지, 아유슈비츠와 부나Monowitz-Buna
수용소의 삶을 기록한 엘리 위젤Elie Wiesel, 1928~2016의 기록문학 작품
『밤Night』(1956)도 그러한 귀중한 기록 자산이다.

그런데 『밤』은 과연 문학 작품인가? 이 책은 당시 그가 게토
와 수용소들에서 보고 느낀 모든 것, 치욕 어린 생존 그 자체의 복사
본이다. 또한 실제로 위젤이 경험했던 삶의 복제물이어서 회상록의
성격을 지닌다(물론 그곳에서 그의 삶을 가능하게 했던 다른 모든 이들, 동
조자들과 피해자들의 삶도 잘 복제되어 보관되어 있다).

나아가 이 책은 엘리 위젤 그 자신이기도 하다. 총 55권이 넘는

책을 썼지만, 자신이 단 한 권의 책을 써야 했다면 바로 이 책을 썼을 거라고 말한 책이 바로 이 책이다. 우선 위젤이 어떤 인생을 살았는지부터 들여다보자.

열다섯의 나이에 겪은 수용소 생활

엘리 위젤은 1928년, 루마니아 국경지대의 한 소박한 마을에서 태어났다. 유대인 랍비의 혈통이었으며, 부모 역시 독실한 유대교도들이었다. 유대교당을 중심으로 한 유대인 마을공동체, 가족공동체가 그가 자라난 환경이었다. 모든 것이 어그러지기 전, 그는 이곳에서 유대교 경전을 공부하며 미래를 꿈꾸던 학생이었다.

1944년 봄, 그의 나이 열다섯, 모든 것이 변한다. 처음에는 그가 살던 마을이 게토라는 특별지구로 지정되는 줄만 알았다. 그러나 얼마 지나지 않아 그 특별지구 내 주민들은 어디론가 이송되어야 했다. 그곳은 국경을 여러 번 넘어야 갈 수 있는 독일 내 아우슈비츠 수용소였다.

수용소에 도착해서는 어머니, 여동생과 헤어져 아버지와 남게 된다. 그러나 약 1년 뒤인 1945년 4월, 부헨발트의 한 수용소에서 해방되었을 때 생존자는 오직 그뿐이었다(어머니와 여동생은 가스실에서 처형되었고, 아버지는 병사했다). "빵과 수프가 곧 삶의 전부"인 삶을 살다가 천만다행으로 생존한 것은 기적이 아니라 "우연"(『밤』)이었다고 그는 술회한다.

홀로코스트를 고발한
자전적 작품 『밤』

엘리 위젤은 겨우 1년 정도의 '밤'을 경험한 것이 아니었다. 그는 그 1년의 밤이 자신의 평생을 따라다녔다고 고백한다. 아우슈비츠 수용소에 도착한 첫날 위젤은 아기와 어린이들이 화염에 휩싸이는 풍경을 목격하는데, 바로 그날 밤의 현장으로 인해 자신의 나머지 삶 전체가 '하나의 긴 밤'이 되었다는 것이다. 또 위젤에게 수용소는 몽둥이가 목소리보다 우위에 있던 세계였고, 광기와 반反인간의 세계였다. 그것은 현실이라기보다는 차라리 꿈이었으며, 철저히 "오직 그것을 경험한 이들만이 그것이 무엇이었는지를 알 수 있는"(『밤』) 세계였다.

그 시절 독일, 지금의 한국

『밤』의 페이지를 넘기다 보면, 위젤의 수용소 묘사가 지옥도의 묘사는 아님을 알아채게 된다. 즉 이 기록물은 당시 나치가 운영하던 집단 수용소들이 차마 인간 세상에서는 상상할 수 없는 생지옥 같은 것이 아니라, 오늘날 한국의 감옥이나 군대에서 여전히 볼 수 있는 것과 유사하고, 지배와 피지배라는 드라마가 흐르는 집단적 삶의 장소였음을 알려준다.

그 유사성이란 이를테면 이런 것이다. 먼저, 집단 노동이라는 필요가 있었고, 이 노동에 필요한 노동 자원인지 아닌지에 대한 선별 작업이 있었다(위젤의 어머니와 여동생은 바로 이 선별 작업에서 탈락 대상이었을 것이다). 그다음에는, 머리를 깎이고 새 의복을 지급하고 새 번호를 부여하는 등의 새로운 정체성을 부여하는 절차가 수행되었다. 위젤이 있던 수용소의 경우, 전기공·목공·시계공 등 좋은 직능군으로 선별된 자들, 일하기 편한 '노동 그룹'(코만도)에 속하게 된 이들은 다른 이들에 비해 자신의 생명을 더 잘 보존할 수 있었다. 좋은 사단에 배치되고 좋은 보직을 부여받을 경우 상대적으로 안락하고 더 안전하게 세월을 보낼 수 있는 한국 군대의 특성과 견주어보면, 역시 일정한 유사성이 발견된다.

물론, 한국 군대나 교도소가 나치즘의 정신으로 운영되고 있다는 말은 아니다. 나치가 운영한 캠프는 특정 인종과 특정 부류의 인간 집단을 '하위 인간'으로 분류하고 처우한 캠프였다는 점에서 위상 자체가 다를 것이다. 하지만 한국 군대나 교도소에서 흔히 볼 수

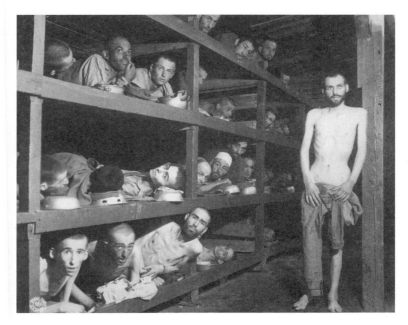

위젤(아래에서 두 번째 줄, 왼쪽에서 일곱 번째)은 나치 수용소에서 극적으로 생존했다.

있을, 폐쇄된 소세계 내에서 각자의 이익을 극대화하려는 인간들 사이의 복잡한 심리전 또는 심리 드라마가 나치의 수용소에서도 펼쳐졌다는 사실을, 『밤』은 알려준다.

예컨대, 위젤이 있던 수용소에는 한국 군대의 병장이나 하사 같은 기능을 담당하는 이들이 있었다. '카포'라고 불리는 이들로, 나치의 대리인으로서 수감자이자 감시인 역할을 했다. 실상 독일인보다 이 카포라는 이들에게 더 큰 권력이 주어졌다. 바로 누가 어느 코만도에 속할지, 그리하여 누가 더 생명을 조금이라도 연장할 가능성이 높은지를 결정할 권한이었다. 카포 혹은 나치 간부 중 어떤 이들은 어린이를 무척 좋아했는데, 그들이 동성애의 대상이었기 때문이다. 또 수용소 내에서 근무하던 독일인 치과의사는 수감자들의 입을 벌려 금이빨을 찾느라 분주했다.

『밤』은 엘리 위젤이 있던 수용소가 '독일인 압제자 대 유대인 피지배자'라는 이분법적 대치의 세계가 아니라, 다층 위계질서 사회였음을 알려준다는(카포의 존재가 이미 이것을 알려주지만) 점에서 역시 흥미롭다. 게슈타포, 친위대ss, 라거슈츠(수용소 경찰), 블록앨테스터(막사 반장), 슈투벤디스트(막사 행정 담당 수감자), 카포(라거엘테스터, 감시원이자 수감자), 특정 기술 소유 수감자, 일반 노동력 소유 수감자, 노동불가자(신체허약 수감자와 살처분 대상자)…. 이러한 식의 분명한 위계질서는 이사, 본부장, 실장, 부장, 과장, 대리, 주임, 사원, 임시직 사원, 파트타임 계약노동자, 합법 외국인 노동자, 불법 외국인 노동자, 실직자로 이루어진 위계질서, 또는 대장, 중장, 소장, 대령, 중령, 소령, 대위, 중위, 소위, 상사, 중사, 하사로 이어지는 군대의 위계질서와 얼마나 닮은꼴인가.

물론 이것은 표면적인 유사함이며, 나치는 특정 인간 집단을 열등 인류, 하등 동물로 분류하고 그들을 학살한다 해도 도덕적으로 문제될 것이 없다는 섬뜩한 생각을 실행에 옮겼던 악의 집단이었다. 하지만 나치의 이러한 생각은 한국인은 유럽인보다는 우등하지 않을지 모르나 필리핀인, 예멘인, 또는 아랍인보다는 우월한 민족이라는 생각과 얼마나 멀리 떨어져 있는 걸까.

『밤』 이후의 한국 사회

엘리 위젤이 『밤』에서 묘사한 특별한 경험에서 배울 점은 무엇인가? 독일인 가운데 나치에 참여한 이들은 악마들이 아니었다는 점에 더해, 당시 나치 잔혹행위의 피해자 집단인 유대인들 역시 전부가 선량한 피해자들만은 아니었다는 점이다. 홀로코스트의 경우, 흑백 이분법 논리로는 그 진면목이 왜곡된다.

1944년 독일 나치 수용소에는 같은 열등 인류, 같은 피지배민이더라도 금세 체제 동조자로 변모하여 제 살길을 도모한 유대인들이 있었다. 대표적인 이들이 바로 앞서 언급한 '카포'였다. 이들은 유대인이었기에 피지배민이었다고 할 수 있지만, 대부분의 카포는 일반 수감자들을 폭력으로 짓누른 압제자였고, 또한 나치즘의 총동원체제에 동조한 나치의 앞잡이들이었다.

사태의 참모습은 이것에 그치지 않는다. 위젤에 따르면, 자기와 같은 일반 수감자들 가운데 저항에 나선 이는 희박했다. 반대로 그들 대부분은 자기 목숨이라는 이익에 목을 매단 이들이었다. 작품 『밤』의 한 가지 훌륭함은 화자가 자신의 그러한 이기적인 면모를 무서울 정도로 솔직하고 서늘하게 고백하고 있다는 데 있다. 그 역시 자신의 명줄 보존에만 매달렸던 겁쟁이들의 일원이었다는 것이다. 결론적으로 그가 보고하는 당시의 정황은 피지배자 모두가 자기 생사에만 골몰할 때 모두를 옥죄는 문제에서 벗어나려는 공동의 과업, 즉 해방이라는 과업은 결코 성취되지 못한다는 역설적인 진리를 담고 있다.

『밤』이 기록하고 있는 나치즘 치하의 삶은 또 다른 사색거리를 제공한다. 극단적 국가주의의 화신인 나치의 사상과 계획 및 실행은 한때 실존했지만 역사의 무대에서 사라진 지 오래다. 그렇다면 국가주의는 서유럽에서 잠깐 나타났던 역사의 기형아인지, 아니면 인류 보편의 어떤 심리 드라마로서 나치가 과감히 실행한 역사적 실험 과정에서 나올 수밖에 없는 것이었는지, 그리하여 국가주의라는 망령은 인류사에서 언제고 다시 출현할 수 있는 것은 아닌지에 관해 생각해보아야 할 것이다. 한국의 사례를 보면, 진실은 후자에 가까울 것이라는 생각으로 기울어진다.

우선, 인류 역사상 인간 집단 간 일어났던 모든 처형과 살인이 집단 차별이라는 합리화 기제를 통해서만 가능했겠지만, 한국 전쟁의 경우도 그래서 한쪽에서는 상대를 미제국주의의 노예로, 다른 쪽에서는 빨갱이로 상대방을 하위 인간 집단으로 범주화했다. 지금은 당시의 낙인찍기식 극한의 감정 대립은 소강된 상태지만, 대립의 상흔만은 잔존하고 있다.

조선 민족은 근대화·산업화·경제세계화의 격랑 속에서 인종적·민족적 편견, 즉 서양인에 대한 추종과 다른 아시아인에 대한 폄훼를 내면화했다. 물론 이는 저 '낙인찍기'와는 결이 다르지만, 한국 사회의 발전을 저해하고 있다. 최근의 예멘인 난민 자격에 관한 반대 여론, 아시아 출신 외국인 노동자들을 열등 국민으로(혹은 열등 인류로) 취급하는 풍토를 생각해보라.

이것만이 아니다. 박정희 정권의 후반기와 전두환 정권기는 나치식의 공포까지는 아니더라도 엄연히 공포에 기반한 총동원체제였다. 그렇다면 『밤』의 기록자가 전하는, 역사적 암흑으로서의 '밤'은 다수의 현존 한국인들이 체험한 '밤'이기도 하다. 하지만 공포정치가 출현하지 않았던 시기에도 모종의 총동원체제가 자본주의 질서 속에서도 유지되었다는 사실을 곱씹어볼 필요가 있다. 1940년대의 공포에 기반한 총동원체제와는 물론 성격상으로는 다르지만, 북한과의 대치 상황 속의 사회발전이라는 이름으로 한국 특유의 총동원체제가, 적어도 박정희 정권 이래로는 줄곧, 어떤 식으로든 명맥을 이어왔다. 이 글의 서두에서 언급한 '국가 대표'의 상징들이나 국민의례 같은 의식 행위는 바로 이 총동원체제가 구성원을 하나로 묶어내는 과업에 활용해온 대표적인 심리적 도구임은 언급할 필요조차도 없다. 『밤』과 같은 역사적 기록물이 아직 이곳에서도 묵중한 존재감을 갖는 이유다.

위젤의 삶과 한국의 다음 100년

1945년 4월, 낯선 독일 땅에서 해방을 맞이한 16세의 위젤은 2016년 작고하기 전까지 어디에서 어떻게 살았을까?

위젤은 종전 후 연합군에 의해 파리로 이송된다. 그리고 그곳에서 새롭게 배우고 직업을 구한다. 하지만 그로부터 10년이 지난 시점인 1955년, 26세의 청년 위젤은 미국으로의 이주를 결행한다. 미국에서는 유대인의 보호와 복지 외에 국가 건설 운동에도 힘썼는

데, 홀로코스트 추모 박물관을 세우는 데 기여하는가 하면, 1980년에는 미국 홀로코스트 추모위원회 초대 위원장을 맡기도 했다. '밤'이 그의 내면을 떠난 적이 없었지만, 혼자서 자신의 상처를 치유하는 데만 골몰하지 않았던 것이다.

엘리 위젤의 삶에 눈길이 가는 이유가 더 있다. 그는 1972년부터는 뉴욕시립대학에서, 1976년부터는 보스턴대학에서 교수로 재직했고 작가로도 활약했다. 이렇듯 안락한 삶에 안주할 수 있었음에도 정치적 행동에 나서며 대승적인 삶의 길을 걸어갔다. 예컨대 그는 남아공, 아르헨티나, 니카라과, 캄보디아, 유고슬라비아, 수단 등 세계 여러 지역의 인권 문제에 관한 발언을 아끼지 않았고 각종 캠페인에도 동참했다. 그의 삶은 자신의 삶이나, 자신이 속한 집단의 발전에만 관심을 둔 속 좁은 이의 삶이 아니었다. 1986년에는 인종차별 철폐와 인권신장을 위해 노력한 공로를 인정받아 노벨평화상을 수상하기도 했다.

엘리 위젤이 살아간 이러한 대승적 삶의 발자취는, 대한민국 임시정부 수립 100주년이 되는 2019년, 다른 100년을 꿈꾸지만 국가 총동원체제의 그림자 속에서 국가주의의 유령과 함께 살아가는 우리에게 위안과 희망을 준다. 동시에 자성의 기회도 준다. 유대 민족주의나 이스라엘 국가주의에 빠질 수도 있었지만, 국경 너머의 다른 약자들을 보호하는 일에 매진했던 그의 후반생 자체가 한국이 걸어온 지난 100년을 비추어볼 만한 거울이므로.. **-우석영**

1944년 봄에서 1945년 봄까지, 엘리 위젤은
아우슈비츠와 부나 수용소에 감금되어 1년을 살았다.
그러나 그 1년은 이후 그가 산 70년을 결정한
1년이었다. 이 1년을 기록한 작품 『밤』에서 우리는
나치 수용소의 진면목이나 억압적 상황에서 드러나는
인간 심리만이 아니라 총동원체제하에 있던 한국의
상황까지도 연상하게 된다. 한국이 20세기의 또는
150년의 질곡을 넘어 새로운 100년으로 나아가려면
반드시 부닥칠 난관을 넘어서는 방법을 엘리 위젤이
들려줄 것이다.

19

강대국 사이
소국의 길

김성숙의 민족해방

임시정부에도 사회주의 정당이 있었다

대한민국 헌법 전문은 "우리 대한국민은 3·1 운동으로 건립된 대한
민국임시정부의 법통"을 "계승"한다고 천명한다. 최근 개헌을 논의
할 때도 이 내용을 빼자는 의견은 없었다. 사실 '법통'이란 말은 논
란의 여지가 많다. 왕조 국가가 아닌 민주공화국에 '정통'이라는 표
현도 어울리지 않거니와 '법통'은 더욱 고루하게 느껴진다.

하지만 용어 문제를 제쳐둔다면, 이 문구에 담긴 의미는 명확
하다. 1919년에 3·1 운동을 벌이고 임시정부를 만들 때의 정신이
대한민국의 뿌리라는 것이다. 그렇다면 더욱더 임시정부에 관해 잘
아는 것이 중요하다. 몇몇 이름과 연도 등 단편적 지식을 넘어 임시

정부의 헌법이 어떠했고 주요 정책이 무엇이었으며 어떤 정치 세력들이 활동했는지 알아야 한다.

정치 세력만 놓고 봐도 이야깃거리가 풍성하다. 임시정부는 말 그대로 민주공화국 대한민국의 '정부'였다. 따라서 의회격인 의정원 안에 여러 정파가 존재하며 경쟁하는 게 당연했다. 임시정부 수립 초기에도 고려공산당이라는 사회주의 정당이 있었고 민족주의 세력들이 있었다. 해방 직전 마지막 내각에도 김구의 한국독립당만 있었던 게 아니다. 김원봉의 의열단을 이은 조선민족혁명당과 조선무정부주의자연맹도 참여했다. 또한 사회주의를 내건 조선민족해방동맹도 있었다. 해방 이후 수십 년 동안 이어져온 대한민국 정치 지형과는 달리 좌우 정당들이 대등하게 경쟁했던 것이다.

이들 정당 중 조선민족해방동맹은 다소 낯설게 느껴질 수 있다. 하지만 독립운동가 김산이 미국 작가 님 웨일스Nym Wales(헬렌 스노Helen Foster Snow의 필명)와 함께 쓴 회고록 『아리랑』(1941)을 아는 이들은 적지 않으리라. 조선민족해방동맹은 바로 김산이 속한 단체였다. 본명이 장지락인 김산이 『아리랑』에 자주 등장시킨 절친한 동지 김성숙과 함께 결성한 정치조직이 조선민족해방동맹이다.

혁명가가 된 젊은 승려

『아리랑』에서 김성숙金星淑, 1898~1969은 '금강산 승려 출신의 공산주의자 김충창'으로 소개된다. 실은 성숙도, 충창도 본명은 아니다. 원래 이름은 규광, 호는 운암雲巖이다. 그는 평안북도 철산군의 가난한 농민 집안 출신이었다. 비록 집안 형편은 어려웠지만, 대한제국 군인 출신으로 의병에 참여했던 삼촌의 영향을 받아 어릴 적부터 항일의식은 뚜렷했다. 대한제국 막바지인 1908년에 입학한 대한독립학교에서는 뒤늦게 불붙은 민족주의의 세례를 흠뻑 받았다.

18살이 되자 김성숙은 간도에 있다는 신흥무관학교를 찾아 무작정 길을 떠났다. 중국말도 못 하면서 만주로 가려 했다. 그러나 두만강을 건너려고 원산으로 넘어갔다가 그만 발이 묶여버렸다. 이때 임기응변으로 선택한 것이 느닷없는 출가였다. 『아리랑』이 전하는 바와 달리 그는 금강산이 아니라 경기도 양평 용문사에서 승려가 되었다. 이때 받은 법명이 '성숙'이었다('태허'라는 법명도 있었다). 꽉 짜인 학교생활과 시험 준비로 10대 시절을 보내는 요즘과는 너무도 다른 호방한 청소년기였다 하겠다.

승려 성숙은 봉선사로 옮겨 월초 스님 문하에 있었다. 월초는 예사 승려가 아니었는데, 독립대표 33인이 되는 손병희, 한용운과 막역한 사이였다. 그래서 그랬는지 김성숙은 1919년 3월 1일 학생 대표 한위건(이후 제3차 조선공산당 간부)이 독립선언을 낭독한 탑골공원 현장에 있었다. 촛불 시위의 선조 격인 독립만세운동에서 김성숙은 한 명의 촛불 시민이었다. 한 달쯤 뒤에 김성숙을 비롯한 월초의 제자들은 봉선사가 자리한 현재의 남양주에서 만세운동을 벌이다 체포되었다.

서대문형무소에 갇힌 김성숙은 그의 인생에 커다란 영향을 끼

승려 성숙(왼쪽)과 중국에서 항일 투쟁을 할 때의 운암 김성숙

칠 인물을 만났다. 3·1 운동 와중에 한성임시정부 선포에 함께하다 잡혀온 김사국이었다. 한때 불자였고 여섯 살 연상인 김사국은 승려 성숙과 죽이 잘 맞았다. 김사국은 이때 이미 막연하게나마 사회주의에 동조하고 있었다. 출감 후 그는 초기 사회주의운동의 주요 조직 중 하나인 서울청년회를 이끌게 된다. 김사국을 통해 김성숙의 항일의식에는 사회혁명의 꿈이 겹쳐지기 시작했다.

감옥에서 나온 뒤에 김성숙은 3·1 운동의 여진을 노동운동, 농민운동으로 이어가려 노력했다. 민주노총의 먼 뿌리인 조선노동총동맹으로 발전하게 될 조선노동공제회가 그런 조직이었다. 환속한 김성숙은 크로포트킨 자서전이나 일본 사회주의자들의 책을 닥치는 대로 읽었지만, 아직 흔쾌히 사회주의자라 자처하지는 않았다. 김사국이 이끄는 서울청년회와 김재봉, 김찬이 주도하던 화요회가 공산당 창당을 놓고 벌인 치열한 정쟁이 영 마뜩잖았던 것이다.

막 20대가 된 김성숙의 가슴 속에는 어느덧 실천의 의지와 함께 배움의 의지가 자라났다. 1923년에 그는 봉선사의 몇몇 젊은 승려들과 함께 유학길을 떠났다. 다들 유학이라고 하면 일본을 떠올리던 시절에 그들은 중국을 택했다. 학문 정진과 항일운동을 하나로 결합하기에는 중국행이 더 나아 보였다. 이렇게 하여 스무 해 넘어서야 끝날 김성숙의 망명 역정이 시작되었다.

중국혁명에서 조선 독립의 길을 찾다

김성숙은 베이징대학(당시 이름은 민국대학)에 입학해 사회과학을 공부했다. 베이징은 원세훈, 장건상 같은 임시정부 창조파 활동가들의 거점이었다. 창조파는 임시정부가 허울뿐인 조직이 되었으니 아예 새로 만들어야 한다고 주장하는 이들이었다. 김성숙은 창조파 선배들과 어울렸는데, 그중에서도 장건상과 가장 뜻이 맞았다. 둘은 이르쿠츠크파 고려공산당의 베이징 지부 격인 창일당을 결성했고, 기관지 『혁명』을 발간했다.

이때쯤 김성숙은 확신에 찬 사회주의자가 되어 있었다. 일곱 살 연하의 장지락(김산)을 만나 마르크스주의 이론을 가르친 것도 이 무렵이었다. 『아리랑』에서 장지락은 이렇게 회고한다.

> 나를 공산주의자로 만든 사람은 김충창이었다. 그는 조선 청년들의
> 생활이 가장 어려웠던 시기(1922년에서 1925년까지)에 내 이론공부
> 를 이끌어주었다. … 김충창은 내가 알게 된 사람 중에서 나에게 가장
> 커다란 영향을 준 사람이다. … 나는 김충창을 베이징에서 만났다. …
> 그는 날카롭고, 아주 지적인 정신력을 내뿜는 사람이었으며, 뛰어난
> 미남이었다. 그 당시 공산주의자와 민족주의자 간의 투쟁이 매우 첨
> 예하게 벌어지고 있었는데, 김충창은 공산주의자 편이었다. 이론적으
> 로 확실한 기초를 가진 사람은 김충창뿐이었으므로 그는 언제나 상대
> 방을 압도했다. 서로 이야기를 나누는 가운데 우리 사이에는 평생 변
> 치 않을 우정이 싹트기 시작했다.
>
> **김산·님 웨일스, 『아리랑』, 동녘, 1992, 192~193쪽.**

장지락의 회고에 따르면, 김성숙은 스피노자B. Spinoza, 칸트I. Kant, 헤
겔G. W. F. Hegel의 철학을 일어 번역본으로 독학했다. 헤겔 변증법에
심취한 그는 자연스럽게 마르크스주의에 빠져들었다. 흥미로운 것
은 이미 이 시기부터 김성숙이 민족주의, 사회주의, 아나키즘을 아
우르는 광범한 연합전선을 구축해야 한다고 강조했다는 사실이다.
사회주의혁명보다 민족해방혁명이 먼저라는 게 그의 지론이었고,
이를 위해 다양한 색깔의 혁명 세력이 연대해야 한다고 주장했다.
베이징대학에 입학한 지 2년밖에 안 된 1925년부터 중국 정세

가 급박하게 돌아갔다. 남쪽 광둥에서 쑨원의 국민당이 신생 공산당과 손잡고 군벌들을 타도하는 혁명을 준비하기 시작했다. 북방 군벌들은 이에 맞서 저항세력 탄압에 나섰다. 김성숙과 동지들은 더 이상 베이징에서 활동할 수 없게 되었다.

위기이자 기회였다. 김성숙은 중국혁명의 본산 광둥으로 향했다. 김성숙은 이곳에서 민족혁명의 다시없는 기회를 보았다. 국민당-공산당은 북벌군을 준비하고 있었다. 만약 북벌군이 계획대로 베이징까지 밀고 들어가게 되면, 만주 진출을 호시탐탐 노리는 일본과 필연적으로 충돌할 수밖에 없었다. 재중 항일운동가들은 바로 이때 중국과 힘을 합쳐 독립전쟁을 치를 가능성에 기대를 걸었다.

의열단의 김원봉이 대표적인 인물이었다. 그는 의열단을 공개 정치조직으로 전환한 뒤에 단원들을 북벌군 양성 기관인 황푸군관학교와 중산대학에 입학시켰다. 젊은 조선 혁명가들을 북벌군에 당당한 주역으로 참여시키려는 포석이었다. 광둥에 도착하자마자 의열단에 가입해 정책과 선전을 책임지게 된 김성숙도 이런 조·중 연합작전 구상에 함께했다. 중국의 조선인 망명가들 사이에서 모처럼 희망의 물결이 일었다.

김성숙의 개인사에도 봄이 찾아왔다. 그는 중산대학에서 공부하던 중에 동료 학생이며 공산당 활동가인 중국 여성 두쥔후이杜君慧와 사랑에 빠졌다. 장지락의 표현에 따르면, "첫사랑이면서 격심한 연애"였다. 두 사람은 치열한 혁명전쟁 와중에 살림을 차렸다.

중국공산당에서 조선민족해방동맹으로

안타깝게도 조선 혁명가들의 원대한 꿈은 무참히 배반당했다. 1927년 북벌에 나선 국민당군의 장제스 사령관이 상하이에 진출한 외세와 손잡고 어제의 동지 공산당에게 총부리를 돌렸다. 제1차 국공합작의 결렬이었다. 이것은 중국공산당에만 타격이 아니었다. 중국혁명이 동아시아 반제국주의 혁명으로 확산되길 바란 조선 혁명가들에게도 비보였다. 만주까지 혁명의 물결이 덮치기는커녕 국민당과 공산당의 내전이 시작될 판이었다.

김성숙은 공산당 편에 서서 국민당의 배신을 규탄했다. 그는 광저우에서 공산당이 일으킨 봉기에 참여했다가 아내 두쥔후이 덕분에 구사일생으로 목숨을 건지기도 했다. 광둥 봉기의 전말은 『아리랑』에 처절하게 묘사되어 있다. 이후 한동안 김성숙은 대학에서 교편을 잡으며 중국공산당원으로 활동했다. 1932년에 일본군이 상하이에 침공하고 난 뒤에는 루쉰이 이끌던 중국 좌익작가연맹에서 항일 선전을 펼쳤다.

그러나 김성숙은 1935년에 중국공산당을 탈당했다. 김성숙과 마찬가지로 중국공산당원으로 활동한 장지락은 『아리랑』에서 이 무렵의 심경 변화를 상세히 토로했다. 그는 공산당 지도자들이 실패가 빤한 봉기를 고집하는 모습에 절망했다. 일선 당원이나 대중의 목소리에 귀 기울이지 않는 독단적 당 운영의 결과였다. 그는 이렇게 결론 내렸다.

가족, 지인과 함께한 김성숙

주어진 다수의 투표는 반드시 받아들여야 한다. … 레닌 한 사람이 옳고 당 전체가 그를 수 있다. 그러나 고독한 레닌 한 사람이 옳다고 하는 경우, 레닌이라는 사람이 개인적으로 전혀 오류를 범하지 않는 인물이기 때문에 옳은 것이 아니라 대중의 다수 의사를 대표하고 있기 때문에 옳은 것이다. 또한 당이 그르다고 하는 경우, 그것은 당이 자기 밑에 있는 대중의 다수를 더 이상 대표하고 있지 못하기 때문인 것이다. 민주적 의사표시가 존재하는 곳에서는 지도력의 문제는 그다지 어려운 문제가 아니지만, 그것이 억압당하는 곳에서는 지도력의 문제가 위험하고도 어려운 것이다. 진정한 민주적 대중투표를 하면 잘못된 결정이 내려질 수가 없다.

『아리랑』, 1992, 468쪽.

이 입장에서 한 걸음만 더 나아가면 코민테른식 전위정당 신화는 무너지고 만다. 당내 민주주의만 쟁점은 아니었다. 김성숙과 장지락은 중국혁명에만 조선 독립의 기대를 걸 수 없음을 절감했다. 조선인 사회주의자들은 민족해방이라는 당면 과제에 집중하는 독자 조직을 결성해야 한다는 것이 이들의 결론이었다.

마침 일본의 중국 본토 침략에 맞서 제2차 국공합작이 급물살을 타고 있었다. 1936년 상하이에서 김성숙, 장지락, 박건웅 등 20여 인이 조선민족해방동맹을 결성했다. 조선민족해방동맹은 "중국에서 활동하고 있지만, 중국을 위한 혁명이 아닌, 조선을 위한 혁명, 곧 민족혁명을 지향해야 한다"고 선언했다(운암김성숙선생기념사업회 편, 『운암 김성숙의 생애와 사상』, 선인, 2013, 158쪽).

중일전쟁이 치열해지자 조선 혁명가 중 상당수는 홍군 근거지인 옌안으로 이동했다. 그곳에서 이들은 팔로군과 연합해 일본군과 교전하며 조선독립동맹을 결성했다. 나중에 북한에서 '연안파'라 불리게 되는 항일운동의 한 흐름이었다.

그러나 민족혁명당(김원봉)과 민족해방동맹은 옌안행에 반대했다. 김성숙은 옌안이 아니라 충칭으로 눈을 돌렸다. 그곳에는 국민당 정부와 함께 상하이에서 피난한 임시정부가 있었다. 김성숙은 옌안행을 택하지 않은 좌파 항일운동 세력이 임시정부에 참여해 좌우합작 정부를 수립해야 한다고 주장했다. 그는 국제 정세에서 근거를 찾았다. 세계가 침략과 반침략의 두 진영으로 분립되었으므로 "전민족의 총단결"이 가장 긴급한 임무라고 보았던 것이다.

오랫동안 임시정부는 간판뿐인 조직이었다. 그러나 김성숙은 2차대전 개전과 함께 상황이 바뀌었다고 판단했다. 이제 임시정부야말로 국제 반파시즘 연합전선(연합국 진영)에 대응해 민족을 대표할 반파시즘 연합전선이 될 수 있다고 보았다.

이때 실천가인 김원봉은 김구와의 경쟁의식 때문에 임시정부 참여를 망설였다. 오히려 이론가인 김성숙이 김원봉을 설득하는 입장이 되었다. 기나긴 교섭 끝에 1942년 좌파 조직들이 임시정부에 합류했다. 김성숙은 그 전부터 임시정부 외교 활동에 참여했고, 3년 뒤에는 국무위원으로 선출되었다.

1945년 마침내 일본이 항복했다. 임시정부는 상하이로 돌아와 환국을 준비했다. 김성숙은 국내로 돌아가더라도 충칭 시절의 좌우합작 기조가 유지되어야 한다고 믿었다. 이 정신에 따라 통일정부를 수립하길 간절히 바랐다. 그래서 이른바 '약법 3장'을 국무위원회에 제출해 통과시켰다. 그 내용은 이랬다.

첫째, 임정은 비록 개인 자격으로 입국하기로 되었으나, 미군정이 용인하는 한도 내에서 정치활동을 할 것인데, 국내에서 극좌·극우파의 대립 항쟁하는 사태에 임하여 임정은 어느 파에도 편향함이 없이 초연한 입장을 취하여 양 파의 대립을 해소시키며 다 같이 포섭하도록 노력할 것.

둘째, 입국 즉시 전국 각 정당·사회단체 대표자와 각 지방 반일민주인사를 소집하여 비상국민대표대회를 가지며 이 대회에서 임정은 30여

임시정부 요인들의 환국 사진. 오른쪽은 상하이의 임시정부 청사.

년간 지켜온 임정 헌법과 국호와 연호를 채택하는 조건하에서 임시의
정원의 정원을 확대·개선하는 동시에, 명실상부한 한국민주정부를 재
조직할 것.

셋째, 미국과 소련에 대해서는 평등한 원칙 아래 외교관계를 수립할 것.
『운암 김성숙의 생애와 사상』, 2013, 127쪽.

약법 3장의 기조로 해방 정국을 헤쳐나가다

귀국해서도 김성숙은 초지일관했다. 약법 3장의 정신에서 한 걸음
도 물러서지 않았다. 반면 임시정부 안의 김구 세력(한국독립당)은
귀국 직전의 국무위원회 결정과는 상반되는 행보를 보였다. 이들은
모스크바 3상 회의의 신탁통치 결정에 반발해 반탁운동이 일어나
자 이를 기회 삼아 우파만의 집권을 시도했다.

김원봉, 김성숙, 장건상 등 임시정부 내 좌파는 이에 반발해

1946년 2월 임시정부를 탈퇴했다. 대신 그들은 좌파 세력이 결집한 민주주의민족전선에 가입했다. 김성숙은 전국을 순회하며 미군정을 비판하는 연설을 했다. 이 때문에 정읍에서 체포되어 6개월 동안 감옥에 갇히는 신세가 되었다. 해방 조국에서도 그가 가는 길은 험난하기만 했다.

게다가 민주주의민족전선도 약법 3장의 지향과 어긋난다는 게 분명해졌다. 애초 이 조직에 가입할 때에 김성숙은 우파 민족주의 정당들에도 문호를 개방해야 한다고 요구했다. 그러나 이 조직을 실질적으로 움직이던 조선공산당은 좌우합작에 부정적인 태도를 보였다.

김성숙은 1946년 11월 민주주의민족전선마저도 탈퇴했다. 좌파 쪽에서 김성숙과 생각이 일치한 지도자는 여운형이었다. 당시 여운형은 임시정부 부주석이었던 김규식과 함께 좌우합작을 추진하고 있었다. 김성숙도 당연히 이에 동참했다. 그는 좌우합작위원회를 새로운 민족통일전선 기구로 삼자고 주장하기도 했다.

1947년 5월 여운형이 좌우합작을 통한 통일정부 수립에 동의하는 좌파 세력을 모아 근로인민당을 결성하자 김성숙은 오랜 동지 장건상과 함께 이 당의 핵심 간부가 되었다. 그러나 김성숙이 뜻을 펼 기회는 좀처럼 오지 않았다. 창당 2개월 만에 여운형이 극우파에게 암살당하고 말았다. 이후 근로인민당에서는 격렬한 노선 대립이 벌어졌다. 일부 근로인민당원은 남북협상에 참석하면서 아예 월북했지만, 김성숙과 장건상은 대한민국에 남아 합법적인 정치활동을

운암 김성숙의 추모 기사

펼치는 길을 택했다.

근로인민당 잔류파는 제헌국회 선거에는 불참했지만, 제2대 국회의원 선거부터는 적극 참여했다. 이 선거에서 장건상은 노골적인 탄압이 있었는데도 부산에서 당선되었다. 하지만 김성숙은 낙선했다. 이후 김성숙은 가난에 시달리며 진보당, 민주혁신당, 사회대중당, 통일사회당 등 혁신정당(오늘날의 진보정당)운동을 계속했다.

이승만, 박정희 정권은 그런 그에게 거듭 투옥의 고초를 안겼다. 70대에 접어든 1960년대에 김성숙은 군부독재 타도가 급선무라는 판단 아래 보수 야당에 참여했다. 물론 민주화 투쟁 역시 고난의 길이기는 항일운동이나 혁신정당운동과 다르지 않았다. 1969년 타계하며 그가 남긴 것이라고는 옛 동지들이 마련해준 10평짜리 오두막뿐이었다. 오두막에는 '피우정避雨亭'이라 새겨진 목판이 걸려 있었다. 겨우 비나 피하는 집이란 뜻이었다.

강대국 사이에 낀 나라의 민주주의와 사회 변혁

아니, 김성숙이 남긴 것은 오두막만이 아니었다. 조선민족해방동맹을 결성하면서 장지락과 함께 나누었던 고민 또한 남았다. 그들은 강대국 사이에 낀 나라의 민주주의와 사회 변혁이 대국과 같거나 하나일 수 없음을 꿰뚫어보았다. 이런 나라는 강대국들과의 치열한 협상을 통해 자율성의 공간을 스스로 확보해야만 민주주의도, 사회 변혁도 가능한 법이다.

오늘날 기성 제국 미국과 신흥 강국 중국 사이의 긴장이 예사롭지 않다. 누구는 이를 대반전이라 반기고 누구는 익숙한 상전의 옷자락을 잡으려 한다. 그러나 우리에게 필요한 것은 김성숙의 고뇌와 결단이다. 패권 경쟁의 틈바구니에서 우선 한국 민중이 숨 쉴 공간을 확보하기 위해 지혜와 인내, 용기를 총동원해야 한다. 21세기에 민족해방(이른바 NL)의 문제의식이 여전히 필요하다면, 이는 1980년대의 잘못된 출발이 아니라 조선민족해방동맹의 그것이어야만 한다. _**장석준**

김성숙은 한때 김산·님 웨일스의 『아리랑』속 등장인물로만 주로 알려져 있었다. 하지만 요즘은 그의 일생을 다룬 전기소설이나 관련 논문들을 모은 책이 나와서 사정이 조금 달라졌다. 일제 강점기와 해방 공간에 비슷한 노선을 걸었던 김원봉이나 여운형이 뒤늦게나마 재평가받고 있으므로 김성숙 역시 틀림없이 제대로 된 평가를 받을 것이라 믿는다. 특히 그의 미공개 일기가 발간되면, 그가 우리에게 한 발자국 더 가까이 다가오리라 기대된다.

20

항일독립운동으로부터
이어받은 21세기의 대안

조소앙의 평등 공화국

대한민국이 추구하는 이상

민주공화국 대한민국이 추구하는 이상은 무엇인가? 제헌헌법 제5조는 "대한민국은 정치, 경제, 사회, 문화의 모든 영역에 있어서 각인의 자유, 평등과 창의를 존중하고 보장하며 공공복리의 향상을 위하여 이를 보호하고 조정하는 의무를 진다"고 밝혔다. 이에 따르면 "각인의 자유, 평등과 창의" 보장이 대한민국의 이상이라 해석할 수 있다. 물론 이 조항은 지금 헌법에는 없다. 그러나 "정치·경제·사회·문화의 모든 영역에 있어서 각인의 기회를 균등히 하고, 능력을 최고도로 발휘하게 하며"라는 헌법 전문 구절이 이 정신을 이어받았다고 볼 수 있다.

그런데 실제로 이런 이상이 대한민국의 지난 역사를 이끌어왔던가? 아니다. 낯선 한자어인 '국시國是'라는 이름 아래 국가가 강요한 이념은 '반공', 즉 '공산주의 반대'였다. 정확히 말하면, 어떤 독자적 이념이 아니라 특정 이념에 반대한다는 구호였다. 대한민국의 정치·경제·문화 전 영역을 지배한 것은 위의 헌법 조항이 아니라 헌법에도 없는 이 구호였다. 아니, 반공 구호는 헌법 위에 군림하는 초헌법이었다. 이 구호 아래 1948~1949년 제주도에서, 한국전쟁 당시 이 땅의 수많은 사람이 학살당했다. 1인 독재, 군부 독재도 이 구호를 내걸기만 하면 정당화되었다.

　　20세기를 넘어 최근까지도 이러한 역사의 어두운 그림자는 질기게 남아 있었다. 그나마 촛불 항쟁으로 이 그림자는 꼬리가 잘렸다. '판문점 선언'(2018) 이후 열린 한반도 평화 국면도 이런 전망에 더욱 힘을 보태었다. 그렇다면 반공 국시가 마침내 퇴장한 후에 대한민국이 좇아야 할 이상은 무엇일까? 너무나 오랫동안 사문화死文化되었던 헌법 속 문구들에 생명력을 불어넣을 이념은 무엇인가?

　　여러 각도에서 이 물음의 답을 찾아나갈 수 있겠지만, 그중 하나는 분단과 전쟁으로 흔들리고 엇나가기 전의 꿈을 되짚어보는 것이다. 일본 제국주의-파시즘에 맞서 새 나라를 세우려 한 이들이 너나없이 공유했던 이상이 무엇인지, 그들이 여러 노선 차이에도 불구하고 일관되게 합의했던 지향이 무엇인지 확인하는 것이다. 그러자면 8·15 광복을 맞기 몇 해 전의 중국 충칭으로 눈길을 돌리지 않을 수 없다.

소앙 조용은. 1936년도.

태평양 전쟁이 시작되기 한 달 전인 1941년 11월, 대한민국 임시정부는 충칭에서 「대한민국 건국강령」을 공포했다. 대한민국이 임시정부를 계승한다고 밝힌 헌법 전문의 정신에 따른다면, 이 문서는 우리 헌법의 한 뿌리라 할 수 있다. 그런데 「건국강령」은 새 나라의 기초로 "혁명적 삼균三均제도"를 제시했다. "보통선거제도를 실시해 정권을 균하고, 국유제도를 채용해 이권을 균하고, 국비 교육으로써 학권을 균한다"는 것이었다.

'균등'이란 곧 '평등'이다. '삼균'은 정치·경제·교육, 세 방면에서 평등을 실현하겠다는 약속이다. 여기에는 「건국강령」 기초자인 당시 임시정부 국무위원 조소앙趙素昻, 1887~1958의 신념이 반영되어 있었다. 그가 줄곧 주창해온 독립운동 이념이 바로 삼균주의였다. 좌우연립정부였던 태평양 전쟁 시기의 임시정부가 이 이념을 공식 정책기조로 받아들였다는 점에서 조소앙과 삼균주의는 단순히 사상사 연구자의 관심거리일 수만은 없다. 대한민국의 건국 정신과 미래 지향을 논하려면 결코 빼놓을 수 없는 주제다.

조소앙, 민족주의자인가 사회민주주의자인가

조소앙과 삼균주의는 논쟁적 주제이기도 하다. 혹자는 삼균주의가 한국적 사회민주주의라고 평가한다. 의회제를 바탕으로 국유화와 계획경제를 추진하자고 한 점에서 사회민주주의와 가까울 뿐 아니라 유럽 사회민주주의의 직접적인 영향이 있었다는 것이다. 그러면서 조소앙이 제2인터내셔널의 대회에 참석했던 일화나 제2대 국회의원 선거에 나서려고 신당을 결성하면서 당명을 '사회당'이라 한 사실을 강조한다.

　　반면 고개를 갸우뚱하는 이들도 있다. 조소앙은 독립운동가 중에서 사회주의나 아나키즘의 영향을 받은 다른 이들과는 그 성향이 사뭇 다르다. 특히 조소앙이 남긴 글들을 보면, 지독한 한문 투 문장에다 유학적 사고방식이 튀어나오기도 한다. 젊은 시절 한때에는 단군, 붓다, 공자, 소크라테스, 예수, 무함마드를 모두 성인으로 기리는 '육성교六聖敎'를 창시하려 하기도 했다. 게다가 그는 중국에 있을 때나 해방 직후에 이승만과 김구를 지도자로 따랐기에 그 시절 기준으로는 '우익'이었다.

조소앙은 이렇게 여러 얼굴을 지닌 인물이었다. 그의 이런 다성多聲적인 사상은 도대체 어디에서 비롯된 것일까? 단지 지나치게 마당발에다 잡식성이었던 그의 개성에서 비롯된 것일까? 이 물음에 답하려면, 조소앙의 항일 투쟁과 사색의 역정을 짚어봐야 한다.

조소앙은 1887년에 경기도 파주의 양반 집안에서 태어났다. 본명은 '용은鏞殷'이었지만, 성인이 되어서는 '소앙'이라는 호를 이름보다 즐겨 썼다. 그가 1880년대 생이라는 사실은 이후 그의 사상이 취한 형태와 색깔을 상당 부분 설명해준다. 3·1 운동에 참여했다 사회주의를 받아들인 이들은 대개 1900년 즈음에 태어났다. 조소앙은 이들보다 연배가 한참 위다. 이런 세대였기에 조소앙은 10대 후반을 성균관의 마지막 학생으로 보냈다. 동기 중에는 일곱 살 위인 신채호도 있었다. 서구 사상에 눈뜨기 전에 그는 청년 유학자였다. 조소앙의 고색창연한 문장에는 이런 곡절이 있었다.

하지만 문체가 고루하다고 내용까지 고루한 것은 아니었다. 3·1 운동이 일어나기 한 달 전 만주에서 「대한독립선언」이 발표되었다. 이는 2월 8일 일본에서 독립을 선언한 유학생들, 3월 1일 탑골공원에서의 독립선언을 준비한 국내 운동가들과 사전 협의하여 작성한 선언문이었다. 이 문서는 발표 시점이 음력으로 아직 무오년인 2월이었기 때문에, 최남선이 작성한 '(기미)독립선언'과 구별해

'무오독립선언'이라 불린다. 집필자는 어느덧 망명 독립투사가 된 조소앙이었다.

1904년 일본에 유학한 조소앙은 1910년 경술국치 즈음에는 메이지대학 법학과 학생이었다. 일본에 머물면서도 그는 국권 침탈을 공공연히 규탄하는 활동을 펼쳤고, 대학 졸업 뒤에는 잠시 국내에서 교편을 잡다가 얼마 안 있어 상하이로 망명했다. 그곳에서는 신규식, 박은식 등이 결성한 무역회사 겸 항일단체 동제사同濟社가 중국혁명가들과 협력하며 독립운동 거점을 만들고 있었다. 조소앙은 동제사에 속해 활동하다가 항일세력의 대동단결을 이룬다는 임무를 안고 만주에 파견되었다.

「무오독립선언」은 조소앙이 간도에 머물며 집필한 문서다. 얼마나 긴밀히 소통했는지는 모르겠지만, 서명자 명단에는 김규식, 김동삼, 박용만, 박은식, 신채호, 안창호, 이승만 등 해외 독립운동 주요 지도자들의 이름이 망라되어 있다. 그런데 「무오독립선언」에는 「기미독립선언」과 확연히 다른 점이 있었다. 조소앙이 쓴 선언문은 새 나라가 추구할 이상을 선명히 제시했다. 읽기 힘든 국한문 혼용체를 현대어에 가깝게 바꿔 인용하면, 다음과 같다.

군국주의 전제체제를 쓸어버리고 민족 간 평등을 전 지구에 실현하니 이는 우리 독립의 첫 번째 의의다. 세계 모든 나라가 따라야 할 공동 원칙으로 군비 확장을 근절하니 이는 우리 독립의 본령이다. 비밀조약에 따른 전쟁을 엄금하고 대동 평화를 선전하니 이는 우리가 나라를 되찾으며 이루어낼 사명이다. 모든 동포에게 평등한 부와 평등한 권리를 보장하고 남녀와 빈부의 차별을 없애며 학력과 연령에 상관없이 지식과 건강의 평등을 실현해 온 인류의 모범이 되니 이는 우리 건국의 깃발이다.

재산과 권리뿐만 아니라 지식과 건강까지 평등한 나라를 만들겠다는 것이었다. 또한 나라 안이 평등해야 할 뿐만 아니라 나라와 나라 사이도 평등해야 한다고 역설했다. 3·1 운동을 준비하면서 항일 혁명가들은 이미 독립 이후 최대 과제가 평등의 실현이라 내다보았다. 성리학 언저리를 맴돌던 지성은 이렇게 불과 10여 년 만에 놀라운 속도로 진보하고 있었다.

민족주의, 사회주의, 아나키즘을 통합한 '한살임 강령'

3·1 운동보다 앞서서 독립선언문을 발표한 조소앙이었지만, 막상 만세 시위가 시작되자 새삼 감격했다. 해외에서 망명객 중심으로 일을 도모하며 쌓였던 좌절과 비관이 일거에 녹아 사라졌다. 더불어 민중의 힘을 새롭게 바라보게 되었다.

이후 그의 사상은 더욱 거침없이 전진했다. 마침 세계 곳곳이 격동하고 있었다. 러시아 혁명의 여진이 여전히 거셌고, 중국혁명도 기대를 불러일으켰다. 이미 언급한 것처럼, 조소앙은 1919~1920년에 유럽을 순방하며 사회민주주의 정당들을 상대로 임시정부 승인 교섭을 벌였다. 그 성과로 제2인터내셔널이 한국 독립 승인 결의안을 채택하기에 이르렀다.

조소앙은 소련을 거쳐 2년 만에 중국에 돌아왔다. 서유럽 사회민주주의와 소련 공산주의를 두루 살펴본 조소앙은 자본주의-제국주의를 더욱 정연한 비판의 시각으로 바라봤다. 하지만 직접 목격한 소련 체제에 크게 실망하기도 했다. 그래서인지 이 무렵 그는 아나키즘에 경도되었다.

상하이에서 조소앙은 '한살임당'이라는 비밀결사를 조직했다. '한살임韓薩任'은 함께 더불어 산다는 뜻인 '한살림'의 한자 표기였다. 서울 한복판에서 일본 경찰과 총격전을 벌인 전설적인 항일투사 김상옥(영화 「밀정」에도 '김장옥'이란 이름으로 등장한다)이 중국에 체류할 무렵 한살임당에서 함께했다고 한다. 흔히 의열단원이었다고만 알려져 있는데, 두 단체에 동시 가입했다는 것이다.

김상옥 의사가 순국한 뒤에 조소앙은 『김상옥전』을 집필했고, 여기에 「한살임당 요령」을 부록으로 실었다. 「한살임당 요령」은 당연히 일제에 맞선 민족혁명을 선포했다. 그런데 이것만이 아니었다. 독립전쟁은 1단계일 뿐이었다. 독립전쟁을 수행하고 나면 한살임당은 2단계로 계급혁명에 나선다. 그래서 가난한 이들이 주인 되는 공생共生을 실현한다. 계급혁명을 완수하면 다음 단계로 아시아 전체에서 사유재산제와 정부를 철폐해 아시아 한살림, 더 나아가 세계 한살림으로 나아간다. 국가도 없고 전쟁도 없는 무치無治의 세상이 한살임당의 궁극 목표였다.

「한살임당 요령」은 독립전쟁에는 30년이 걸리고 계급전쟁에는 50년이 걸린다고 내다봤다. 시야가 한 세기 앞을 향한 셈이었다. 실천 강령으로는 신분 차별 철폐, 사적 소유 폐지, 남녀평등, 노동자 민병대(상비군 폐지), 전쟁 금지, 민족 간 연맹, 세계 한살림을 내세웠다. 일제를 몰아내는 일만도 벅찬데, 조소앙은 실로 어마어마한 궁극 목표들을 제시했다. 「한살임당 당규」가 규정한 당원의 권리 중에는 '세계혁명의 권리'까지 있었다.

지금 우리 눈에는 돈키호테식 이상주의로 보일 수도 있지만, 당시 정세를 고려해야 한다. 당시는 중국혁명의 기대 속에 베이징과 상하이에 온갖 급진적 사조가 범람하던 시기였다. 조소앙은 한살임당을 통해 이들 이념, 즉 민족주의와 사회주의 그리고 아나키즘을 통합하려 했다. 또 이로써 항일 혁명가들의 대연합을 구축하려 했다.

흥미로운 것은 조소앙이 한살임당 활동을 하면서 임시정부 안에서는 이승만과 협력했다는 사실이다. 1925년에 임시의정원은 이승만 대통령 탄핵안을 가결했다. 주로 무장투쟁파와 사회주의자, 아나키스트 등 좌파가 탄핵에 앞장섰다. 그런데 조소앙은 이승만을 편들었다. 심지어는 이승만에게 일종의 친위 쿠데타를 권하는 서한을 보내기도 했다. 완력을 동원해 임시의정원을 제압하고 임시 대통령 박은식을 몰아내 이승만 중심의 새 정부를 세우자는 내용이었다. 1920년대의 조소앙은 이렇게 좌충우돌을 거듭했다.

항일독립운동이 도달한 합의의 표현, 삼균주의

1920년대 말 중국혁명이 난조를 보이자 조소앙의 사상도 변화했다. 한살임당 시기의 장대한 비전 대신 새로운 체계를 주창하기 시작했다. '정치 균등' '경제 균등' '교육 균등', 곧 삼균주의였다.

하지만 이것은 단절이라기보다는 진화였다. 조소앙은 먼 미래의 목표인 공생과 무치보다 당면 과제인 민주독립국가 수립에 고민을 집중하기 시작했다. 그래서 새 나라 건설과 함께 즉각 실시해야 할 보통선거와 지방자치, 토지와 대규모 생산기관의 국유화, 계획경제, 무상보통교육을 주로 이야기했다. 특히 무상보통교육은 1929~1930년 광주학생운동을 계기로 더욱 강조하게 되었다. 이렇게 항일운동의 집단적 경험들이 삼균주의의 자양분이 되었다.

게다가 조소앙 말고도 삼균주의의 공저자들이 있었다. 대표적인 인물이 안창호다. 안창호는 임시정부가 내분으로 제구실을 못하자 민족주의자와 사회주의자를 아우르는 민족대당大黨 건설을 주창했다. 그러면서 대공주의를 내세웠다. 보다 큰 공의公義, 즉 모든 항일 세력이 합의할 수 있는 대의와 정책을 중심으로 단결하자는 것이었다.

안창호는 1930년에 한국독립당을 창당하면서 "안으로는 국민 각개의 균등생활을 확보"하며 "밖으로는 민족과 민족, 나라와 나라의 평등을 실현"한다는 강령을 작성했다. 조소앙도 이 작업에 참여했고, 정치·경제·교육의 삼균이 이때 처음 제시되었다. 즉, 삼균주의의 시작은 대공주의라는 더 큰 구상의 일부였다. 노년의 김성숙이 삼균주의의 원작자를 안창호라 회상한 것도 이런 사연 때문이었다. (이정식·김학준 편, 『혁명가들의 항일 회상』, 민음사, 2006, 73쪽 참조)

결국 삼균주의의 다성적인 특성은 항일운동의 다양한 흐름과 경험을 포괄한 결과였다. 삼균주의는 30여 년간의 투쟁과 모색을 통해 독립운동의 여러 흐름이 도달한 결론과 합의의 정식화였다. 조소앙은 코민테른에도 속하지 않고 구미 유학파도 아닌 독학풍의 사상가였기에 오히려 이런 다양성을 가장 꾸밈없이 반영할 수 있었다. 그의 좌충우돌 전력 역시 다양성의 토양으로 적격이었다.

하지만 이 당, 저 당 옮겨 다닌 이력 때문에 조소앙은 한동안 망명 정객들 사이에서 고립된 신세였다. 한국독립당에서 이탈해 김원봉이 주도한 조선민족혁명당에 참여하더니 그마저도 뛰쳐나와 표류했다. 조소앙이 다시 주목받은 것은 1930년대 말, 임시정부를 중심으로 항일연합전선을 결성하려는 움직임이 일어나면서였다. 임시정부에 결집한 민족주의자, 사회주의자, 아나키스트들에게는 통합을 뒷받침할 노선과 정책이 필요했다. 이들은 이미 1930년대 초에 제출되었던 삼균주의에 새삼 주목했고, 더불어 조소앙의 위상도 높아졌다. 조소앙은 1940년에 새로 결성된 한국독립당의 이론가로서, 임시정부 전체의 정책통으로서 맹활약했다.

여러 정부 공식 문서가 그의 손을 거쳐 나왔고, 위에 소개한 「건국강령」도 그중 하나였다. 「건국강령」의 경제 분야 정책은 지금 봐도 신선하다. "대생산기관의 공구와 수단"은 국유로 한다고 명시했다. 토지도, 은행도, 운수사업도, 대규모 기업도 국가 소유가 원칙이었다. 토지는 자작농에게 균등히 분배한다고 천명했다. 재벌 등장의 길을 열어준 미군정의 적산 불하 정책과 달리, 「건국강령」은 "몰수한 재산은 빈공, 빈농과 일체 무산자의 사익을 위한 국영 혹은 공영의 집단생산기관에 맡기는 것"을 원칙으로 삼았다. 조소앙 자신은 「건국강령」 내용이 영국 노동당의 전후 정책보다 더 진보적이라고 자평했다.

사회당 국회의원으로 당선되다

1945년 환국 이후에도 조소앙은 한국독립당의 이론가로 활동했으므로 김구를 따라 신탁통치 반대운동에 나섰다. 반탁이냐 찬탁이냐에 따라 좌우가 나뉘던 당시 세태에서 그는 '우익' 지도자였다.

하지만 점차 김구 노선과 거리가 생겼다. 1946년에 여운형과 김규식을 중심으로 좌우합작운동이 시작되었다. 조소앙은 이 움직임에 상당한 기대를 걸었다. 반면 김구와 한국독립당 주류는 1947년 제2차 미소공동위원회가 실패로 돌아갈 때까지도 좌우합작을 통한 통일정부 수립에 미온적이었다. 그러다 단독정부가 들어설 가능성이 커지자 김구도 뒤늦게 남북협상 시도에 동참했다. 한국독립당 당원이었던 조소앙은 당연히 한국독립당 대표단의 북행길에 동참했고, 그 바람에 제헌국회 선거에는 불참했다.

하지만 조소앙의 부재에도 불구하고 제헌헌법에는 삼균주의의 영향이 짙게 스며들었다. 공공성을 가진 기업의 국유화를 명시한 조항이나 농지개혁 관련 조항, 기업의 이익을 노동자가 균점해야 한다는 조항이 그러했다. 조소앙이나 중도 좌·우파 정당들이 의사당 안에 없었더라도 독립운동가들이 도달한 결론이 대체로 삼균주의와 같았기에 그럴 수밖에 없었다.

　대한민국 정부가 수립되자 조소앙은 노선을 바꾸었다. 그는 남북에 각기 정부가 들어선 상황에서는 이를 현실로 인정하고 두 정부의 협상을 통해 통일을 추진해야 한다고 판단했다. 두 정부 간 합의의 기준점은 역시 삼균주의였다. 그래서 조소앙은 단독정부 불참의 뜻을 고수하던 한국독립당을 탈당해 1948년 12월 사회당을 창당했다. 그간 한국독립당 산하 조직으로 키워온 삼균주의 청년동맹·학생동맹이 신당 건설의 기반이 되었다. 사회당 창당 선언문에서는 이렇게 밝혔다.

　　우리 민중은 무산계급 독재도 자본주의 특권계급의 사이비적 민주주의 정치도 원하는 바가 아니요, 오직 대한민국의 헌법에 제정된 균등사회의 완전 실현만을 갈구할 뿐이다. 이것은 인류의 이상이 지향하는 정상적 요구이며 그 실현을 촉진함은 우리 민족에게 부여된 민족적 최대 과업이다.

1950년 제2대 국회의원 선거에서 조소앙은 서울 성북 선거구에 사회당 후보로 출마했다. 그와 맞붙은 인물은 한국민주당의 거물 조병옥이었다. 조소앙은 "민생안정을 위한 계획경제 실시" "중요 산

1945년, 임시정부 요인 귀국 기념(사진 속 원이 조소앙)

업의 국공유화" "농지개혁의 급속한 실시와 농민 본위 협동조합 결성" "노동자 최저임금제와 기업이익 균점제 실시" 등을 핵심 공약으로 내세웠다.

결과는 조소앙의 압승이었다. 게다가 전국 최다 득표 기록까지 세웠다. 사회당은 조소앙의 동생 조시원을 포함해 2인의 당선자를 냈다. 당선되자마자 조소앙은 곧바로 또 다른 당선자 신익희, 안재홍 등과 새 정당 창당을 논의했다. 제2대 국회에 다수 진출한 좌우합작파, 남북협상파를 포괄하는 정당을 건설하자는 구상이었다.

그러나 한국전쟁으로 기회의 문은 무참히 닫혔다. 조소앙은 국회의원으로서 채 활동하기도 전에 납북되었다. 일설에 따르면, 그는 북한 정권에 항거해 단식 투쟁을 하다 세상을 떠났다고 한다. 한편 남한에서는 한동안 그의 이름이 금기시되었다. 삼균주의의 내용을 계승했던 제헌헌법의 진보적 내용도 거듭된 개헌을 통해 삭제되거나 탈색되었다.

대한민국은 '평등 공화국'이어야 한다

하지만 이것으로 이야기가 끝이 아니다. 21세기에 박근혜 정권의 헌정 유린에 맞서 주권자들이 다시 들고일어났다. 촛불 시민들의 승리를 계기로 민주공화국 대한민국이 나아갈 방향을 둘러싼 토론이 계속되고 있다. 핵심 쟁점은 결국 이것이다. "정치적 민주주의를 복원한 다음에 해야 할 일은 무엇인가?"

조소앙을 비롯한 독립운동가들은 이미 70여 년 전에 그 답을 준비해놓고 있었다. 이제껏 대한민국은 이 해법을 실행하길 미루고 또 미뤄왔지만, 더는 그럴 수 없다. 그것은 "정치·경제·교육의 균등을 기초로 한 신민주국을 건설"(조소앙, 「한국독립당의 당강 및 당책」, 1945)하는 일이다. 곧 평등 공화국으로 나아가는 일이다. _**장석준**

납북되었다는 이유로 오랫동안 조소앙은
이름조차 언급하기 힘든 존재였다. 임시정부
국무위원이었던 그가 1989년에야 건국훈장을
받은 것도 그 때문이었다. 그러나 제헌헌법에
스며든 삼균주의의 영향이 너무도 선명했기에
그와 삼균주의를 기억에서 지우기란 불가능했다.
서훈 이후에 당연히 그를 둘러싼 논의가
활발해졌을 뿐만 아니라, 대한민국 헌법과 그 성립
역사에 대한 관심이 고조되면서 조소앙의 이념과
노선 역시 더 많은 관심을 받고 있다.

이미지 출처

1. **위키미디어**commons.wikimedia.org

   82쪽(Ji-Elle/CC BY SA), 101쪽(Biblioteca del Congreso Nacional de Chile/CC BY), 114쪽 우(Zugger69/CC BY SA), 161쪽(SINC/CC BY), 188쪽(stopp_staudinger/CC BY), 285쪽(Erling Mandelmann/CC BY SA)

2. **플리커**flickr.com

   262쪽(Louise Boyle/CC BY), 274쪽(Ed Miliband/CC BY)

21세기를 살았던
20세기 사상가들

펴낸날   2019년 8월 30일

지은이   장석준 우석영
펴낸이   김현태

편집인   차혜린
디자인   윤소정
마케팅   김하늘 이지혜

펴낸곳   책세상
주소   서울시 마포구 잔다리로 62-1, 3층(04031)
전화   02-704-1251(영업부), 02-3273-1334(편집부)
팩스   02-719-1258
이메일   bkworld11@gmail.com
광고·제휴 문의 bkworldpub@naver.com

홈페이지 chaeksesang.com
페이스북 /chaeksesang **트위터** @chaeksesang
인스타그램 @chaeksesang **네이버포스트** bkworldpub
등록 1975. 5. 21. 제1-517호

ISBN 979-11-5931-374-5 03300

이 도서의 국립중앙도서관 출판예정도서목록(CIP)은 서지정보유통지원시스템 홈페이지 (http://seoji.nl.go.kr)와 국가자료종합목록 구축시스템(http://kolis-net.nl.go.kr)에서 이용하실 수 있습니다.(CIP제어번호: CIP2019030726)